税收优惠
与企业技术创新
——兼论DMC理论模型的构建

陈亚平　著

中国财经出版传媒集团

经济科学出版社

Economic Science Press

图书在版编目（CIP）数据

税收优惠与企业技术创新：兼论 DMC 理论模型的构建/
陈亚平著 . -- 北京：经济科学出版社，2022. 11
ISBN 978 - 7 - 5218 - 4202 - 9

Ⅰ. ①税⋯　Ⅱ. ①陈⋯　Ⅲ. ①企业创新 - 税收优惠 -
研究 - 中国　Ⅳ. ①F812.0

中国版本图书馆 CIP 数据核字（2022）第 206629 号

责任编辑：刘战兵
责任校对：隗立娜
责任印制：范　艳

税收优惠与企业技术创新
——兼论 DMC 理论模型的构建
陈亚平　著
经济科学出版社出版、发行　新华书店经销
社址：北京市海淀区阜成路甲 28 号　邮编：100142
总编部电话：010 - 88191217　发行部电话：010 - 88191522
网址：www. esp. com. cn
电子邮箱：esp@ esp. com. cn
天猫网店：经济科学出版社旗舰店
网址：http://jjkxcbs. tmall. com
北京季蜂印刷有限公司印装
710 × 1000　16 开　16 印张　262000 字
2022 年 11 月第 1 版　2022 年 11 月第 1 次印刷
ISBN 978 - 7 - 5218 - 4202 - 9　定价：68.00 元
（图书出现印装问题，本社负责调换。电话：010 - 88191545）
（版权所有　侵权必究　打击盗版　举报热线：010 - 88191661
QQ：2242791300　营销中心电话：010 - 88191537
电子邮箱：dbts@ esp. com. cn）

前　言

创新是我国现代化建设全局中的核心。企业是技术创新的核心主体，其创新积极性对于实现科技和经济有机结合、提升国家自主创新能力、建设创新强国至关重要。税收优惠作为支持企业技术创新的重要工具，因其市场性和灵活性，被世界各国广泛采用。自改革开放以来，我国也十分重视利用税收工具促进企业技术创新，并逐步形成了以所得税为主、增值税等多税种为辅的支持企业技术创新的税收优惠体系。从预算的角度看，税收优惠是一种税式支出，其支出效率同样值得关注。但目前来看，我国对税收优惠政策的关注点仍停留在"给不给"的阶段，对这些政策"是否有效"关注不够。尤其是在新冠肺炎疫情暴发和"保护主义"泛滥的时期以及"双循环"新发展格局背景下，如何进一步提高税式支出效率，切实提升企业技术创新水平，是我国未来一段时间财税体制改革的重要内容。对此，本书围绕税收优惠支持企业技术创新的效果评价，对以下几个核心问题展开研究：一是企业技术创新用哪些指标评价？二是税收优惠支持企业技术创新是否有效？在什么条件下有效？三是税收优惠通过怎样的机制影响企业技术创新？四是如何进一步完善支持企业技术创新的税收优惠制度？

理论层面，本书基于创新决策、市场认可和竞争力提升三个维度构建了决策—市场认可—竞争力（DMC）概念模型，并基于该模型对企业技术创新的衡量指标进行了重新界定，设计了包括创新决策（包括是否开展创新活动、开展什么类型的创新活动以及和谁开展创新活动三个方面）、被市场认可（包括被技术市场认可、被消费者市场认可和被资本市场认可三个方面）、竞争力提升（包括品牌影响力提升和产业链位置提升两个方面）三个维度共 8 个指标；同时，对应以上 8 个指标分别从成本效应、维持效应、外部搜寻效应、迎合效应、标签效应、认证效应、信号效应和不可持续效应等方面构建了税收优惠支持企业技术创新的影响机制。实证层面，本书以高新技术企业 15% 税收优惠为例。首先，引入倾向匹配得分法（PSM）模型对税收优惠支持企业技术创新的效果进行检验，并从企业性质和外部环境两个维度共 8 个因素对税收优惠支持企业技术创新效果的异质性进行了分析。其次，采用问卷和访谈一手数据，对税收优惠支持企业技术创新的效果进行了进一步验证。最后，引入中介效应模型，对税收优惠支持企业技术创新效果产生的原因进行了分析。基于以上分析，得出了如下几个结论：

第一，只采用研发投入或专利指标衡量企业技术创新存在弊端。企业技术创新可以分为创新决策、被市场认可和竞争力提升三个维度，这三个维度层层递进，缺一不可。其中，创新决策包括是否开展创新活动、开展什么类型的创新活动以及和谁开展创新活动三个方面，被市场认可包括被技术市场认可、被消费者市场认可和被资本市场认可三个方面，竞争力提升包括品牌影响力提升和产业链位置提升两个方面。

第二，创新决策阶段，税收优惠能够通过降低企业技术创新成本显著提高企业开展技术创新活动的积极性，通过外部创新资源搜寻显著提高企业开展合作创新的积极性，但并没有显著提高企业开展突破性技术创新活动的积极性。

第三，被市场认可阶段，税收优惠能够通过企业自带的"高新""科技""创新"等标签效应显著提高企业技术创新被消费者市场认可的程度，通过企业的创新荣誉认证效应提高企业技术创新被资本市场认可的程度，但是并没有显著提高企业技术创新被技术市场认可的程度。

第四，竞争力提升阶段，税收优惠能够通过企业释放的创新信号效应显著提高企业的品牌影响力，但是并没有显著提高企业所处产业链位置。

第五，税收优惠支持企业技术创新过程中，地方政府和企业容易产生利己的策略性反应，不利于政策效果的实现。地方政府在政绩导向下容易产生放松监管行为，企业在短期利益导向下容易产生迎合式策略性创新行为，不利于企业开展突破性技术创新，不利于企业产出被技术市场认可的技术创新成果，也不利于企业产业链位置的提升。

第六，税收优惠支持企业技术创新需要厘清手段与目标的关系、政府与市场的关系、整体与个体的关系以及公平与效率的关系四对关系。同时，要以公平竞争、市场主导、实质创新和产业发展为导向。

相比于以往研究，本书可能具有以下三个方面的创新：一是基于创新决策、市场认可和竞争力提升三个维度构建了企业技术创新的决策—市场认可—竞争力（DMC）概念模型。二是基于企业性质与外部环境两个维度共 8 个因素对税收优惠支持企业技术创新效果的异质性进行了全面分析，其中企业自身性质主要包括企业所有制、企业所处市场板块、企业规模和企业所处成长阶段等，外部环境主要涉及企业所处地区的政府干预程度、政府间创新竞争程度、知识产权保护程度以及企业获得政府创新补助强度等。三是将政企策略性行为纳入税收优惠支持企业技术创新的研究框架，并对这种策略性反应进行了识别，进而解释了税收优惠对企业开展突破性技术创新活动、企业技术创新被技术市场认可以及企业产业链位置提升没有显著促进作用的原因。

目　　录

第一章

绪　论

税收优惠是支持企业技术创新的重要政策工具，其具体支持效果如何仍有待考证。而且，在当前国内外形势下，税收可持续发展面临巨大挑战，国际税收规则不断变化，如何在实现科技自立自强的前提下对税收优惠政策进行适应性调整，从而既保证税式支出效率，又能有效推动企业技术创新，不仅对于提升我国核心技术支撑能力至关重要，而且对于我国未来税收可持续发展具有深远意义。

第一节　研究背景与意义

企业是技术创新的核心主体，税收优惠作为财政间接支持企业技术创新的主要政策工具，是否真正激发了企业技术创新积极性，提高了企业技术创新水平，其效果有待进一步考证。尤其是在当前的国内外背景下，财政增收减支困难，国际税收规则不断变化，如何保障财政资金使用效率，对未来我国经济可持续稳定发展至关重要。

一、研究背景

（一）构建以企业为主体的科技创新体系成为主基调

创新是我国现代化建设全局的核心，也是我国参与国际竞争的重要依托。企业作为技术创新的核心主体，其创新积极性对于实现科技和经济有机结合，提升国家自主创新能力、建设创新强国至关重要。

创新的最终目的是应用，创新的本质是将创造技术和知识的能力转变为经济效益。从创新链条来看，完整的创新活动不仅包括研发和中间试验阶段，还包括产业化和商业化阶段。也就是说，只有将研发成果拿到市场上去转化，实现了市场利润之后才算完成了创新过程。从创新主体来看，创新包括知识创新和技术创新两个方面，知识创新的主体是高校和科研院所等社会组织，技术创新的主体是以企业为主体的经济组织。就二者关系而言，知识创新主要以企业发展需求展开，为技术创新提供知识储备，企业技术创新为知识创新提供实践，要实现创新，就必须通过市场（企业）这一媒介将知识创新与技术创新的链条打通，真正实现科技与经济发展融合。从创新投入来看，政府投入和企业投入是当前我国创新投入的两大主体，政府投入的目标也都是为了实现市场应用，需要得到以企业为主体的市场检验。因此，企业是科技创新的真正核心，企业技术创新能力是我国科技创新实力的最终体现。科技的主战场在经济，技术创新的主体在企业。只有把企业自主创新能力建设置于国家战略的高度，使企业真正成为技术创新的主体，才可以有效地解决科技成果转化问题，真正实现科技创新（刘延东，2010；张赤东，2016；李新男等，2020）。

当前中国企业研发投入占全社会研发投入的比例已经接近80%，但是与欧美等国家企业相比，我国企业整体创新投入的主动性仍较低，缺乏自主技术创新的意识（刘常勇，2006；刘颖、尹志荣和尹华川等，2013；代明、刘佳和张杭等，2014）。因此，如何激发企业自主创新积极性，构建以企业为主体的科技创新体系，真正产出能够推动社会进步、实现经济高质量发展、促进产业转型升级的具有国际竞争力的科技成果，是当前我国科技领域面临的重要命题。

（二）新发展格局背景下实现科技自立自强需要财税政策发挥更加积极有效的作用

当前，国际形势加速变化，国家之间科技竞争和互相封锁逐渐升级。而我国关键技术"卡脖子"态势依然严峻，短期内实现技术上的自给自足依然面临挑战，供应链断供风险加剧，自主创新驱动发展任重而道远。2020年7月，中央提出推动形成"双循环"新发展格局，为我国今后一段时间的科技工作奠定了基调，也对我国科技自主创新发展提出了新要求。2021年政府工作报告提出把科技自立自强作为国家发展的战略支撑，这也是在新的背景下我国科技创新发展的指导思想和主要原则。企业作为科技创新的主体，是我国实现科技自立自强的重要依托和支撑。如何在新发展格局下激发企业技术创新积极性、提高企业技术创新水平，是我国应对国际科技竞争、实现关键核心技术的突破、促进产业链转型升级的重要命题。税收优惠制度作为支持企业技术创新的重要工具，在新的背景下需要发挥更加积极有效的作用（申嫦娥，2016）。

近年来，我国支持科技创新的税收优惠力度越来越大。"十三五"时期，我国鼓励科技创新的税收政策减免金额年均增长28.5%，5年累计减税2.54万亿元，涉及主体税率式优惠、加计扣除等多个政策。同时，"十四五"期间制造业企业研发加计扣除比例从原来的75%提高到100%。在加大优惠力度的同时需要注意到，后疫情时期，我国经济面临更大的不确定性和外部风险冲击，经济下行压力下"减收增支"压力持续加大，如何将有限的财政资金用在实处、保持我国税收可持续发展，是当前面临的主要难题。目前来看，我国对企业技术创新给予税收优惠仍停留在"给不给"的阶段，对"是否有效"关注不够。尤其是在新冠肺炎疫情暴发和"保护主义"泛滥的情况下，如何系统评估税收优惠政策效果，真正将让渡给企业的财政资金用在刀刃上，切实提升企业自主创新水平，促进科技自立自强发展，是未来一段时间的主要内容，也是我国优化税收治理的内在需求。

（三）后BEPS时代新规则、新经济的变化对税收政策带来较大影响

近年来，国际税收规则不断变化，新经济层出不穷，对我国税收优惠政策带来了较大影响。

首先，我国高新技术企业15%税收优惠多次险被税基侵蚀和利润转移行动计划（BEPS）和有害税收实践论坛（FHTP）列为"潜在有害"或"实际有害"税收政策。2018年美国对中国发起贸易摩擦的理由之一，也是指责中国对高技术企业等特定主体提供了包括带有专向性的税收补贴在内的各种支持，使美国企业处于不利竞争地位。在后BEPS时

代，我们应该更加珍惜这来之不易的成果，全面评价和反思我国税收优惠政策的有效性及存在的问题，并对这一政策体系实施有效的调整和改革。

其次，数字经济税收问题开始显现，既有机遇，也面临挑战。数字经济发展已经成为中国落实创新驱动发展战略的关键力量，也是企业技术创新的重要抓手。尤其在抗击新型冠状病毒（COVID-19）的过程中，很多企业的大数据、人工智能、云计算等数字技术发挥了重要作用，在线课程、无人超市、共享模式等也开始被更多的人接受和使用。数字经济时代，国际社会开始高度关注数字经济税收问题，对我国税收制度改革提出了新挑战。2019年5月31日，经济合作与发展组织（OECD）首次对数字经济征税和税基侵蚀等问题进行了明确（高仲芳，2020）。从2019年开始，法国、新加坡、印度尼西亚等国家先后开始开征数字税，英国、新西兰、西班牙、捷克、印度等国家也已发布开征计划。2021年3月，美国贸易代表（USTR）建议对奥地利、印度、意大利、西班牙、土耳其和英国六个国家征收数字税。同月，欧盟议会委员会通过数字税决议，提出要建立统一和公平的数字税收制度。我国数字经济企业的业务遍布全球，必须要保持清醒的头脑，在支持企业技术创新的同时有效应对国际税收规则挑战，及时调整优化自身税收政策体系。

二、研究意义

（一）理论意义

本书的理论意义如下：

第一，丰富和完善企业技术创新理论体系，同时可以为企业技术创新的评价提供新的参考指标。目前，企业技术创新的理论体系和衡量指标体系的构建相对滞后于企业技术创新的实践，大部分局限于投入和产出的视角。本书基于创新决策、被市场认可和竞争力提升三个新的维度构建企业技术创新DMC概念模型，创新决策包括明确创新意愿、确定创新方向和明确创新路径三个阶段；被市场认可包括被技术市场认可、被消费者市场认可和被资本市场认可三个方面；竞争力提升包括品牌影响力和产业链地位两个方面。这在一定程度上丰富和完善了企业技术创新理论体系，也为企业技术创新的衡量提供了新的指标参考。

第二，探索税收优惠影响企业技术创新的新路径。当前关于税收优惠影响企业技术创新路径的研究不多且不够科学系统，忽略了影响机制的阶段性和复杂性。本书将企业技术创新分为不同的阶段和维度，通过理论和实证的综合分析发现，税收优惠能够通过降低企业技术创新成本提高企业开展创新活动的积极性，通过外部创新资源搜寻提高企业开展合作创新的积极性；通过创新标签效应提高企业技术创新被消费者市场认可的程度，通过创新认证效应提高企业技术创新被资本市场认可的程度；通过创新资质信号效应提高企业的品牌影响力。这能够为今后税收优惠政策支持企业技术创新的路径提供理论依据。

第三，探究政策评价研究的新视角。税收优惠支持企业技术创新过程中，地方政府在政绩导向下产生的放松监管行为以及企业在短期利益导向下产生的迎合式策略性创新行为，不利于企业产生突破性创新行为，不利于企业技术创新成果被技术市场认可，也不利于企业产业链位置的提升。这种策略性反应不只出现在税收优惠政策中，对其他优惠政策也同样适用，但是目前的政策评价研究对这种策略性反应关注不够，本书的研究可以为其提供新的研究视角。

（二）现实意义

本书的现实意义如下：

第一，多维度全面评价税收优惠政策效果，准确测度税式支出效率。一项政策是否有效对于政策体系的进一步改革和完善至关重要。本书基于创新决策、市场认可和竞争力提升三个维度，以高新技术企业15%的税收优惠政策为例。首先，基于公开数据，采用PSM模型对高新技术企业15%税收优惠支持企业技术创新的效果进行分析，同时基于企业性质和外部环境两个维度共8个因素对高新技术企业15%税收优惠支持企业技术创新效果的异质性进行讨论。其次，对高新技术企业15%税收优惠支持企业技术创新的效果进行问卷调查和访谈，获得一手数据，为税收优惠支持企业技术创新是否有效提供进一步证据。

第二，为进一步优化支持企业技术创新的税收优惠制度提供经验证据和政策参考。我国支持企业技术创新的税收优惠政策中，与特定的资质认定相关联的主体特惠式税收减免占大部分，这种政策模式确实在一定程度上激发了我国企业技术创新的积极性，但是也付出了一定代价，包括过度追求创新数量、市场公平竞争环境被破坏、企业伪创新套取税收优惠等。当前，我国已进入高质量发展阶段，如何进一步完善相关税收优惠政策，推动企业创新从追求数量向追求质量转变，给予企业公平竞争的创新环境，也是当前税收优惠制度改革的重要内容。本书通过丰富的理论和实证分析，对当前我国税收优惠支持企业技术创新的效果和存在的问题进行了系统分析，并对其他国家的有益经验进行了梳理，在此基础上提出未来进一步完善支持企业技术创新的税收优惠制度的原则、改革方向和对策建议，旨在为进一步提高税收优惠政策的有效性提供经验证据和政策参考。

第二节　研究聚焦的核心问题

本书的研究围绕"税收优惠支持企业技术创新是否有效"这一主题展开，主要沿着"税收优惠激励企业技术创新效果如何→产生以上效果的原因是什么→如何进一步提升政策效果"的逻辑链条展开研究。

一、核心问题一：企业技术创新效果用哪些指标评价？

企业技术创新效果用哪些指标评价是本书的重点，也是本书研究的第一个核心问题。针对这个问题，本书基于创新决策、被市场认可和竞争力提升三个维度设计了 8 个指标。其中，创新决策包括是否开展创新活动、开展什么类型的创新活动以及和谁开展创新活动三个方面，分别用研发投入强度、新产品数量占比以及外部研发形成的无形资产占无形资产余额的比例来表征；被市场认可包括被技术市场认可、被消费者市场认可和被资本市场认可三个方面，分别用企业专利被引用次数的平均数、企业销售额增长率和企业资本积累率表征；竞争力提升包括品牌影响力和产业链位置两个方面，分别用百度指数和勒纳指数表征（见图 1-1）。

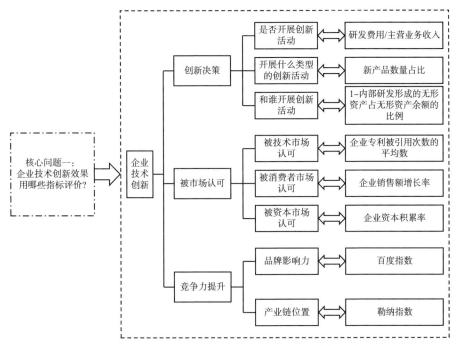

图 1-1 本书研究的核心问题一的研究思路与内容

二、核心问题二：支持企业技术创新的税收优惠政策效果如何？

支持企业技术创新的税收优惠政策效果如何是本书研究的第二个核心问题。针对这个问题，本书分别从以下几个方面展开研究。第一，基于创新决策、被市场认可和竞争力提升三个维度，采用 PSM 模型对税收优惠支持企业技术创新的效果进行检验。第二，采用问卷和访谈一手数据，对税收优惠支持企业技术创新是否有效进行进一步验证。第三，从企业性质和外部环境两个维度进行异质性检验，分析税收优惠支持企业技术创新在什么条件下更有效（见图 1-2）。

三、核心问题三：支持企业技术创新的税收优惠政策效果产生的原因是什么？

支持企业技术创新的税收优惠政策效果产生的原因是本书研究的第三个

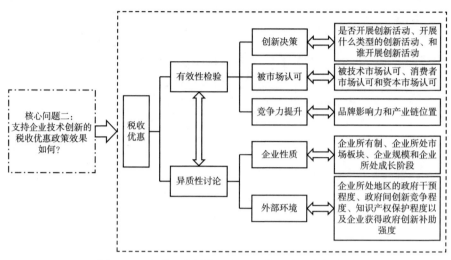

图 1 − 2　本书研究的核心问题二的研究思路与内容

核心问题。针对这个问题，本书分别从有促进效应和没有促进效应两个维度展开研究。有促进效应方面主要设计了成本效应、外部搜寻效应、标签效应、认证效应和信号效应五个影响路径。其中，税收优惠通过缓解企业技术创新融资约束提高企业开展创新活动的意愿，通过获取外部知识促进企业开展合作创新的积极性，通过税收优惠带来的标签效应促进企业技术创新被消费者市场认可，通过税收优惠带来的认证效应促进企业技术创新被资本市场认可，通过税收优惠带来的信号效应促进企业品牌影响力的提升。没有促进效应方面主要基于政企策略性反应角度进行了理论和实证解释。政府层面，基于政府间创新竞争与晋升理论和优势扶持理论，对政府在税收优惠支持企业技术创新过程中放松监管的行为进行了解释；企业层面，基于选择性政策理论、新制度主义理论和逆向选择理论对企业在税收优惠支持过程中的政策迎合式的策略性创新行为进行了解释。从政府层面来看，税收优惠支持企业技术创新是一项强绩效政策，政府不仅落实了面向企业的税收优惠，而且还可以提升所在区域的创新型企业数量，这两种行为都可以提升政府绩效，有利于政府官员晋升。对此，政府在实施政策的过程中倾向于选择放松监管来促进政策的落地。从企业层面来看，为了被政府选中，企业倾向于采用策略性创新行为来迎合政策，从而享受税收减免优惠。这两种行为都不利于税收优惠政策的有效实施，不利于企业开展突破性技术创新，不利于企业技术创新被技术市场认可，同时也不利于企业产业链位置提升（见图1-3）。

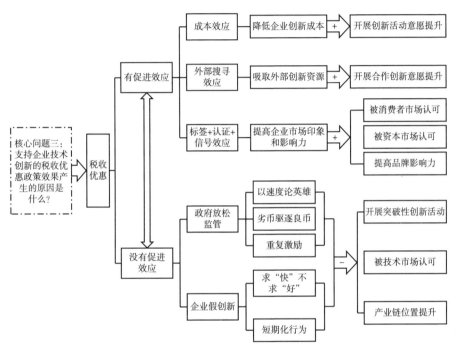

图1-3 本书研究的核心问题三的研究思路与内容

四、核心问题四：如何进一步完善支持企业技术创新的税收优惠政策？

如何进一步完善支持企业技术创新的税收优惠政策是本书研究的第四个核心问题，也是本书研究的最终目的。对这一问题的分析主要从税收优惠支持企业技术创新应遵循的几个需要厘清的基本关系、从定位与导向和具体建议两部分展开（见图1-4）。

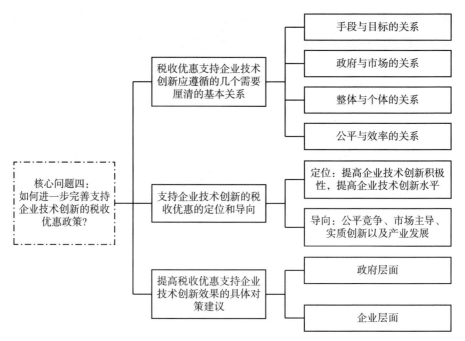

图 1-4　本书研究的核心问题四的研究思路与内容

第三节　研究方法与思路

本书聚焦四个核心问题，使用文献与政策梳理法、Python 大数据爬虫法、倾向匹配得分法（PSM）、三步回归法和 Bootstrap 中介法及问卷调查与访谈法五种方法展开研究。

一、研究方法

（一）文献与政策梳理法

一是对企业技术创新评价指标选择的相关文献进行了系统梳理；二是对税收优惠支持企业技术创新的效果的相关文献分别从创新投入和创新产出两个方面进行了系统梳理；三是从调节变量和中介变量的选择两个方面对税收优惠影响企业创新的机制的相关文献进行了系统梳理；四是对税收优惠与政

府补贴支持企业技术创新的区别与联系的相关文献进行了系统梳理；五是对税收优惠支持企业技术创新中政府和企业的策略性行为的相关文献进行了系统梳理。同时对公共产品理论、外部性理论、不确定理论、政府边界理论等理论进行了归纳总结，在文献综述和理论分析的基础上，针对现有的理论和实证研究的矛盾及不足，深入挖掘可以进一步研究的相关问题。

同时，基于北大法宝数据库，对改革开放以来国家层面出台的支持企业技术创新的税收优惠政策进行了梳理，为本书的研究提供了政策基础（见图 1 - 5）。

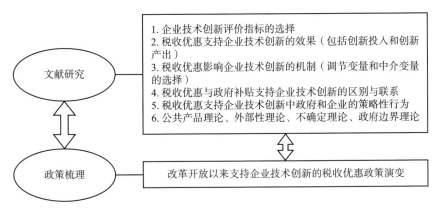

图 1 - 5 文献研究与政策梳理法

（二）Python 大数据爬虫法

本书设计的指标中，新产品数量占比、内部研发形成的无形资产占无形资产余额的比例、百度指数、产学研合作程度等指标无法通过公开数据直接整理得到，需要对年报或者从相关网站上针对某一字段抓取数据。本书利用 Python 软件，设计了专门的代码对相关数据进行了爬取和整理。

（三）倾向匹配得分法

为了检验税收优惠支持企业技术创新的有效性，同时为了避免样本选择性偏差，本书引入倾向匹配得分（PSM）方法，将样本分为受到税收优惠激励的企业和未受到税收优惠激励的企业两组，对税收优惠的效果进行检验。

（四）三步回归法和 Bootstrap 中介法

为了研究政企策略性反应影响税收优惠激励企业技术创新的机制，本书引入中介效应模型进行检验。首先，采用巴龙和肯尼（Baron and Kenny，1986）的三步回归法检验政企策略性反应在税收优惠激励企业技术创新中的中介作用。第一步检验各中介变量对企业技术创新的影响，第二步检验税收优惠激励对企业技术创新的影响，第三步控制中介变量，检验税收优惠激励对企业技术创新的影响。基于系数变化判断中介变量在税收优惠激励企业技术创新中是否具有中介作用，是完全中介还是部分中介。其次，为了对中介效应进行稳健性检验，本书引入了 Bootstrap 方法，检验中介效应的同时对中介效应的大小进行进一步判断。

（五）问卷调查与访谈法

为了进一步提高本书研究结果的可信性和稳健性，除了采用公开数据进行实证分析之外，本书还引入了问卷调查和访谈研究方法。首先，面向北京市、山东省、河北省、陕西省和云南省等地区的高新技术企业进行问卷调查，共收回有效样本 518 个（由于研究后期才考虑增加问卷调查，收回样本数量未达到预期，但是也满足了大样本分析的标准），同时对部分企业相关部门负责人、地方税收或科技主管部门业务负责人以及相关中介机构进行了访谈，并得出了一些有益结论。

二、研究框架与技术路线图

本书共分为八章，主要研究框架如下：

第一章：绪论。首先对税收优惠支持企业技术创新的背景进行说明，并分别从理论和实践两方面提出研究意义。然后，对企业技术创新评价指标的选择、税收优惠对企业技术创新的影响（包括对创新投入和创新产出）、税收优惠影响企业技术创新的机制（包括调节变量选择和中介变量的选择）、税收优惠与政府补贴支持企业技术创新的区别和联系以及税收优惠支持企业技术创新中政府和企业的策略性反应五个方面的文献进行梳理和评述。同时，对主要研究内容、研究方法、技术路线、创新点、研究不足与展望进行交代。

　　第二章：相关概念界定与理论框架。第一，对企业技术创新、税收优惠、效果和策略性反应等核心概念进行解释；第二，对政府支持企业技术创新的理论依据，包括政府支持企业技术创新的必要性和支持范围（边界）进行分析；第三，从创新决策、被市场认可和竞争力提升三个维度构建了企业技术创新的决策—市场认可—竞争力（DMC）概念模型，并基于该模型设计了企业技术创新指标体系；第四，对税收优惠影响企业技术创新的作用机制进行了理论阐述；第五，对税收优惠支持企业技术创新的政企策略性反应与其对企业技术创新的影响进行了理论解释。

　　第三章：我国支持企业技术创新的税收优惠政策演变与问题分析。本章首先对当前我国支持企业技术创新的税收优惠政策演变历程和特点进行了梳理和分析。其次，从整体情况、创新投入和创新产出三个方面对当前我国企业技术创新发展现状及国际比较进行了细致分析。最后，从法律层次、覆盖面、支持对象、支持方式、支持内容、整体设计、后期评价和服务配套等方面对我国税收优惠支持企业技术创新存在的问题进行了分析。

　　第四章：支持企业技术创新的税收优惠政策效果评价：基于上市企业公开数据。为了验证税收优惠支持企业技术创新的具体效果，本章以高新技术企业15%税收优惠政策为例，基于2012～2019年上市公司的数据，通过引入倾向匹配得分法（PSM），分别对高新技术企业15%税收优惠对企业技术创新决策、被市场认可和竞争力提升的影响进行了实证分析。同时，分别以更换结果变量、更换估计方法和更换数据的方式对研究结果进行了稳健性检验。最后，分别从企业性质和外部环境两个方面开展了细致的异质性分析。

　　第五章：支持企业技术创新的税收优惠政策效果评价：基于问卷访谈数据。为了进一步验证本书关于高新技术企业15%税收优惠支持企业技术创新效果的实证观点，本章进一步对北京市、山东省、河北省、陕西省和云南省等地区的高新技术企业进行了问卷调查，同时对部分高新技术企业、高新区管委会的负责人和专门做高新技术企业认定的机构负责人进行访谈，进一步验证了本书的观点，同时为下一步政府支持企业技术创新的改革方向和重点提供了参考。

　　第六章：政策效果产生的原因分析：中介效应检验。为了进一步探究税收优惠对不同企业技术创新效果的影响机制，本章结合第二章影响机制的理论分析，构建了三步回归法中介效应模型，分别从有促进效应和没有促进效应两个方面进行了机制检验和分析，并分别采用更换中介变量和更换估计方法的方式对研究结论进行了稳健性检验。

第七章：典型创新型国家税收优惠支持企业技术创新的做法与启示。本章对典型创新型国家税收优惠支持企业技术创新的做法和经验进行了梳理，并提出了可供我国借鉴的经验。

第八章：结论与对策建议。首先对本书的主要研究结论进行梳理和总结。然后从税收优惠支持企业技术创新需要厘清的几个基本关系、支持企业技术创新是税收优惠的定位和导向、完善支持企业技术创新的税收优惠的政策三个方面提出了对策建议。

第四节　国内外文献综述

为了更好地掌握当前国内外关于税收优惠支持企业技术创新的研究动态，本书主要从以下五个层面对相关文献进行系统梳理和评述。

一、企业技术创新评价指标选择的相关文献

目前，国内外关于企业技术创新的研究已经比较多，但关于企业技术创新的测度还没有共识性的界定。从大量研究看，部分文献倾向于采用企业研发投入作为企业技术创新的替代指标，如纳尔逊和温特（Nelson and Winter, 1982），克雷朋等（Crépon et al., 2004），肖兴志、王伊攀和李姝（2013），张兴龙、沈坤荣和李萌（2014）均采用了研发投入衡量企业技术创新。还有部分学者倾向于用专利来评价企业技术创新。帕克斯和格瑞里切斯（Pakes and Griliches, 1980）曾指出专利是衡量企业技术创新产出最合适的指标。豪斯曼、霍尔和格瑞里切斯（Hausman, Hall and Griliches, 1984），刘凤朝和马荣康（2012），谭龙、刘云和侯媛媛（2013），曾德明、刘珊珊和李健（2014），斯戴克和范吉惠增（Stek and Van Geenhuizen, 2015），巴塔查里亚等（Bhattacharya et al., 2017），陈岩、张红霞和王琦（2018），陈红（2018）均使用了年度专利申请数量、授权数量或被引情况来表征企业研发绩效。但是，采用专利衡量企业研发绩效本身是有局限的。特别是在中国体

制转轨、经济转型过程中，大量产业政策以高额奖金鼓励企业申请专利，企业"为了专利而专利""只申请不使用"等重量轻质的做法层出不穷，导致大量专利泡沫形成，而这些专利并未给企业带来绩效。同时，专利只是企业科技创新的中间产品，不是最终产品，只有将专利转化为有高附加值的产品并取得市场效益，企业的创新绩效才算实现。有部分学者引入了新产品产值或销售收入、利润、市场价值等指标来衡量企业研发绩效，一定程度上弥补了单纯以专利指标衡量企业研发绩效的片面性（郭研、郭迪和姜坤，2011；李中，2012；王一卉，2013；曾婧婧、龚启慧和王庆，2019；陶爱萍、吴文韬和蒯鹏，2020；刘一新和张卓，2020）。

考虑到单一指标的局限性，越来越多的学者开始基于不同的研究视角采用多元化的指标体系测度企业技术创新。有些文献用新产品产值、产品质量、投资回报率、组织能力建设和领导力、相对市场占有率、专利价值、环保等经济和社会效益指标测量创新绩效（Rogers，1998；Bellstam et al.，2016；张方华，2006；钱锡红、杨永福和徐万里，2010；解学梅和左蕾蕾，2013）；有些文献从平衡计分卡或顾客的角度构建指标（Christiansen，2000）；有些文献将企业技术创新分为工艺创新和产品创新（陈劲、邱嘉铭和沈海华，2007；任胜钢，2010；Zhang，Garrett and Liang，2015；管永昊、吴佳敏和贺伊琦，2020）；有些文献侧重评价创新的相对效率（Wang，Tsim and Yeung，et al.，2007；白俊红和李婧，2011；赵树宽、余海晴和巩顺龙，2013；戴一鑫、李杏和冉征，2019；钱丽、王文平和肖仁桥，2019）；有些文献从创新不同环节的角度构建指标体系（Wang and Zhu，2011；Lacová and Hunady，2018；Kucherenko，Melnyk and Ratushn，2019；杨玉桢和杨铭，2019；冯泽、陈凯华和戴小勇，2019；韩凤芹和陈亚平，2020）（见表1－1）。

表1－1　　　　　当前文献关于企业技术创新的评价指标

类型	代表学者	测量指标
单一指标	纳尔逊和温特（Nelson and Winter，1982）；格瑞里切斯（Griliches，1994）；克雷朋和杜盖特（Crépon and Duguet，2004）；肖兴志、王伊攀和李姝（2013）；张兴龙、沈坤荣和李萌（2014）	企业研发投入

续表

类型		代表学者	测量指标
单一指标		豪斯曼等（Hausman et al.，1984）	专利授权数
		朱月仙和方曙（2006）；刘凤朝和马荣康（2012）；谭龙、刘云和侯媛媛（2013）；曾德明、刘珊珊和李健（2014）；斯戴克和范吉惠增（Stek and Van Geenhuizen, 2015）；杨国超、刘静和康鹏等（2017）；陈岩、张红霞和王琦（2018）；陈红（2018）	专利申请数
		阿德纳和卡普尔（Adner and Kapoor, 2010）；曹勇等（2012）	新产品销售率
		布兰泽和汤希尔（Branzei and Thomhill, 2006）	收入增长
		郭研、郭迪和姜坤（2011）	总产值和税后利润率
		李中（2012）	企业市场价值
		王一卉（2013）	企业新产品产值与企业全部产值之比
		曾婧婧、龚启慧和王庆（2019）	企业价值
多元化指标	平衡计分卡	克里斯蒂安森（Christiansen，2000）	平衡计分卡
	经济与社会效益	罗杰斯（Rogers，1998）	开发新产品、增加市场份额、降低生产成本、提高产品质量、减少环境污染
		张方华（2006）	研发成功率、新产品占比、专利数量
		钱锡红、杨永福和徐万里（2010）	研发成功率、市场反馈情况等
		解学梅和左蕾蕾（2013）	新产品市场占用情况、产品和工艺创新情况
		贝尔斯塔姆等（Bellstam et al.，2016）	运营绩效、增长机会、销售增长、专利价值
		卡普兰（Kaplan，2015）	投资回报率、组织能力建设、领导力
	工艺创新和产品创新	陈劲、邱嘉铭和沈海华（2007）；任胜钢（2010）；张、加利特和梁（Zhang, Garrett and Liang, 2015）；管永昊、吴佳敏和贺伊琦（2020）	产品创新、流程（工艺）创新

类型		代表学者	测量指标
多元化指标	创新的相对效率	白俊红和李婧（2011）	随机前沿测算创新投入产出效率
		王、詹和杨等（Wang, Tsim and Yeung, et al.，2007）；赵树宽（2013）；戴一鑫、李杏和冉征（2019）；钱丽、王文平和肖仁桥（2019）	DEA测算创新投入产出效率
	创新的不同环节	王和朱（Wang and Zhu, 2011）；拉科瓦和胡纳迪（Lacová and Hunady, 2018）；库奇连科、梅林科和拉图申（Kucherenko, Melnyk and Ratushn, 2019）	研发投入、专利产出
		杨玉桢和杨铭（2019）	技术成果研发效率、技术成果转化效率
		冯泽、陈凯华和戴小勇（2019）	研发投入、研发产出、经济收益（区分规模和强度）
		韩凤芹和陈亚平（2020）	技术创新、盈利、成长

二、税收优惠支持企业技术创新效果的相关文献

目前关于税收优惠支持企业技术创新效果的文献主要集中在对企业技术创新投入与产出的影响两个方面，且目前尚未得出统一的研究结论。

（一）税收优惠对企业技术创新投入的影响

部分研究从不同视角通过采用不同的数据样本和不同的研究方法发现，税收优惠能在一定程度上促进企业研发投入的提高（Bloom, Griffith and Van Reenen, 2002；Koga, 2003；Russo, 2004；Yang, Huang and Hou, 2012；Duguet, 2012；Guceri and Liu, 2017；Jia and Ma, 2017；Chang, 2018；Cerulli, Potì and Spallone, 2018；朱云欢和张明喜，2010；马伟红，2011；赵月红和许敏，2013；孙莹和顾晓敏，2013；江希和与王水娟，2015；袁建国、范文林和程晨，2016；胡凯和吴清，2018；田发和谢凡，2019；冯泽、陈凯华和戴小勇，2019；苏畅和李志斌，2019；段姝和杨彬，2020；杨乐和宋诗赞，2020；Lan, Wang and Cao, 2020；Zheng, Huang and Wang, 2019；经庭如和程紫璇，2020）（见表1-2）。

表 1 - 2　　　　　当前关于税收优惠促进企业技术创新投入的文献

作者与年份	样本	研究方法	其他控制变量
布鲁姆、格里菲斯和范里恩（Bloom, Griffith and Van Reenen, 2002）	1979 ~ 1997 年九个国家的面板数据	OLS	企业规模、资产负债率和企业性质、公司现金流量等
古贺（Koga, 2003）	日本 900 多家工业企业 1989 ~ 1998 年的数据	OLS	企业规模、资产总额、企业所有制等
朱云欢和张明喜（2010）	2009 年对新认定高新技术企业的抽查数据	OLS	企业规模、无形资产、市场销售、净资产回报率、资产负债率、所处行业
马伟红（2011）	中小企业板 67 家高新技术企业	随机效应面板数据模型	公司规模、资产总额、公司营收能力、营业收入
杨、黄和侯（Yang, Huang and Hou, 2012）	中国台湾地区制造业上市企业	PSM	企业规模、资产负债率和企业性质、公司现金流量等
杜盖特（Duguet, 2012）	1993 ~ 2003 年美国调查数据	鲁宾法，两部回归法	企业规模、资产负债率和企业性质等
赵月红和许敏（2013）	长三角 77 家上市高新技术企业	固定效应面板数据模型	营业收入、企业规模和净资产收益率
孙莹（2013）	2010 ~ 2011 年创业板上市公司调查数据	多元回归模型	净现金流、企业规模和高新技术企业等
江希和与王水娟（2015）	江苏企业调查数据	面板数据随机效应模型	资产负债率和企业性质、公司现金流量等
笠原、下川和铃木（Kasahara, Shimotsu and Suzuki, 2014）	日本 2000 ~ 2010 年上市企业	反事实分析法	企业规模、资产负债率和企业性质、公司现金流量等
袁建国、范文林和程晨（2016）	上市公司 2006 ~ 2013 年数据	Tobit 模型	企业所得税税率、机构投资者持股、董事会结构、企业年度资本性支出等
古塞里和刘（Guceri and Liu, 2017）	英国 2008 ~ 2015 年调查数据	面板数据模型	企业规模、资产负债率和企业性质、公司现金流量等
贾和马（Jia and Ma, 2017）	中国企业 2007 ~ 2013 年数据	面板数据模型	所有制、企业规模、企业资产负债率等
张（Chang, 2018）	美国各州 1996 ~ 2015 年企业数据	面板数据模型	企业规模、资产负债率和企业性质、公司现金流量等

作者与年份	样本	研究方法	其他控制变量
胡凯和吴清（2018）	2009~2013年上市企业数据	倾向匹配得分法	高新技术企业、企业规模、政治关联等
塞鲁利、波蒂和斯帕龙（Cerulli, Potì and Spallone, 2018）	意大利2007~2016年制造业公司数据	随机效应模型	企业规模、资产负债率和企业性质、公司现金流量
田发和谢凡（2019）	2016年我国526家创业板上市公司	多元线性回归模型	研发人员数量占比、资产总额的自然对数、净资产收益率、资产负债率以及前十大股东持股比例
冯泽、陈凯华和戴小勇（2019）	2005~2015年中关村科技型企业数据	PSM-DID	企业规模、企业盈利能力、企业经营业绩、无形资产、企业出口、企业年龄
苏畅和李志斌（2019）	2011~2017年196家江苏省制造业上市公司	OLS	企业规模、资产负债率和企业性质等
段姝和杨彬（2020）	2013~2017年在我国中小板上市的民营科技型企业	固定效应模型	资产负债率、净资产收益率等
杨乐和宋诗赞（2020）	2013~2017年我国创业板上市公司	PSM模型	企业规模、净资产收益率、资产负债率、研发人员比例、每股收益
兰、王和曹（Lan, Wang and Cao, 2020）	2009~2016年纳入"营改增"计划的上市公司	准自然实验	规模、现金流等
郑、黄和王（Zheng, Huang and Wang, 2020）	2008~2017年沪深两市上市企业	中介模型	企业规模、资产负债率等
经庭如和程紫璇（2020）	2012~2017年深沪A股制造业企业	PSM模型	企业规模、企业年龄等

然而，有些文献研究表明税收激励企业技术创新投入的效应并不显著，甚至出现了负效应。如国外学者埃斯塔奇和加斯帕尔（Estache and Gaspar, 1995）、巴格纳和莫嫩（Baghana and Mohnen, 2009）、洛克辛和莫嫩（Lokshin and Mohnen, 2012）研究发现税收优惠可能会对税收制度造成扭曲，对企业研发投入不仅没有促进作用，还会产生抑制效应。国内学者也从不同角

度对税收优惠无法促进企业研发投入进行了验证。如李丽青（2007）、王春元（2017）、赵凯和王鸿源（2018）、黄惠丹和吴松彬（2019）、陈平花和陈少晖（2019）基于不同的视角、使用不同的样本数据、采用不同的方法证明了税收优惠对企业研发投入的挤入效应并没有像政策预期那样显著，甚至提出了相比于给企业更大力度的税收优惠，给予企业"低优惠"更有利于发挥政策效果。戴、维里恩和王等（Dai, Verreynne and Wang et al., 2020）区分了研究和开发活动，发现针对高新技术企业的税收激励方案促进企业更倾向于开发活动，而不是研究活动。邵诚和王胜光（2010）还发现税收优惠政策给财政部门造成的税收损失大于企业因为税收优惠政策增加的研发投入（见表1-3）。

表1-3　　　　当前关于税收优惠未促进企业技术创新投入的文献

作者与年份	样本	研究方法	其他控制变量
埃斯塔奇和加斯帕尔（Estache and Gaspar, 1995）	巴西样本企业	边际有效税率分析法	企业规模、资产负债率和企业性质等
巴格纳和莫嫩（Baghana and Mohnen, 2009）	1997～2003年加拿大样本企业	GMM及OLS	企业规模、资产负债率和企业性质等
洛克辛和莫嫩（Lokshin and Mohnen, 2012）	1996～2004年荷兰样本企业	IV	企业规模、资产负债率和企业性质等
李丽青（2007）	103家样本企业问卷数据	边际有效税率分析法	—
张济建和章祥（2010）	95家高新技术企业的问卷调查数据	乔根森模型	—
邵诚和王胜光（2010）	2008年深圳企业调查数据	结构方程模型	—
王春元（2017）	2010～2015年上市公司部分行业数据	DID模型	资产负债率、政府补助、企业行业、所有制
赵凯和王鸿源（2018）	2009～2014年29个省市区的面板数据	动态面板门限回归	经济环境、科技水平、劳动者素质等
黄惠丹和吴松彬（2019）	2012～2015年全国税收调查数据	动态面板模型	企业规模、市场竞争程度、盈利水平等
陈平花和陈少晖（2019）	福建省376家企业的问卷调查数据	模糊综合评价法	—

作者与年份	样本	研究方法	其他控制变量
戴、维里恩和王等（Dai, Verreynne and Wang et al. , 2020）	中国上市公司	多元回归	企业规模等

（二）税收优惠对企业技术创新产出的影响

关于税收优惠对创新产出影响的研究，目前的文献得到了相对一致的结论。大部分研究发现享受了税收优惠后企业创新产出显著提升了，涉及的因变量指标主要包括新产品数量、新产品销售额、专利数量产出、全要素生产率、利润率、销售额增长率、创新效率等（Czarnitzki, Hanel and Rosa, 2011；夏力，2012；张信东、贺亚楠和马小美，2014；李维安、李浩波和李慧聪，2016；李彦龙，2018；林小玲，2019；白旭云，2019；贺康、王运陈和张立光等，2020；陈玥卓，2020）（见表1-4）。

表1-4 当前关于税收优惠促进企业技术创新产出的文献

作者与年份	样本	研究方法	其他控制变量
沙尔尼茨基、哈耐尔和罗萨（Czarnitzki, Hanel and Rosa, 2011）	德国企业2002～2008年数据	非参数匹配方法	企业规模、资产负债率和企业性质、公司现金流量等
夏力（2012）	2010年报告的179家创业板上市公司数据	OLS	企业当年技术类员工人数占企业员工总人数的比重、企业总资产、人均利润水平
张信东、贺亚楠和马小美（2014）	2008～2011年被认定为国家级企业技术中心的上市公司	PSM	企业规模、企业现金流、企业研发投入
李维安、李浩波和李慧聪（2016）	2009～2013年民营上市公司数据	固定效应模型	企业规模、财务杠杆等
向景、马光荣、魏升民（2017）	2000～2014年上市企业数据	双向固定效应模型	企业的所有制属性、成立时间和所在行业
李彦龙（2018）	2003～2015年各省中国高技术产业数据	随机前沿模型	金融危机、企业规模、政府研发资助

作者与年份	样本	研究方法	其他控制变量
林小玲（2019）	2012～2016 年全国制造业税收调查数据	OLS 与稳健标准误估计法	资产规模、资产收益率、财务费用率、营业成本率和劳动投入
白旭云（2019）	505 家高新技术企业 2011～2013 年调研数据	面板数据固定效应模型	企业规模、资产负债率和企业性质等
贺康等（2020）	沪深两市上市公司 2013～2017 年的样本数据	DID 模型	总资产收益率、资产负债率等
陈玥卓（2020）	2006～2018 年中国 A 股上市公司数据	DID 模型	企业规模、运营能力、盈利能力、企业年龄

但是，有部分研究也指出税收优惠并不能促进企业技术创新产出的提升，尤其是税收优惠在政策作用对象等方面仍存在不足，要求企业满足一定的条件才能享受（赵笛，2017），不利于企业技术创新。再加上我国对不同的企业实施了不同的税收优惠政策，造成了企业间不公平竞争的政策环境，容易使企业产生寻租避税行为（林小玲和张凯，2019），并不利于企业创新产出的提升。如姚维保（2020），王瑶、彭凯和支晓强（2021）认为，低税率减免对企业创新产出或创新效率的促进效应并不显著。郑春美和李佩（2015），曹晶晶和程芳（2017），冯泽、陈凯华和戴小勇（2019）研究发现税收优惠政策实施后不但没有像预期那样提高企业的创新绩效，而且在某种情况下还出现了显著抑制效应，也就是说相对于那些没有享受税收优惠的企业，享受了税收优惠的企业创新绩效表现更差。陈远燕、何明俊和张鑫媛（2018），常青青（2020），秦修宏和黄国良（2020）发现税收优惠只对企业外观型和实用新型专利产出或效率有显著促进作用，对代表企业核心创新水平的发明专利产出或效率没有显著促进作用（见表 1-5）。

表 1-5　　当前关于税收优惠未促进企业技术创新产出的文献

作者与年份	样本	研究方法	其他控制变量
郑春美和李佩（2015）	创业板 331 家上市高新技术企业	多元回归模型	企业规模、企业年龄
曹晶晶和程芳（2017）	创业板 2009～2014 年高新技术企业	多元回归模型	研发支出比例、投资者情绪、长期资产负债率等

作者与年份	样本	研究方法	其他控制变量
陈远燕、何明俊和张鑫媛（2018）	2008～2016 年高新技术上市公司数据	面板数据固定效应模型	资产负债率、企业年龄等
冯泽、陈凯华和戴小勇（2019）	2005～2015 年中关村科技型企业	PSM－DID	企业规模、企业盈利能力等
姚维保（2020）	2015～2018 年中国 342 家上市医药企业面板数据	多元线性回归	企业规模和企业年龄
秦修宏和黄国良（2020）	2007～2019 年高新技术上市公司	多元线性回归	公司规模、资产负债率等
王瑶、彭凯和支晓强（2021）	2012～2017 年 A 股上市公司	DID	企业规模、企业盈利能力等

三、税收优惠影响企业技术创新机制的相关文献

目前，关于税收优惠如何影响企业技术创新的研究也形成了相对丰富的文献，主要包括两个方面：一是税收优惠支持企业技术创新效果的影响因素，包括企业基本特征和外部区域环境两大类；二是税收优惠支持影响创新的路径，包括企业内部行为和企业外部网络两大类。

（一）税收优惠影响企业技术创新的调节变量选择

税收支持与企业技术创新绩效之间的关系，会受到一些调节变量的影响。也就是说，税收优惠影响企业技术创新具有边界性和条件性，不同情况下的支持效果不同。调节变量主要包括企业基本特征和区域环境因素两大类。

一些学者的研究指出，企业基本特征类变量，如企业所有制、企业规模、企业知识技术密集度、企业所处区域、企业所处行业和企业所处生命周期阶段等均会在税收支持行为与企业技术创新关系间发挥调节作用。如水会莉和韩庆兰（2016）、李婧（2013）、张娜和杜俊涛（2019）、田发和谢凡（2019）研究发现，税收优惠政策对民营企业创新的促进作用比国有企业更大，而陈玥卓（2020）发现对国有企业的促进作用更大。江静（2011）则发现税收优惠对内资企业创新的促进作用不如对港澳台资企业的促进作用。冯海红、曲婉和李铭禄（2015），王旭和何玉（2017），兰贵良

和张友棠（2018）发现税收优惠对大型企业创新的促进作用比对中小型企业的促进作用更大。吴剑峰和杨震宁（2014）研究了企业管理者特点对政府补贴影响企业技术创新的调节作用。邓子基和杨志宏（2011）、陈林峰（2017）认为税收优惠在企业创新的不同阶段对企业创新的激励效应不同。郭景先和苑泽明（2018）、罗斌元和刘玉（2020）则从企业所处的成长阶段出发进行了研究。

也有一部分学者从企业所处的外部区域环境视角出发来研究政府支持行为与企业技术创新绩效之间的调节变量。如樊琦和韩民春（2011）通过实证分析专利产出、高技术产业增加值和创新产出指标弹性系数后发现，经济发达程度和科研基础设施状况在创新 R&D 补贴与创新产出关系之间起到了正向调节作用。孔淑红（2010）的研究结论与樊琦和韩民春（2011）的研究结论有相似之处，都发现税收优惠政策对企业技术创新的影响效果受到区域经济发展水平的调节。杨洋、魏江和罗来军（2015），杨旭东（2018），孙自愿、梁晨和卫慧芳（2020）分别从制度环境、要素市场扭曲程度、政治关联、市场环境、政府干预市场程度等方面研究了税收优惠支持企业技术创新的异质性效果（见图1-6）。

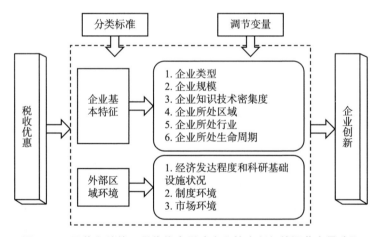

图1-6　目前文献关于税收优惠影响企业技术创新的调节变量选取

（二）税收优惠影响企业技术创新的中介变量选择

目前，一些学者已经开始积极探索税收优惠支持企业技术创新绩效可能涉及的中介变量。部分学者认为政府支持行为会通过影响企业内部行为影响企业技术创新效果。娄贺统和徐恬静（2008）、陆松颖（2016）、吴慧香（2018）发现税收激励政策可以通过缓解企业融资约束、降低企业面临的不确定性环境、增加企业人才供求进而促进企业技术创新。聂岸羽（2011）、孙莹（2015）、洪勇和李英敏（2012）则发现财税政策通过影响企业创新资源投入和企业自主创新意愿影响企业技术创新绩效。企业自身创新意愿不强，政府给予其再多的税收优惠也不会激发其创新积极性。

此外，还有研究从组织能力视角出发，提出了外部学习和吸收能力等影响途径。也就是说，政府支持企业技术创新的效果如何，主要和企业自身的学习能力、知识获取能力和吸收转化能力有关。还有学者从企业外部网络视角进行了探索，如龙静、黄勋敬和余志杨（2012）发现政府支持行为会促进企业通过中介机构获取更多的知识，进而提升企业技术创新绩效，此外政府还可以影响企业与中介机构之间的联系来影响企业的创新水平（见图1－7）。

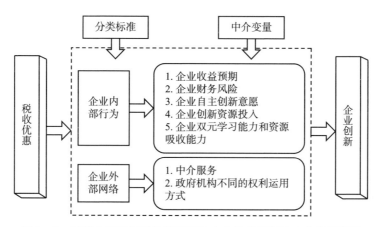

图1－7　目前文献关于税收优惠影响企业技术创新的中介变量选取

四、税收优惠与政府补贴支持企业技术创新的区别与联系的相关文献

税收优惠和政府补贴在本质上都属于财政支出，但是也存在一定区别，

而且关于两者在支持企业技术创新中的效果也形成了四种不同的观点，即税收优惠的激励效应更大、政府补贴的激励效应更大、两者互补、两者相互抵消。

（一）税收优惠与政府补贴的区别

从已有的研究成果来看，部分学者将针对企业的税收优惠和政府补贴统一称为政府补助，这两者都是政府将财政支出让渡给企业的做法，两者都是财政资金支出，前者为间接支出（税式支出），后者为直接支出（周海涛和张振刚，2015；付大学，2019）。税收优惠和直接补贴都具有弥补市场失灵和刺激创新产出的功能，属于政府资金让渡的不同表现形式。相对于直接的政府补贴，税收优惠更符合市场化特点，企业自主性也更强，因此更受企业欢迎（关勇军和洪开荣，2012）（见表 1 – 6）。

表 1 –6   关于税收优惠与政府补贴比较的相关文献

学者及年份	比较类目	税收优惠	政府补贴
柳光强（2016）	时效性	时效性强	时效性弱
关勇军、瞿旻和刘秀娜（2012）	支持对象	支持对象和范围十分广泛	主要支持政府规定范围内的项目
	影响企业研发的主要方式	通过降低税负缓解企业融资约束	通过直接拨款等形式缓解企业融资约束
刘颖和刘明（2012）	调节国民经济的层面	更侧重微观层面	更侧重宏观层面
	发挥作用的时效性	省去了先把收入实现然后再拨付有关部门使用这一中间环节，实效性更强	以财政收入的实现为前提
李浩研和崔景华（2014）	经济效应	锦上添花	雪中送炭
	管理模式	不要求建立新的政府机构，通过原有税务机构管理实施，申请程序成本比直接补贴成本低一些	通常要求建立新的管理机构并赋予这些机构相应的权限资格，评估程序复杂且代价高昂
	运行风险	一般有很大的隐蔽性	纳入预算，比税收优惠更加透明和易于观测

学者及年份	比较类目	税收优惠	政府补贴
杨得前和刘仁济（2017）	激励时点	事后支持	事前支持
	激励项目	短期创新项目	长期创新项目
	激励对象	研发企业	经营规模较大、业绩较好的大中型企业
	项目决策	企业自主决策	政府代替企业选择研发项目
	公平程度	更能体现市场公平	更易出现寻租行为
	反应速度	长期效果较好	短期激励效果较好
	执行成本	较高	较低
付大学（2019）	适用范围	适合在合理时间内能推向市场的应用科技研发活动	更适合支持长期的、高风险的研究以及针对生产公共物品（如公共卫生、国防等）或具有较高溢出效应的特定领域与基础研究
	政府与市场的关系	建立在市场上的工具	建立在政府上的工具
金婷婷（2019）	激励方式	事后支持	事前补贴
	公平程度	税收优惠范围广泛，无主观选择性，相对公平	资助对象有主观选择性，可能扭曲公平

（二）税收优惠与研发补贴对企业技术创新影响的比较

目前关于两者对企业技术创新影响的对比研究越来越多，但如前所述，这些研究并没有得出统一的结论，形成了四种不同的观点：税收优惠的激励效应更大、政府补贴的激励效应更大、两者互补、两者相互抵消。

大部分学者认为税收优惠对企业创新的激励效应更加显著，主要包括对创新投入的激励效应（Hinloopen，1997；Hall and Reenen，1999；程华，2006；戴晨和刘怡，2008；朱云欢和张明喜，2010；周海涛和张振刚，2015；田发、谢凡和柳璐，2019）和对创新绩效的激励效应（Zhang and Guan，2018；李香菊和杨欢，2019；白旭云、王砚羽和苏欣，2019；张明斗，2020）。持"税收优惠更能促进企业创新投入"观点的学者认为，相比于直接资助对市场机制的扭曲（孙玉涛和刘凤朝，2016），税收减免政策更具公平性，对企业研发投入的撬动作用更强。持"税收优惠更能促进企业技术创新绩效（质量）"观点的学者认为，相对于直接资助，税收优惠更注重以企业的创新行为为前提进行激励，更能够体现出政府的政策导向，企业开展创新活动也更有底气，产出创新产品也更具市场竞争性。

但是，有部分学者认为政府补助的激励效应更明显。政府直接补贴政策意图明确，能够迅速作用于单个企业可预期的研发活动，税收优惠在公平性与有效性方面弱于财政补贴。郑春美和李佩（2015），邹洋、聂明明和郭玲等（2016）、阿尔瓦雷兹—阿尤索等（Álvarez-Ayuso et al.，2018）的研究也表明，政府补助更具政策针对性，反应速度也更快，相对更能激励企业增加研发投入。周海涛和张振刚（2015）也发现直接资助方式对企业技术创新绩效影响效应更大。

也有部分学者认为税收优惠和政府补助有互补的关系。如朱平芳和徐伟民（2003）、张信东和王亚丹（2017）发现政府拨款资助和税收减免互为补充，都能增加企业自筹的企业研发投资，提高一个的强度也会增加另一个的效果。贝鲁布和莫嫩（Bérubé and Mohnen，2009）研究发现，同时享受政府补助和税收优惠的企业比享受单一政策的企业能生产出更多新产品。在这种互补的关系中，也存在一种观点认为，"在不同行业、不同创新阶段中税收优惠和政府补助应该发挥不同的作用"。如李香菊和贺娜（2019）提出税收优惠和财政补贴在不同范畴内发挥作用。唐清泉、卢珊珊和李懿东（2008）认为税收优惠对竞争性行业的激励效应更好，直接补贴对公共品性质行业的激励效应更好。柳光强、杨芷晴和曹普桥（2015）发现相比于政府补贴，税收优惠对新能源和 IT 产业的研发促进作用更好。曹燕萍和马惠（2008）则从企业创新阶段的视角开展了研究，发现财政补贴在企业的研发阶段和成果转化阶段效果更好，在产业化生产阶段税收优惠政策效果更好。王俊（2012）也提出在不同的创新阶段，应该使用不同的研发资助方式。

还有一部分学者提出，税收优惠和政府补助存在互相抵消的关系。如盖莱克和范波特尔斯贝格（Guellec and Van Pottlesberghe，2000），林洲钰、林汉川和邓兴华（2013），李传喜和赵讯（2016），刘明慧和王静茹（2020）发现，在激励创新时，两项政策不适合共存，具有相互抵消作用，当税收优惠与直接研发补贴同时使用时，其对企业技术创新的激励效应可能会因相互抵消而削弱（见表 1 - 7）。

表1-7　　当前关于税收优惠与研发补贴对企业技术创新影响的对比

对比结果	作者与年份	样本	研究方法	结论
税收优惠 更有效	欣洛佩恩（Hin-loopen，1997）	—	经典 AJ 模型	针对企业间的非合作 R&D 活动，政府直接资助更具优势
	霍尔和里恩（Hall and Reenen，1999）	OECD 主要成员国家数据	弹性系数法	相对于政府直接资助，税收激励能更有效地促进企业科技创新
	程华（2006）	—	比较分析法	税收减免政策用于所有开展研发活动的企业
	戴晨和刘怡（2008）	2002～2005 年各省区市大中型工业企业	B 指数比较法和固定效应模型	税收优惠对创新绩效的促进作用更为显著
	朱云欢和张明喜（2010）	2006～2008 年高新技术企业的抽查数据	单变量回归模型	税收优惠能在更大程度上诱导企业的研发活动
	杨、黄和侯（Yang，Huang and Hou，2012）	中国台湾地区制造业企业数据	PSM + GMM	直接补贴可能会降低创新成本，对企业研发投入产生负影响
	周海涛和张振刚（2015）	2013 年广东高新技术企业数据	CD 函数	税收优惠对企业研发资金投入促进作用更大
	田发、谢凡和柳璐（2019）	2016 年创业板高新技术企业数据	多元线性回归模型	税收优惠对企业 R&D 的促进作用更显著
	李香菊和杨欢（2019）	2008～2015 年我国制造业沪深两市 A 股上市公司数据	双固定效应模型	财政补贴虽有利于企业短期技术创新，但对长期创新激励不足
	白旭云、王砚羽和苏欣（2019）	2011～2013 年高新技术企业调研数据	泊松回归模型	税收优惠政策对企业技术创新绩效和高质量创新产出有促进作用，但研发补贴有抑制作用
	张明斗（2020）	2013～2018 年 A 股上市的高新技术企业数据	面板模型、调节效应模型	同上

续表

对比结果	作者与年份	样本	研究方法	结论
政府补贴更有效	郑春美和李佩（2015）	2011～2013 年创业板上市高新技术企业数据	多元回归模型	直接补贴在促进企业研发投入上相对于税收优惠更显著
	邹洋、聂明明和郭玲等（2016）	2010～2015 年创业板数据	多元回归模型	政府补助在政策针对性、反应速度等方面明显强于税收优惠，相对更能激励企业增加研发投入
	周海涛和张振刚（2015）	广东省高新技术企业数据	CD 函数	直接资助方式对企业技术创新绩效影响效应更大
互相促进	朱平芳和徐伟民（2003）	上海大中型企业数据	—	两者在支持企业技术创新中互为补充
	贝鲁布和莫嫩（Bérubé and Mohnen，2009）	加拿大企业数据	非参数匹配技术估计	同时享受直接补贴和税收优惠的企业新产品产出更多
	陈东等（2019）	2012～2016 年中国 A 股上市公司数据	门槛回归模型	政府补贴的创新激励效果会随着税收优惠幅度的增加而不断提高
互相抵消	盖莱克和范波特尔斯贝格（Guellec and Van Pottlesberghe，2000）	17 个 OECD 国家 1981～1996 年数据	—	相对于税收激励政策，政府财政补贴具有更强的长期效应，两者同时使用会互相抵消
	林洲钰、林汉川和邓兴华（2013）	全国工业企业数据库	多元回归模型	税收政策与补贴政策在影响企业技术创新方面相互抵消
	李传喜和赵讯（2016）	2011～2014 年上市高新技术企业数据	随机效应面板数据模型	政府补贴和税收优惠在创新激励过程中具有替代效应，当税收优惠与直接研发补贴同时使用时，其对企业技术创新的激励效应可能会因相互抵消而削弱

五、税收优惠支持企业技术创新中政府和企业策略性行为的相关文献

目前尚未出现以税收优惠激励企业技术创新中政府和企业策略性行为为主题的研究，相关文献主要散落在以下三类文献中：一是高新技术企业认定相关文献；二是政府间创新竞争相关文献；三是税收优惠政策中的寻租行为相关文献。且目前的文献对企业行为的研究较多，对政府行为的研究较少。

（一）税收优惠支持企业技术创新中的政府策略性行为

税收优惠支持企业技术创新中的政府策略性行为主要集中在基于政绩考核和竞争的选择性支持和放松监管等方面。如罗党论和唐清泉（2009）提出在目前转型经济背景下，为了获得更亮眼的创新政绩，政府可能会更加偏向于追求更多的创新数量，而非更好的创新质量。黎文靖（2012）研究发现，在政绩激励的作用下，个别政府官员自身可能会主动放松监管或者帮助企业造假，对伪创新也会选择"睁一只眼闭一只眼"。同时，地方政府间竞争会使地方政府对待企业的态度也变得更加积极（周黎安，2007）。余泳泽和张先轸（2015）提出当前创新已纳入地方政绩考核内容，导致地方政府对创新呈现出盲目崇拜的态势，甚至部分政府官员为了自身政绩对那些伪创新行为采取默许的方式。

（二）税收优惠支持企业技术创新中的企业策略性行为

税收优惠除了促进企业开展创新活动外，还会导致企业产生以获取其他利益为目的的策略性的政策迎合行为（Tong，He and He et al.，2014）。目前关于这种行为的研究主要集中在企业寻租行为和创新操纵行为。

一是企业寻租行为。如国外学者布鲁姆、格里菲斯和范里恩（Bloom，Griffith and Van Reenen，2002），罗德里克（Rodrik，2004）提出企业为了获得税收优惠或政府补贴，会产生"寻扶持"性的创新行为。国内学者叶昕（2000）提出当前我国针对高科技企业的税收激励在前期认定审查和后续监督管理方面力度不够，容易导致企业产生自我放松的寻租行为。安同良、周绍东和皮建才（2009），余明桂、回雅甫和潘红波（2010），黎文靖和郑曼妮（2016）也发现，企业为了享受政府税收优惠政策或政府补助，

会向政府传递虚假的创新信号或做出相关迎合性的承诺，包括追求短期内创新数量或者短期内大幅增加创新投入等（康志勇，2013；何熙琼和杨昌安，2019），并不会产生实质性的创新活动，不利于企业长期发展。胡凯、蔡波和张胜荣（2014），马壮、李延喜和曾伟强等（2016），江飞涛和李晓萍（2010），林毅夫和张维迎（2017）也提出我国很多税收优惠政策具有很强的选择性和特惠性，具有很强的计划经济意味，容易导致企业产生"寻租"行为。

二是创新操纵行为。这方面的文献主要集中在对研发费用操纵的研究。如肖虹和曲晓辉（2012），杨国超、刘静和康鹏等（2017）发现企业为了享受更多的政府支持，会有动力机会主义地将自己的研发投入水平控制在政府政策认定门槛附近。王亮亮（2014）实证研究发现享受了税收优惠的企业会倾向于操控研发费用。张子余、杨丹和张碧秋（2019）研究发现，高新技术企业为了通过认定，会在认定前一年对研发费用进行操控，非国有企业表现更甚。万源星和许永斌（2019）研究发现，高新技术企业认定中存在的达标型研发操纵和避税型研发操纵行为不利于企业创新。此外，当前我国对企业研发活动的定义相对宽泛，研发支出多由企业自行填报，企业就可能会利用会计科目调整或者虚增科目的方式将本不属于研发活动的专利保护费、人员工资、机器耗材和设备折旧摊销等归集到研发活动，或者通过买入一些并未投入实际运营的先进研发设备来向公众释放自己主动创新的信号，并计入研发支出（安同良、周绍东和皮建才，2009；孙刚、孙红和朱凯，2016），从而获得政府的选择性优惠政策扶持。此外，有部分学者也关注到了专利数量操纵方面的研究，包括通过临时外购专利或者增加非发明专利的做法实现科技认定对专利数量的要求，而这些专利与自身核心产品并没有联系（刘淑芬，2016）。秦修宏和黄国良（2020）、常青青（2020）研究发现税收优惠只增加了企业外观设计和实用新型创新，并没有提升发明型创新。

六、文献评述

（一）现有研究的贡献

首先，现有文献在税收优惠对企业技术创新投入和产出方面的影响初步形成了一个相对全面的研究体系。目前关于税收优惠对企业技术创新方面的研究已形成了丰富的文献成果，涉及税收优惠和企业技术创新的各个方面，在调节变量和中介变量的选取上日益丰富和完善，且不断与时俱进，为本书的研究奠定了坚实的基础。

其次，现有文献在企业技术创新评价方面的研究形成了相对丰富的成果，但是尚未形成一致的结论。随着企业技术创新的重要性不断提升，国内外学者对于企业技术创新的研究也越来越多，涉及多学科、多领域，且主要将企业技术创新作为被解释变量，对企业技术创新评价指标的选择也多种多样，为我们后续的研究提供了借鉴。

最后，现有文献已经在进一步完善税收优惠支持企业技术创新方面进行了大量探索，并形成了相对丰富的可供参考的观点。学者在进一步优化完善支持企业技术创新的税收优惠政策体系方面已经初步达成共识，为本书的研究奠定了基础。

（二）现有研究的不足

首先，在企业技术创新效果的评价方面局限于创新投入和产出两个方面。目前的文献关于企业技术创新衡量的指标选取主要集中在研发投入、专利或新产品销售收入等方面，缺乏对企业技术创新的整体、全面和科学的考量。事实上，企业技术创新需要经历创新决策、被市场认可和竞争力提升三个阶段，税收优惠对不同阶段的影响是不同的，一项税收优惠政策是否激励了企业技术创新，不仅要看其是否激发了企业进行创新决策的意愿，更重要的是关注获得税收优惠支持后企业被市场认可的程度是否有所提升，同时，更要关注企业获得税收优惠后其竞争力是否有所提升。这三个阶段是一个循序渐进、不断演化、互相促进的有机过程，每个阶段的成效都很重要。

其次，在调节变量的选择上相对片面、不够系统。目前国内外关于税收优惠对企业技术创新影响的调节变量（影响因素）选择的研究相对片面。极少文献同时对企业性质和外部制度环境进行系统性考察，要么只考虑其中一类，要么同时考虑但不够系统。事实上，企业自身属性以及企业所处外部环境对于税收政策的实施效果同样重要。因此，有必要同时考察企业自身性质和所处外部制度环境对税收选择性激励企业技术创新的有效性和可持续性的影响。也就是说，需要明确税收选择性激励企业技术创新在什么情况下可持续，在什么情况下不可持续。这样才能够更有针对性地完善政策。

再次，关于税收优惠对企业技术创新的影响机制的研究相对片面。目前多数学者对税收优惠的研究还集中于从不同视角考察政策效果的阶段，鲜有文献在研究过程中深究该政策的作用路径与机理。而且，目前的影响机制选择的中介变量主要集中在财务风险、创新投入、政府行为等方面，但是税收激励影响企业技术创新的内在机理错综复杂，并非一个简单的直接过程，而是内外部多种中介和调节因素共同作用的结果，很难通过某一个或几个中介变量直接表达出来。

最后，对税收优惠政策实施过程中各主体的行为关注较少，对行为产生的原因和识别方法研究得更少。一项政策实施效果如何，与政策实施主体（政府）和被作用对象（企业）的策略性行为有关。目前的文献对税收激励企业技术创新所涉及的政府和企业行为的研究，主要考虑其中一个主体，比如政府的税收竞争行为、企业的策略性创新行为等，同时考虑政府和企业的文献相对缺乏，对于策略性行为产生的原因和识别进行的研究更少。

第五节　创新点与不足

一、本书的创新点

（一）基于创新决策、被市场认可和竞争力提升三个维度构建了企业技术创新的决策—市场认可—竞争力（DMC）概念模型

以往关于税收优惠支持企业技术创新的效果的研究主要从企业技术创新投入和创新产出进行，并不能全面、科学地反映企业技术创新的真实效果。对此，本书首次基于创新决策、被市场认可和竞争力提升三个维度构建了决策—市场认可—竞争力（DMC）概念模型，并基于该模型对企业技术创新成效的指标进行了重新界定，设计了包括创新决策（包括是否开展创新活动、开展什么类型的创新活动以及和谁开展创新活动三个方面）、被市场认可（包括技术市场认可、消费者市场认可和资本市场认可三个方面）、竞争力提升（包括品牌影响力提升和产业链位置提升两个方面）三个维度共 8 个指标。同时，对新产品数量占比、内部研发形成的无形资产占无形资产余

额的比例、百度指数、产学研合作程度等指标采用了大数据爬虫的方法进行获取，也为之后相关的研究提供了新的指标参考。

（二）基于企业性质与外部环境两个维度共8个因素对税收优惠支持企业技术创新效果的异质性进行了全面分析

当前关于税收激励企业技术创新的异质性影响因素的讨论要么只考虑企业性质，要么只考虑外部环境，研究结果相对片面。本书同时将企业性质以及外部环境两个维度纳入异质性研究范畴，设计了8个异质性因素，其中企业自身性质主要包括企业所有制、企业所处市场板块、企业规模和企业所处成长阶段，外部环境主要涉及企业所处地区的政府干预程度、政府间创新竞争程度、知识产权保护程度以及企业获得政府创新补助强度，提高了研究的严谨性和全面性。

（三）将政企策略性行为纳入税收优惠支持企业技术创新的研究框架，并对这种策略性反应进行了识别

政策实施过程中各主体的行为是影响政策是否有效的关键因素，但是当前的文献对这方面的研究仍较少，或者只考虑了单一主体的行为。实际上，政策实施过程中，政策实施主体（政府）和政策被作用对象（企业）的行为同样重要。本书以高新技术企业所得税优惠为例，对其激励企业技术创新中政府和企业的策略性行为（包括政府的放松监管行为和企业的迎合式策略性创新行为）的产生原因、识别以及其对企业技术创新的影响进行了分析，进而解释了高新技术企业所得税优惠对企业开展突破性技术创新活动、对企业技术创新被技术市场认可以及企业产业链位置提升没有显著促进作用的原因。

二、本书的不足之处

本书以高新技术企业15%税收优惠为例，从创新决策—市场认可—竞争力提升三个维度对税收优惠支持企业技术创新的效果进行了理论探索，并结合公开数据和问卷访谈一手数据对税收优惠支持企业技术创新的效果进行了实证分析，一定程度上拓展了相关研究领域的视角。但是受限于研究时间和本人的研究能力，本书的研究仍存在以下两点不足之处：

第一，本书从创新决策、市场认可和竞争力提升三个维度对企业技术创新进行了衡量，虽然对以往的研究进行了完善，但是可能考虑得还是不够全面。首先，企业技术创新本身就是一个复杂、多阶段、不确定的过程，具体分成哪些阶段、采用哪些指标衡量也是见仁见智，不同的学者研究的视角不同，采用的指标也不同。本书虽然将企业技术创新分成了创新决策、市场认可和竞争力提升三个阶段，但可能依然不够全面。其次，从不同阶段看，创新决策、市场认可和竞争力提升的细分维度可能还有其他更加细致的分法。

第二，本书基于创新决策、市场认可和竞争力提升三个维度共 8 个方面，对税收优惠支持企业技术创新的影响机制进行了理论分析和实证检验，但是目前的影响机制可能仍然相对单一，还有进一步探索的空间。一方面，税收激励影响企业技术创新的内在机理本身错综复杂，影响机制也充满不确定性。目前多数学者对税收优惠的研究还集中于从不同视角考察政策效果的阶段，鲜有文献在研究过程中深究政策的作用路径与机理。另一方面，税收优惠对企业技术创新的影响可能并非一个简单的直接过程，而是内外部多种中介和调节因素共同作用的结果，需要进一步深入研究。

第二章

相关概念界定与理论框架

在进行研究之前，需要先对核心概念进行界定，包括企业技术创新、税收优惠、效果以及策略性反应。然后，从技术创新中政府的定位、政府支持企业技术创新的必要性以及政府支持企业技术创新的范围三个方面对政府支持企业技术创新的理论依据进行了梳理。然后，为了更加清晰客观地了解企业技术创新指标，本书对使用研发投入和专利衡量企业技术创新的弊端和误区进行了分析，分别从企业技术创新决策、被市场认可和竞争力提升三个维度共 8 个指标对企业技术创新指标及其理论依据进行了分析，并构建了DMC 理论模型。最后基于 DMC 理论模型对税收优惠支持企业技术创新的作用机制进行了理论分析。

第一节 核心概念解析

本书涉及的核心概念主要包括四个：一是企业技术创新，主要从创新开始延伸界定；二是税收优惠，链接到税式支出的概念进行界定；三是效果，主要指政策效果；四是策略性反应。之所以要对该名词进行解释，是为后面机制检验部分做铺垫。

一、企业技术创新

（一）技术创新经典定义

创新起源于拉丁语，有三层含义：更新、创造和改变。在我国最早的百科辞典《广雅》中记载有"创，始也"，在《魏书》《尚书》中也有"革弊创新""咸与惟新"的典故。在英语里，"创新"一词的含义有二：引入新东西、新概念（to introduce something new）和制造变化（to make changes）。我国出版的《现代汉语词典》（第 7 版）对创新的解释是："抛开旧的，创造新的。创造性；创意。"

20 世纪 60 年代，美国经济学家罗斯托首次将"创新"的概念拓展至"技术创新"，伊诺斯（Enos, 1962）首次将技术创新明确界定为从发明决策到开拓市场的整个过程。20 世纪 70 ~ 80 年代，有关创新的研究进一步深入，开始形成系统的理论。关于企业技术创新界定的典型观点见表 2 - 1。

表 2 - 1　　　　　　　　　　关于技术创新的典型界定

作者与年份	主要观点	来源
伊诺斯（Enos, 1962）	技术创新是几种行为综合的结果，这些行为包括发明的寻找、资本的投入保证、组织建立、制定计划、招用工人和开辟市场	《石油加工业中的发明与创新》
美国国家科学基金会（1969）	技术创新是新思想不断被完善并被成功实践的过程	《成功的工业创新》
弗里曼（Freeman, 1973）	技术创新就是指新产品、新过程、新系统和新服务的首次商业化	《工业创新中的成功与失败研究》
柳卸林（1993）	技术创新包括过程创新、产品创新与创新扩散这样一个连续的过程	《技术创新经济学》
OECD（1997）	技术创新分为产品创新和工艺创新两类，包括获取和生产有关技术、生产准备活动和新产品销售三个阶段	《奥斯陆手册》
傅家骥（1998）	技术创新是企业将技术变为商品并在市场上销售，从而获得经济效益的过程和行为	《技术创新学》
伯格曼和迈迪克（Burgelman and Maidique, 1988）	企业所做的关于长期技术发展、取得、部署与投资，以帮助企业达到战略目标的决策	《技术与创新的战略管理》
许庆瑞（2000）	技术创新作为技术变革的一个阶段并对其进行定义。技术发明、创新和扩散是技术变革过程所要依次经历的三个阶段	《研究、发展与技术创新》
陈劲和陈钰芬（2006）	技术创新就是一个从新思想的产生，到研究、发展、试制、生产制造，再到商业化的过程	《企业技术创新绩效评价指标体系研究》

（二）本书的界定

本书认为，企业技术创新除了要完成创新成果商业化的过程外，更重要的是要实现企业自身竞争力的提升。尤其在当前这种国际背景下，企业除了要获取利润外，更要通过技术创新在全球产业链中占有一席之地。因此，本书对企业技术创新进行如下界定：企业技术创新是通过研究与开发形成新的技术、新的工艺以及技术组合，并将其成功商业化，最终实现企业竞争力提升的完整过程。事实上，企业实现技术创新是一个系统的动态过程，其最直接的目的是被市场认可，获取商业利润，最终提升企业自身竞争力。

二、税收优惠

（一）税收优惠的定义

税收是国家（政府）公共财政最主要的收入形式和来源，是国家参与国民收入分配的手段。税收优惠是指通过税收制度设计给予纳税人的某些活动或某些组织形式的税收优惠待遇，从而影响纳税人的纳税额和纳税人的行为，适时引导纳税人的经济活动有利于国家经济发展战略的一种政策措施。20 世纪 60 年代以来，西方税收理论出现了一个全新的概念——"税式支出"，包括以各种形式税收优惠而减少的税收收入纳入。根据税式支出理论，税收优惠不再仅被视为政府在税收收入方面对纳税人的一种让渡，而是作为政府财政支出的一种形式，从而在更深层次上揭示了税收优惠的实质，为财政理论的进一步发展和政府的财政管理提供了一种新的思路（见表 2 - 2）。

表 2 - 2　　　　　　　　　　对税式支出的典型界定

代表学者	定义
萨里（Surrey，1970）	在税制结构正常部分之外不以取得收入为目的放弃一些收入的各种减免税优惠特殊条款
费科夫斯基（Fiekowsky，1980）	税式支出是取代直接财政支出的特殊支出款项
邓子基（2001）	政府为实现既定政策目标，有意识地给予特定纳税人或课税对象以税收照顾，导致国家财政收入减少、放弃或让与的特殊支出

代表学者	定义
楼继伟（2003）	税式支出制度是一个新事物，是一项对税收优惠进行科学化、系统化管理的制度创新
解学智、史耀斌和张天犁等（2003）	税式支出是指政府为实现一定的社会经济目标，通过对基础税制的背离，给予纳税人的优惠安排
布拉蒂克（Bratic，2006）	税式支出是政府税收收入的减记，是偏离于常规税制、受到较少约束与监督的政府支出，用于激励特定产业发展或个人行为
张晋武（2008）	一种科学化、系统化的税收优惠管理制度，赋予了税收优惠同直接财政支出一样的预算管理方法和预算管理程序
梁彤缨、冯莉和陈修德（2012）	税式支出是通过优惠税率、加速折旧以及抵、免、扣等相关税收减免政策来降低企业税负的行为
付大学（2019）	税式支出是政府为实现特定政策目标，依法对特定纳税人做出的包括加计扣除、税收抵免或税收优惠等税收减让措施，是政府财政的一种间接支出

（二）本书的界定

本书所指税收优惠是政府为了鼓励企业技术创新而让渡给企业本应足额上缴的税收，其本质属于财政支出的一部分。本书实证部分所选择的税收优惠政策是高新技术企业 15% 的税收优惠政策，它属丁一种面向高新技术企业的税率式所得税优惠，即对符合高新技术企业认定条件的企业给予 40% 的所得税优惠，实行 15% 的所得税税率。

三、政策效果

效果（effect），包括"效"和"果"两个部分，即成效和结果，是由某种动因或原因所产生的成效和结果。

本书所指的政策效果是政府为了实现某种目的，对某一主体实施某项政策冲击后，该主体产生的成效和结果。本书特指为了提升企业技术创新水平，给予企业税收优惠后，企业技术创新水平提升的成效和结果。本书设计了创新决策、被市场认可和竞争力提升来表征税收优惠支持企业技术创新的效果。

四、策略性反应

策略，字典释义指计策，谋略。策略性反应最初产生于新产业组织理论，更多地表现在企业与企业之间的竞争中。谢林（Schelling，1960）最早对策略性反应进行了定义，即企业在预见了竞争对手的行为之后做出的利己行为。其实质就是某个体对在其他主体做出某种行为后产生的有利于自己的一种理性状态。

本书的策略性反应是指某个体为自身利益而采取的影响市场环境的行为。具体到税收选择性激励中涉及的地方政府和企业，地方政府的策略性反应是为了提高自身政绩而放松对被选择企业的监管的行为，企业的策略性反应是为了被政府选中而进行政策迎合式的策略性创新行为。其中，政府的放松监管行为主要指地方政府为了增加自身政绩、提高晋升概率而产生的策略性反应，主要是地方政府将本来不符合标准的企业纳入被选择范围的行为，这样不仅可以增加本地具有创新型资质的企业数量，还可以加快落实本地面向企业的税收优惠。企业的政策迎合行为主要是一种欺骗性的操纵行为，是指企业为了被政府选中享受某种税收优惠而产生的政策迎合式策略性创新行为。比如高新技术企业所得税优惠，一些企业为了享受这种特惠政策，往往会通过"政策迎合行为"来拿到高新技术企业资格，主要表现为：考核指标一直处于政策线附近；在考核之前将指标调整至政策线，考核之后又回到原来水平；只为了享受本次税收优惠到期后不再申请等（韩凤芹、陈亚平，2020）。这些现象违背了国家政策的初衷，也浪费了国家创新资源，严重损害了市场公平和政府部门的公信力。本书主要考虑企业研发经费投入强度和企业知识产权两个方面的政策迎合行为。

第二节　政府支持企业技术创新的理论依据

一、政府支持企业技术创新的必要性

（一）公共产品理论

根据萨缪尔森的定义，公共产品具有两个本质特征：非排他性和消费上的非竞争性。技术创新具有公共产品性质的问题，也已经得到许多经济学家研究的证实。首先，技术创新具有非排他性，开展技术创新的企业无法阻止

其他没有为之付出成本的主体使用技术创新成果，也无法将该成果产生的利益全部归为己有，其产生的社会效益高于私人效益。需要在一定程度上得到补偿，才可以激发企业开展技术创新的积极性。其次，技术创新具有消费上的非竞争性，技术产品被一个消费者使用之后也不妨碍其他消费者继续使用。比如企业一项新技术产品，可以通过许可协议的方式允许多个消费者同时使用。因此，技术创新具有公共产品的属性，需要政府给予支持。

（二）不确定理论

技术创新的不确定主要包括以下三个方面：一是市场方面的不确定性。技术创新最终都要以产品的形式进入市场，但是相比于其他产品，技术创新更缺乏市场先验性。新技术在进入市场之前，需要反复验证产品是否能够被消费者所接受，即使如此，也无法保证该产品能够被市场接受。二是技术创新在市场取得收益的不确定性。企业技术创新的直接目的是取得经济收益。但是，技术创新具有收益上的非独占性，一旦技术研发成功，其他企业尤其是竞争者就会想方设法获取该项技术的信息，然后尽快复制并推向市场，在产品还处于新生代时分得一杯羹。这样就会把第一个开展该项技术创新活动的企业的收益分走，创新企业具体能够获得多大比例的市场收益，具有很大的不确定性。三是制度环境方面的不确定性。企业所面临的创新环境包括市场环境、制度环境和文化环境三个方面。其中，市场环境和文化环境都是经过长期积累形成的，在短期内无法改变，只有制度环境受制于公众偏好和政府行为，存在较大的不确定性，一直在不断地调整变动。而且，企业在不同地区、不同时间段面临的制度环境也不一样，企业要想将创新产品推向市场，必须随时掌握当地制度规定。此外，技术创新还存在财务、政策、生产等方面的不确定性。比如，技术研发具有连续性，需要不断投入资金和人力，一旦中断，技术研发活动就会被迫中止；改革开放以来，我国对企业技术创新的政策一直在变化，企业需要及时掌握政策动态，用好用对政策，再加上当前企业不断拓展国际布局，不同国家或地区对企业技术创新的政策也不一致，企业需要为此做好充足的准备工作；即使企业研发出了新的技术，但是如何与设备工艺、检验检测技术、要素供应相适应，真正在生产线上应用，转化为现实生产力，依然面临很多不确定性；一项技术要真正研发成功，需要管理者在战略战术上做好布局，不然技术创新很难成功；等等。这些不确定性导致在技术创新过程中存在巨大的风险，企业规避风险会导致技术创新受阻，因此需要政府的干预。

（三）国际竞争理论

国际竞争力是指某国（地区）或某主体（如企业）在国际竞争中相比于对手地区或主体能够创造更多附加价值的能力。创新是提升国际竞争力的核心，尤其在当前的国际环境下，国与国、企业与企业之间的竞争日趋激烈，为了提升国际竞争力，必须要支持技术创新发展。世界经济论坛发布的《全球竞争力指数》已经将创新纳入 12 支柱之一。国际竞争力包括国家层面、产业层面和企业层面共三个层面的竞争力，三者层层递进，相互包容，且提升企业国际竞争力是提升一国国际竞争力的基础。我国政府如何在当前世界经济逆全球化、自我保护主义愈演愈烈之时，引导和帮助企业在国际竞争市场中取得胜利，应对各种不确定性的风险，适应未来新的发展方式的要求，推动我国科技水平实现从跟跑向并行、领跑的战略性转变（贾宝余、高洁和刘立，2020），已成为现阶段我国政府亟须面对的重要议题（见图 2-1）。

图 2-1　政府支持企业技术创新的必要性

二、政府支持企业技术创新的范围

政府边界理论和有限政府理论认为，厘清政府的治理边界，建立有限政府，是提升政府治理绩效的关键。实践证明，在市场能自行调节的领域，就应让市场自行调节，政府不适当的干预只会扰乱企业原有运行规律，降低资源配置效率。

(一) 政府边界理论和有限政府理论

政府边界理论和有限政府理论起源于西方政治经济学,有关研究已经相当深入,其主要思想是主张政府在干预经济中的有限性。17 ~ 19 世纪,西方各国普遍将政府定位为"守夜人",主张对经济能不干预就不干预。很多国家实行小政府制度,但是对市场失灵问题没有很好地解决,导致各国政府面对 20 世纪 30 年代突如其来的经济危机和大萧条束手无策。这也使得西方政客们开始反思自由主义下的政府职能,政府规模和边界也开始不断扩大。之后便进入了政府干预至上的时期,部分国家甚至承揽了大部分的经济事务,出台了大规模的政策制度干预经济。直到 20 世纪 70 年代后,这种国家干预主义造成了滞胀、政府机构臃肿、财政赤字居高不下等一系列政府失灵的问题,才又一次将干预主义拨回自由主义。越来越多的国家和政客开始奉行政府有限或有限政府理论 (雅各布,2000;Vincent,1999)。

(二) 政府在企业技术创新中的定位

支持企业技术创新是政府的一项重要任务,但是政府在支持企业技术创新过程中并不是万能的,政府需要明确自己的定位:一是为企业技术创新营造公平竞争的创新生态环境。竞争是推动企业技术创新的核心驱动力,市场是配置企业技术创新资源的决定性主体,政府支持企业技术创新最重要的是为企业营造一个公平竞争的创新环境,包括市场环境、制度环境和文化环境 (刘尚希和韩凤芹,2016)。二是在发挥市场主导作用的前提下促进创新资源的有效配置。市场是创新资源配置的决定性主体,政府需要在发挥市场主导作用的前提下对创新资源进行更有效的配置,促进各类创新要素市场化流动,使各类要素充分组合,在推动企业技术创新中迸发活力 (张明喜,2016)。三是将支持企业技术创新的政策制度顺利落地。政策不在多而在落地,政府支持企业技术创新需要将制度与行为统一起来,保障国家科技创新意志的顺利实现 (朱丽颖,2014)。

(三) 政府介入企业技术创新的方式

政府决定介入企业技术创新的方式的依据在于其政策能否解决技术创新

过程中的市场失灵问题。政府介入企业技术创新的方式主要包括以下两大类：一是分担企业进行技术创新的风险的政策，主要包括促进企业开展技术创新研发投入的政策，具体包括税收优惠与政府补贴政策、信贷融资政策、风险投资政策和研究开发直接投资政策等。二是保护开展创新活动的企业能够获得其应有收益的政策。主要有知识产权保护、反垄断以及政府采购等政策。三是为企业开展技术创新活动提供基础设施的政策。主要包括建设公共创新平台、资源开放共享平台、技术交易平台、教育培训平台等。据此，政府介入技术创新的主要政策工具如表2-3所示。

表2-3　　　　　　　　政府介入技术创新的主要政策工具

政策工具名称	主要作用	典型具体政策
税收政策	降低企业研发投入成本	如高新技术企业所得税优惠、研发加计扣除、信贷优惠政策
政府直接资助	分担创新风险	如针对企业的研发补贴
政府采购	对新产品、新服务和新企业予以扶持和优先采购	如支持中小企业的政府采购政策
信贷政策	给予企业信贷支持	如政府性融资担保基金
风险基金	降低企业技术创新风险	如企业风险基金
提供基础设施	为企业技术创新提供平台	如高技术工业园区、创新中心等
知识产权保护	对技术创新成果进行保护	如专利法规和政策、反垄断法

第三节　企业技术创新效果评价理论模型
构建与指标选择

一、只使用研发投入或专利指标评价企业技术创新存在的弊端

目前很多研究普遍采用研发投入和专利产出来评价企业技术创新效果，但是使用这两个指标表征企业技术创新需要注意以下两个问题。

（一）研发投入和专利的存在并不意味着企业技术创新能够实现

从研发投入来看，有了研发投入不一定代表企业能实现技术创新。一方面，当前企业的研发投入数据采用自填式，水分过高，部分企业将外购无形资产的研发投入资本化，并不能代表企业自身的创新水平。另一方面，当前企业的研发投入产出效率普遍较低，即使开展了大量研发活动，也并不意味着创新成果最后的商业化，更不能代表企业实现了创新。效率低下或无实质意义的研发，不仅会影响社会效益，还会导致有限的创新资源被闲置从而影响社会进步。此外，企业技术创新除了研发活动投入外，还要有人力培训活动、营销活动、管理活动等多方面的投入才能够实现。因此，研发投入并不能代表全部创新投入，进行研发投入也未必能够实现创新。以研发投入来衡量企业技术创新，容易陷入为投入而投入的陷阱。税收优惠政策在很大程度上成了企业的"税盾"。一些企业甚至通过"一刀切"的税收优惠政策进行研发操纵，且实施研发操纵的企业研发投入与未来专利申请、专利授权数量的正相关性更弱（邓力平、何巧和王智烜，2020）。

从专利产出来看，首先，并非所有具有商业价值的想法都能获得专利，并非所有的想法都是合法的专利。科技创新成果必须要经过法律认定才能作为专利被保护。成果权不等于专利权，要想被法律保护，必须要经过法律认定，形成专利权。权利是法律创设的特殊保护机制，有成果绝对不等于有权利。我国《专利法》第九条也讲得很清楚，同样的发明创造，只有最先申请的人才能拿到专利权，不是说每个人都有专利权，所以有科技成果，绝对不等于有专利权。其次，大部分技术创新成果并未形成专利。专利申请的前提是将技术成果公开，由于知识产权保护制度尚不够完善，专利一旦公开就无法避免被模仿，对专利申请人不利。而且，当前专利申请和专利维护费用偏高，大部分中小企业负担不起。如韩秀成（1996）提出，有很大一部分专利因专利费等原因不再维持。因此，很多企业真正的技术成果并未形成专利。《世界经理人》发起的"知识产权与创新"调研显示，有 55% 以上的企业会选择保密合同等非专利申请的方式保护创新。数据显示，我国技术转让合同金额中，技术秘密成交额占比接近 80%（薛薇，2017）。而且，企业申请的专利很多并不是为了商业化，而是为了商业竞争。再次，专利产出并不一定能够实现转化。专利只有形成了新产品并顺利进入市场取得经济收益才算完成了创新。但是目前不论是企业、高校院所还是其他社会组织的专利产业化率都不足 50%。因此，使用专利表征企业技术创新并不合适，但我们可以使用专利对外许可来指代专利产出，企业专利对外许可可以在一定程度上表示自己的技术被同行认可，可以表示企业技术创新。最后，以专利衡量创新成果产出容易陷入"创新跃进"的误区。正如朱雪忠（2019）提出的，就因为专利数量庞大，一些专家、领导就对我国科技实力产生了误判，据此做出的决策将误国误民。创新不是专利和设备，过度强调专利数量，就会陷入专利多而创新水平低的怪圈。

（二）企业进行技术创新的最终目的应该是形成核心竞争力

近年来，国内外形势瞬息万变，企业面临巨大的不确定性。国内受多种因素影响，经济发展仍面临较大不确定性，企业生存也面临难题；国际上新全球化时代来临，国际创新竞争日益激烈，全球产业链和创新链面临重构。企业要想在此背景下站得稳站得高，必须要有核心竞争力，核心竞争力一定来自技术创新。这种技术创新绝对不是说企业投入多少研发经费、产出了多少专利，更重要的是要在技术市场实力、新产品竞争力、自身成长性和产业链中的地位等方面形成自己的优势。尤其是专利产出方面，目前很大一部分专利申请的目的在于商业竞争，这在当前市场化经济下也无可厚非，但是专利如果都没有最终形成具有竞争力的产品，再多的专利也无法促进创新。如袁真富（2012）提出提升企业核心竞争力是专利价值的深刻体现。谭浩俊（2019）提出，如果一项专利不能对现实生产力有促进作用，没有促进企业发展和效益水平，这样的专利与创新并没有太大联系。如果专利不是为了形成市场产品，那就是浪费资金。不能一味追求转化率的高低，专利更重要的是要形成产业和市场。如果能够将有限的资金用于形成几个核心的专利，最后创造出很大的产业和市场，那转化率即使只有 10%，也是很好的。

二、企业技术创新效果评价概念模型（DMC 模型）构建与指标选择

本书主要从创新决策、被市场认可和竞争力提升三个维度对企业技术创新进行衡量，构建出决策—市场认可—竞争力（DMC）概念模型。

（一）创新决策是企业开展技术创新积极性和主动性的表现

决策（decision）是管理学中的核心概念之一，创新决策不仅是企业开展技术创新活动的关键步骤，也是决定后续创新效果的主要环节，关系到企业技术创新的成败（周海涛、张振刚，2017）。本书从企业技术创新决策的过程的角度将企业技术创新决策归纳总结为以下三个阶段：明确创新意愿、确定创新方向和创新路径，即做不做（do）、做什么（what）和谁来做（who）。

首先，在企业技术创新决策的第一阶段，企业决定是否进行创新，即明确创新意愿。创新意愿是企业技术创新行为决策的第一步。企业开展技术创新活动的前提必须是要有创新意愿，要有实质性的创新投入，开展符合自己战略目标的创新项目。其次，在决定进行创新之后，企业就得明确创新方向，是渐进式的创新还是突破性的创新。最后，在第三阶段，企业要决定是自己内部独立创新还是与第三方机构合作创新（董津津、陈关聚，2020）。独立创新需要企业自己开展创新活动，不涉及其他单位。合作创新是企业通过与其他企业、高校院所通过交叉许可协议、技术外包等方式共同进行研发创新。

（二）被市场认可是企业开展技术创新的直接目的

创新的本质在于取得市场收益，将自己创新的产品推入市场并在市场取得经济效益是企业开展技术创新活动的直接目的。只有被市场认可（market recognition）的技术创新才能持续下去。技术没有被市场认可，创新就不算实现。本书将市场分为技术市场、消费者市场和资本市场三类。

首先，被技术市场认可是企业研发的技术被同行认可的程度。企业研发的一项技术是否处于领先地位，与该技术的行业通用性有关。若该技术能够在本行业或者跨行业使用，拥有该技术的企业就可以获得技术使用和交易的优先权，其他企业可以通过技术许可的方式来获取技术的使用权。其次，被消费者市场认可是企业新产品被消费者认可的程度。企业开展技术创新形成的成果要通过产品的形式流通至消费者市场，既能够使企业实现经济收益，也能够满足消费者需求。最后，被资本市场认可是指企业在资本市场让企业做大做强。技术创新成效好的企业在资本市场也会取得较好成绩。比如企业推出某一新技术、新产品，具有很好的创新性，被多数人看好，资本积累能力就会随之上涨，融资能力也会上升。

（三）竞争力提升是企业技术创新的最终目的

"物竞天择，适者生存"是市场经济的本质和法则。在当前的形势下，企业的核心竞争力（competitiveness）体现为其技术创新能力。这种竞争力难以被其他企业模仿，是企业获取持续竞争优势的源泉。竞争力较低的企业，无法在市场上取得预期的利润，继而无法在市场立足。

考虑到企业技术创新对企业竞争力的贡献，本书主要从品牌影响力和产业链地位两个方面展开。一方面，企业技术创新能力越强，其品牌价值或者品牌影响力也会越大。企业只有打造出具有市场影响力的品牌，才能够保持持续发展的活力，而要想提高企业品牌影响力，必须要有核心技术作为支撑。比如华为、大疆、华大基因等具有较强品牌影响力的企业，均以技术创新能力著称。各大机构的企业品牌排行榜与企业技术创新排行榜基本吻合，侧面反映了技术创新对品牌影响力的贡献。另一方面，企业技术创新能力越强，其在产业链中所处的位置就越重要。改革开放初期，我们的硬件离不开英特尔，软件离不开微软，在产业链中所处的位置一直很低。虽然近年来通过不断自主创新，在一定程度上实现了技术上的自给自足，但是在芯片等核心技术方面依然被美国等国家卡着脖子，这与我国企业技术创新能力有很大关系（见图 2-2）。

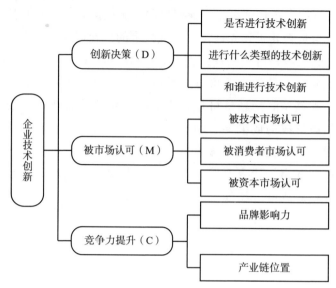

图 2-2　企业技术创新指标界定与选择

第四节　税收优惠影响企业技术创新的作用机制

税收优惠究竟如何影响企业技术创新,其内在机制仍是一个"黑箱",目前的说法也不一致,本书主要从企业技术创新的三个维度分别展开论述。

一、税收优惠对企业技术创新决策的影响机制

(一)税收优惠对企业是否开展创新活动的影响路径:成本效应

技术创新活动的高风险和不确定性,使得企业进行技术创新的积极性大打折扣。给予企业税收优惠,相当于政府把一部分财政资金直接让渡给了企业,相当于给予企业一定的风险补偿,企业开展技术创新活动的资金更多了,自己付出的成本更少了,开展创新活动的积极性也会变高。因此,税收优惠政策能够通过降低企业研发成本和改变企业风险偏好等行为对企业开展技术创新活动产生正面影响(见图 2-3)。

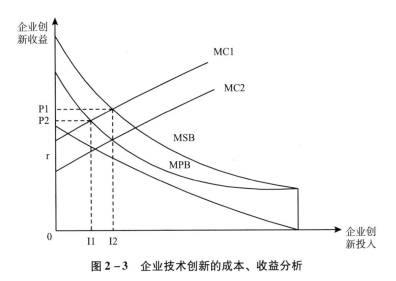

图 2 - 3　企业技术创新的成本、收益分析

（二）税收优惠对企业开展何种创新活动的影响路径：维持效应

关于税收优惠对企业技术创新方向的影响，目前尚无专门的研究。相比于渐进式技术创新，突破性技术创新更能够实现行业技术的颠覆。比如历次科技革命中出现的蒸汽机技术、晶体管技术、互联网技术和人工智能技术无一不是颠覆了本行业甚至整个产业的发展。但是突破性技术需要更大规模的资源投入，除了资金准备，企业还要重新调整创新战略，要花费更长的时间才能够实现。受制于突破性创新的周期长、成本高、不确定性大的特性以及当前我国财税政策的信息不对称、政策时效性短、官员升迁考核机制限制等问题，更多的企业获得了税收优惠后只保持过去的创新模式，并未开展突破性的技术创新（屠成杰，2020）。此外，税收优惠容易引发政企策略性反应，不利于企业开展突破性技术创新。

（三）税收优惠对企业和谁开展创新活动的影响：外部搜寻效应

由于合作创新在成本与风险分担以及创新效率等方面的优势，越来越多的企业选择产学研或者与其他企业合作的方式开展技术创新活动，政府通过税收优惠等方式支持企业开展合作创新，从税收优惠对合作创新的作用路径来看，主要包括以下两种：一是通过降低经营成本促进合作创新。通过对企业实施有计划的减税政策，能够增加企业技术创新资金池，降低生产经营成本，提升创新成功率，增加经营利润，进而吸引其他创新主体与企业开展合作创新。二是为了持续享受税收优惠而进行合作创新。我国针对企业技术创新的大部分税收优惠政策以某种资质认定为前提，企业获得税收优惠政策之后，为了保持其资质，继续享受税收优惠，往往倾向于通过外购知识产权、合作研发技术等方式来快速获取知识产权，使其可以一直享受税收优惠。以高新技术企业 15% 税收优惠为例，虽然《高新技术企业认定管理工作指引》中对知识产权数量提出了要求，但并没有限制必须由企业自主研发，不论是自己研发还是购买的均可以计入。很多企业临时购买专利来满足高新技术企业认定条件，从而享受政策优惠。因此，高新技术企业 15% 税收优惠能够促进企业开展合作式创新。但是，需要注意的是，合作创新不一定能够提高企业技术创新绩效。政府对协同创新的支持亦可能产生"寻租"和迎合式合作创新行为，单纯为了享受税收优惠而进行"拉郎配"的行为不在少数，这不利于其技术创新绩效的提升（见图 2-4）。

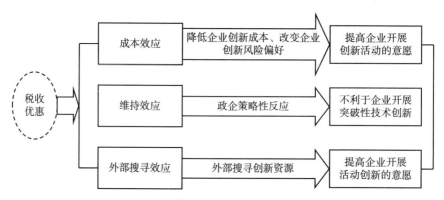

图 2-4　税收优惠对企业技术创新决策的影响机制

二、税收优惠对企业技术创新被市场认可的影响机制

（一）税收优惠对企业技术创新被市场认可的影响：迎合效应

被技术市场认可主要体现在企业的技术许可和转让方面，能够转让许可的技术越多，企业技术创新被技术市场认可的程度越高。税收优惠之所以不

会促进企业技术创新被技术市场认可的原因主要在于企业在获得税收优惠后开展的创新存在政策迎合行为（杨国超和芮萌，2020），只考虑专利数量，形成的专利成果没有市场运用价值。出现这种现象的原因归根到底还是因为政府出台的税收优惠政策过于重视技术成果数量，忽略了技术成果产业化，造成大量企业专利泡沫的产生，且形成了"专利数量越多，政府补贴和税收优惠越多，劣质专利也越多"的恶性循环（申宇、黄昊和赵玲，2018）。尤其是当前我国地方政府官员具有较大的自由裁量权，为了提升自身政绩会倾向于放松监管，这就进一步提高了企业低水平创新或伪创新的可能性。

（二）税收优惠对企业技术创新被消费者市场认可的影响：标签效应

企业技术创新被消费者认可与否主要体现在企业新推出的产品销售情况是否良好。税收优惠促进企业技术创新被消费者市场认可主要是税收优惠的"标签效应"产生的效果。税收优惠支持企业技术创新一般以实现某种科技资质认定为前提，获得科技资质的企业易被贴上"高新""科技""创新"等标签，会使消费者倾向于选择此类企业的产品。

（三）税收优惠对企业技术创新被资本市场认可的影响：认证效应

企业技术创新被资本认可主要体现在企业外部融资是否得以缓解上，税收优惠对企业技术创新被资本认可的影响途径主要是通过税收优惠的认证效应实现。政府针对特定领域制定税收优惠政策，支持企业进行技术创新，这相当于对市场释放了积极信号，可以引导社会资金进入创新企业，同时如研发成果的加计扣除等政策也可以减少企业进行研发活动的风险。基于信号传递的观点，获得税收优惠是企业的一种"荣誉"，在市场上具有认证效应。这种认证效应可以为企业带来一系列的外部融资、风险投资、财政补贴等方面的优惠，提高企业技术创新积极性。如余明桂、范蕊和钟慧洁（2016）及卢君生、张顺明和朱艳阳（2018）的研究认为税收减免向外界传导积极信号效应，能够为企业吸引更多外部融资。此外，税收优惠建立了企业与政府之间的联系，政府公信力能够增强此类企业在资本市场的可信度（Söderblom et al.，2015；郑玉，2020）。但是也有研究认为伪高新企业的盛行与创新效率的提升乏力，降低了认证信号的可信性（见图2-5）。

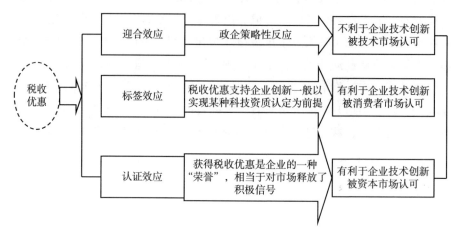

图2-5 税收优惠对企业技术创新被市场认可的影响机制

三、税收优惠对企业竞争力提升的影响机制

（一）税收优惠对企业品牌影响力的影响：信号效应

目前，我国市场机制仍不够完善，消费者对产品的认知主要依靠自我感知和企业宣传。这种情况下，政府以资质认定为前提给予企业某种税收优惠政策，在市场经济发展初期相当于向消费者传递了确定性的信号，也是政府代表广大顾客对企业进行了筛选，减少了顾客与企业之间的信息不对称性，这种信号可以大大提高企业的品牌影响力。比如高新技术企业15%税收优惠，极大地提高了企业的品牌形象，这也是目前企业热衷于高新技术企业认定的原因之一。但是这种信号效应的真假仍待考证，尤其是当前市场上"伪创新"现象层出不穷，也为这种信号抹上了一层阴影。而且随着市场信息越来越透明，消费者对企业品牌的认知也越来越理性化，税收优惠的信号效应也在逐渐减弱，市场机制的调节作用越来越强（钟炜，2006）。

（二）税收优惠对企业产业链位置的影响：不可持续效应

税收优惠支持企业技术创新是一个长期积累的过程，对研发投入的促进效应可能立竿见影，当期就能看到效果，但是对企业产业链位置的影响不可能在短时间内实现，需要长期的积累。但是这种积累效应有两个前提：一是税收优惠对企业技术创新的支持具有持续性；二是企业受到税收优惠激励后真的提高了技术创新的能动性。但实际上，除了一些普惠性的税收优惠如研发加计扣除会为企业提供持续性的支持外，其他一些以某种资质认定为前提的税收优惠对企业的支持会因为企业资质不再满足而停滞。同时，也有很多企业只是为了享受本次税收优惠带来的短期效益，并不会因为受到税收激励而开展实质性创新活动。企业受到税收优惠激励后并不一定会真正开展创新活动，很多企业直接将取得的税收优惠纳入利润管理，或者进行一些非创新活动。这种情况下税收优惠并不会带来积累效应，也不会提高企业在产业链中所处的位置（见图 2－6）。

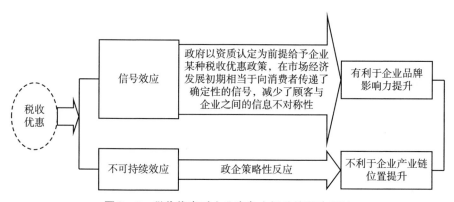

图 2－6 税收优惠对企业竞争力提升的影响机制

第五节 税收优惠支持企业技术创新中的政企 策略性反应及其作用机制

道格拉斯·C. 诺思在其著作《制度、制度变迁与经济绩效》中提出：研究一项制度的根本是看人们对这项制度的反应（诺思，1994）。一项政策实施效果到底如何，需要结合政策实施过程中各主体的反应来判断。税收优惠之所以对企业是否开展突破性技术创新、企业技术创新被技术市场认可以及企业产业链位置提升没有促进效应，主要与政策背后各主体的策略性反应有关。

一、地方政府和企业的关系及其策略性反应

税收优惠激励企业技术创新是一种强绩效政策,这种扶持有很强的竞赛意味,使得企业微观层面的竞争逐步升级为地区之间的创新能力对抗,背后不能忽视地方政府的作用,这种作用不是简单地与企业技术创新能力进行叠加,而是包含了多个层次的博弈关系。

首先,企业与地方政府之间存在博弈关系。地方政府具有代理性和自利性,代理中央政府执行支持创新的一系列公共政策,也具有追求自身政绩和经济利益的主动性。而企业开展技术创新活动会迎合地方政府的政策,努力获得更多的公共资源。其次,地方政府之间也存在竞争关系。为了提升本地创新政绩,在地方政府竞争中脱颖而出,地方会竞相给予特定的企业更多的优惠政策。再次,地方政府和中央政府之间存在博弈关系。地方政府为了将政策落地,会在执行中央政策时争取更大的自我裁量权。最后,企业之间存在博弈关系。为了享受政府优惠政策,部分企业会主动出击迎合政策,其他企业也会对此产生策略性反应。作为税收优惠政策的执行者,地方政府行为对企业技术创新的影响相对于中央政府行为更加直接。因此,本书重点关注第一种关系,即地方政府和企业的关系。

税收选择性激励政策实施过程中,政府可能出现两种情况:一是强监管;二是弱监管。弱监管是政府在执行选择性激励政策时的策略性反应,税收选择性激励是一项强绩效的政策,不仅可以推动税收优惠政策落实到企业,还可以提升本地具有资质的企业(如高新技术企业、技术先进型服务企业等)数量,容易导致地方政府官员为了提高自身政绩而选择放松监管。其主要表现形式有两种:一是主动性懈怠,主要是指政府部门对于不合格的企业选择视而不见;二是优中选优,主要指政府部门对于要扶持的企业更加偏向于选择本来就表现优秀的企业,忽视对真的需要扶持的企业群体的激励。企业可能出现两种情况:一是真创新;二是假创新。假创新是企业为了享受特殊税收优惠的策略性反应,是企业为了能够被政府选中而开展的迎合式创新,这时企业并没有进行真正的创新活动。其具体形式包括以下三个方面:一是主动懈怠。指由于税收选择性激励所设置的标准不够合理和明晰,导致企业难以实现,于是采取不作为的消极态度。二是业绩造假。主要是指

企业在面临税收优惠的诱惑时采取夸大、编造数据等行为取得相关资质的行为。不论是政府还是企业的策略性行为都不利于税收政策激励效果的可持续性。

产生"策略性行为"的主体的出发点是使自己的利益最大化,具有以下几个特征和后果:一是行为主体的主动性。"策略性行为"是由政策实施过程中各主体主动做出的行为,他们往往会根据掌握的信息做出有利于自己的行为,其行为结果具有很强烈的预期性,往往会围绕政策评价展开。二是行为结果影响的全面性。政策执行过程中不论是政策执行者还是政策受用者出现了策略性反应,都会对政策的有效性和政府的公信力产生非常大的影响。三是政策效果的失真性。"策略性行为"大多都是各主体从自身的需要出发来采取行动,没有从政府政策实施绩效的整体目标出发来思考问题,因而,往往会导致政策实施过程与效果的失真性,而这种失真的结果指导下的政策反馈环节也必然会失真,那么,政府政策最终的实施效果就会大打折扣。因此,政企策略性行为会对税收优惠支持企业技术创新的实施效果产生抑制作用,不利于税收优惠支持企业技术创新的可持续性(见表2-4)。

表2-4　　　　　税收优惠政策实施过程中政府和企业的策略性行为

	政府	企业
策略性反应	放松监管	迎合式策略性创新
目的	完成政策绩效目标	享受税收优惠
直接表现	主动懈怠、优中选优	主动懈怠、选择性执行、业绩造假
直接后果	不利于企业技术创新	
间接后果	财政资金浪费	

二、地方政府的策略性反应及其对企业技术创新的影响

从地方政府来看,为了更好地落实税收优惠,提高本地区带有某种创新资质的企业数量,地方政府会倾向于放松监管,将没有实质性创新行为的企业也纳入税收支持的范围,不利于企业开展实质性创新,也不利于技术成果被技术市场认可,更不利于企业提升自身竞争力。

(一) 产生的原因

地方政府产生放松监管这种策略性反应的原因可以分别从政府间创新竞争与晋升和优势扶持两个方面来解释。

一是政府间创新竞争与晋升理论。政府官员的晋升依据主要包括"德、能、勤、绩、廉"等几个方面，其中"绩"是指官员的工作实绩。党的十八大以来，创新成为地方政府官员晋升考核的一个重要内容，具体包括科技认定（如认定的高新技术企业）数量、科技项目（如组织实施的重大科技攻关项目）数量以及税收优惠的兑现力度等方面。目前，高新技术企业数量及其税收优惠落地情况已经成为地方间创新竞争的主要指标。根据锦标赛理论，科技管理部门的条线考核以及地方政府部门的考核，可能会沿着政府层级向下层层加码、不断放大。科技管理官员同时面临着其他地区的横向比较、同一地区不同部门官员的横向政治晋升压力，以及前任官员政绩所带来的纵向政治压力。虽然被提拔必然包含着其他的影响因素，但"数字"显然是科技管理官员晋升的强有力政绩。再加上我国地方官员的任期较短，市委书记平均任职时间为 3～4 年，政绩考核压力下，政府容易放松监管，将那些本不合格的企业纳入被选择行列，甚至出现个别官员默许企业通过"材料包装"进行申报，从而提升自己政绩的情况。而普惠性的研发加计抵扣政策虽然对企业研发投入的激励效果明显，但很难受到真正的重视。原因主要包括以下两个方面：首先，普惠性的政策通常伴随着成熟的监管和审计机制，地方政府在执行的过程中，需要进行大量且严谨的评审准备工作，还有可能由于在事前、事中、事后监管中发现的问题而受到问责；其次，地方在执行这类普惠性政策时，操作空间不大，和同类区域无法拉开差距，政府官员也无法快速提升政绩。

二是优势扶持理论。地方政府官员在避责等因素的驱动下，可能更倾向于将创新资源投向那些规模较大、具有国有背景的企业，但这些企业本身就不缺乏相关的资本支持，因此这种政府奖励难以取得较高的边际收益。总的来说，政府的创新激励政策倾向于通过对确定性成果的奖励，消除可能需要承担的创新投资失败的风险，因此并不具备风险投资的功能，创新激励政策的效果也将因此被削弱。白重恩（2015）也提出，地方政府为了从有限的资源中获得最大的收益，会选择和支持那些本来效率就高并能带来较大收益的企业。这样一来，政府不需要付出多大的监管努力，就可以完成绩效目标。

（二）对企业技术创新的影响

这种情况会造成下列后果：一方面，地方政府放松监管容易产生寻租和腐败，不利于企业创新。由于政府与企业之间的信息不对称，在政府出台政策优惠支持创新的同时，也存在不少的企业为了享受相应的优惠进行迎合式"伪创新"（申宇、黄昊和赵玲，2018）。另一方面，部分科技管理官员的避责心态使得大量的科技认定被国有企业和本来就是创新明星的企业获得，这种"只喜欢锦上添花，做不到雪中送炭"的做法对整体的企业创新起不到太多促进作用。此外，对某类企业的偏好容易导致大量的科技认定集中在相同的企业身上，会产生过度激励的问题。这种过度激励显然是对科技创新资源的浪费，不仅有失税收公平，甚至有碍于其他企业创新发展（见图2-7）。

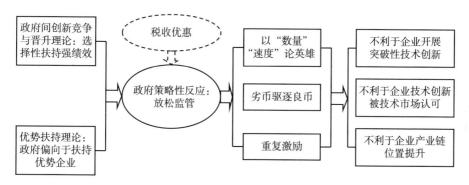

图2-7　税收优惠支持企业技术创新中政府的策略性反应及其对企业技术创新的影响

三、企业的策略性反应及其对企业技术创新的影响

企业为了享受到稀缺性的税收优惠资源，会倾向于产生政策迎合式策略性创新行为，不利于税收优惠支持企业技术创新的整体效果。

（一）产生的原因

企业政策迎合式策略性创新主要表现在企业通过临时虚增、操纵数据和包装材料等行为迎合政府政策，从而被政府选中，享受税收优惠。相对于普惠性政策，税收选择性激励更容易诱发企业的迎合行为，企业有较强的动机通过策略性创新、材料包装、寻租等方式获得更多的政府支持，将更多的资源用于寻租等非生产性活动，这会对企业的创新投入产生挤出效应，使政策难以有效发挥作用。具体可以从选择性激励政策属性、外部环境和企业行为三个角度来看：

一是税收优惠是一项选择性产业政策。有学者将产业政策分为选择性产业政策和功能性产业政策，区别于功能性政策的"环境营造"功能，政府实行选择性政策的初衷是为了实现某种既定的目标，或者为完成上级的特定安排，选择某些特定企业进行扶持和管制，不论是政府还是被扶持的企业都倾向于在短期内达成某项指标而非主动创新（江飞涛和李晓萍，2010）。张维迎认为产业政策具有选择性和歧视性，是政府为了某种特定的经济目的而进行选择性干预，也将税收优惠纳入了产业政策。这种情况下，企业有更强的寻租动机去迎合政府的选择性（林毅夫和张维迎，2017）。

二是税收优惠增强了企业面临的制度性环境。以梅耶（J. W. Meyer）等为代表的新制度主义认为，社会部门的环境特征包括制度性环境和技术性环境两个维度：若高新技术企业处于强技术环境中，会以提升自身组织效率为目标展开企业活动；若处于强制度环境中，企业为了提升在某地区的合法性，会通过改变其行为来满足政府和社会对它的期望（Scott and Meyer，1991）。以高新技术企业所得税优惠为例，高新技术企业享受政策的前提条件是实现高新技术企业认定，政府对高新技术企业认定遵循一系列的门槛性指标，包括研发投入、研发人员比例、自主知识产权等，在一定程度上增强了我国的高新技术企业所面临的制度性环境，使得企业往往会为了获取更多的财政补贴和税收优惠，而调整自身指标和内部结构，主动迎合高新技术企业的认定条件。

三是税收优惠容易导致企业逆向选择。政府的资金支持大多采取无偿补助的形式，而且获取政府支持还可以向外部传递出政府认可的信号，能够帮助企业降低外源融资成本、开拓新市场以及获得新的研发合作机会。对企业而言，获取政府创新激励政策的支持是一项低成本、高收益的工作。企业所付出的成本，主要是申报材料的制作成本、相关工作人员的薪酬等产生的非生产性成本。总体来看，这些成本远低于企业可能获得的收益，因此企业具有很强的动力去采取积极的行为以主动迎合政府的政绩考核标准（赵璨等，

2015），尽力达到高新技术企业认定标准，从而会产生研发操纵行为，造成研发费用虚增，以获得更多的政策支持。对于政府而言，由于信息收集的时间和成本的局限性，政府很难了解到关于企业在科技创新、财务以及发展战略等方面的真实信息，这为公司研发操纵行为提供了空间（黎文靖和郑曼妮，2016）。因此，在信息不对称、监督机制尚不健全的情况下，企业可能具有较强的动机产生政策迎合行为。

（二）对企业技术创新的影响

税收优惠政策实施过程中企业产生的迎合式创新属于一种为了谋求其他利益，通过追求创新的速度和数量以迎合政府的策略性的创新。在这种情况下，一方面，企业会将一些本不属于或者并没有实际投入使用的支出纳入研发支出，这种表面的"研发支出"肯定不会换来相应的创新产出，更不会提高企业创新能力。另一方面，有政策迎合行为的企业倾向于进行低质量或者数量累积式的策略性创新（余明桂、范蕊和钟慧洁，2016），对突破性创新或者原始性创新缺乏热情，只为了享受到高新技术企业认定带来的税收优惠以维持企业生存，有碍企业创新绩效（韩凤芹和陈亚平，2020），并不利于创新绩效的提升。同时会使财税激励政策偏离最优作用路径，最终影响到政府创新资源的配置效应，在弱化企业技术创新绩效的同时也可能会削弱政策的社会绩效。而且，由于逆向选择的存在，在政府政策优惠、支持创新的同时，也会导致不少的"骗补式创新""策略式创新"，这种行为并不是真创新行为（申宇、黄昊和赵玲，2018）（见图2-8）。

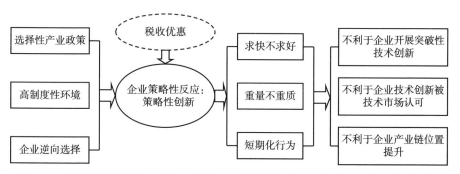

图2-8　税收选择性激励企业技术创新中企业策略性反应及其对企业技术创新的影响

第六节 本 章 小 结

本章介绍了全书分析的理论框架和研究骨架，后面章节的实证分析都是以本章理论为基础展开的。第一，对本书的核心概念企业技术创新、税收优惠、效果和策略性反应进行了界定。第二，对政府支持企业技术创新的理论依据进行了系统梳理和回顾，涉及公共产品理论、不确定性理论、国际竞争理论以及政府边界理论。第三，从创新决策、被市场认可和竞争力提升三个维度对企业技术创新进行衡量，构建了决策—市场认可—竞争力（DMC）概念模型。第四，基于创新决策、被市场认可和竞争力提升三个维度对税收优惠影响企业技术创新的作用机制进行了理论分析。第五，从政企策略性反应角度对税收优惠为什么没有促进企业开展突破性技术创新、企业技术创新被技术市场认可以及企业产业链位置提升，进行了重点理论分析。

第三章

我国支持企业技术创新的税收
优惠政策演变与问题分析

为了准确把握我国税收支持企业技术创新的政策现状、成效和问题，本章首先对改革开放以来我国支持企业技术创新的主要税收优惠政策演变进行了梳理，并将这些政策划分为 1978～1993 年、1994～2005 年、2006～2014 年和 2015～2019 年以及 2020 年以来五个阶段，然后对这些支持政策的特点进行了总结。其次，从企业技术创新整体情况、创新投入和创新产出三个方面对我国与其他国家企业技术创新现状进行了比较分析。最后，从我国支持企业技术创新的税收优惠政策的法律层次、覆盖面、支持对象、支持方式、支持内容、整体设计、后期评价和服务配套等方面对我国支持企业技术创新的税收优惠政策存在的问题进行了分析。

第一节　我国支持企业技术创新的主要
税收优惠政策演变与特点

改革开放以来，我国出台了一系列支持企业技术创新的税收优惠政策，初步形成了以所得税为主、其他税种优惠为辅的税收优惠政策体系，一定程度上促进了企业开展创新活动的积极性。

一、我国支持企业技术创新的税收优惠政策演变历程

基于重要政策节点和支持内容，本章将我国促进企业技术创新的税收优

惠政策划分为以下五个阶段：第一阶段（1978～1993 年）更加注重引进外资；第二阶段（1994～2005 年）开始实行加计扣除；第三阶段（2006～2014 年）主要是特定产业支持；第四阶段（2015～2019 年）开始注重特惠性支持；第五阶段（2020 年以来）更注重企业抗风险能力和高质量发展。

（一）第一阶段（1978～1993 年）：更加注重引进外资

划分依据：1978 年，"科学技术是第一生产力"首次提出，我国开始重点关注引进外资和技术的税收政策。

主要事件和政策：首先，党的十一届三中全会召开以后，为了提高我国经济发展水平，推动科学技术发展，我国开始重点关注引入外资和技术方面的政策，先后颁布实施了《中华人民共和国中外合资经营企业所得税法》等一系列法规和政策。其次，为了鼓励企业技术创新，我国开始试点高新技术开发区内企业实行 15% 所得税率的优惠政策，先后发布了《国家高新技术产业开发区税收政策的规定》和《北京市新技术产业开发试验区暂行条例》等法规和政策。最后，在促进国营企业发展上出台了相应政策，先后颁布《关于国营企业利改税试行办法》和《国营企业第二步利改税试行办法》，强调了新产品试制、重点技术改造投入等政策措施，增强了企业技术创新活力（见表 3－1）。

主要特点：该阶段支持企业技术创新的税收优惠政策分为对外和对内两个方面，对外主要集中在引进外资和技术，对内主要从高新区企业试点 15% 税收优惠和国有企业两步利改税着手。

表 3－1　　　1978～1993 年我国支持企业技术创新的税收政策汇总

政策名称	发布部门	发布日期	涉及税种	关键词	政策类别
《中华人民共和国中外合资经营企业所得税法》	全国人大常委会	1980 年 9 月 10 日	企业所得税	外国合营者；汇出额；10%	法律
《关于对新产品试行减税免税照顾问题的通知》	财政部	1981 年 11 月 11 日	企业所得税	试制品和经鉴定后投产试销的产品；利润过低或有亏损的；减税或者免税	部门规章
《中华人民共和国外国企业所得税法》	全国人大常委会	1981 年 12 月 31 日	企业所得税	—	法律

续表

政策名称	发布部门	发布日期	涉及税种	关键词	政策类别
《关于从国外引进技术改造项目的技术、设备减、免关税和工商（统一）税问题的通知》	财政部海关总署	1983年1月27日	关税、工商（统一）税	技术改造；关键仪器和设备，进口关税和工商（统一）税减半征收	部门规章
《关于经济特区和沿海十四个港口城市减征、免征企业所得税和工商统一税的暂行规定》	国务院	1984年11月15日	企业所得税、关税、工商（统一）税	客商；来源于特区的股息、利息、租金、特许权使用费和其他所得；减按10%的税率	行政法规
《关于鼓励外商投资的规定》	国务院	1986年10月11日	企业所得税	产品出口企业；出口产品产值达到当年企业产品产值70%以上；减半缴纳企业所得税	行政法规
《国务院关于〈北京市新技术产业开发试验区暂行条例〉的批复》	国务院	1988年5月10日	企业所得税、建筑税	试验区的新技术企业；减按15%税率征收所得税	行政法规
《北京市新技术产业开发试验区暂行条例》	北京市人民政府	1988年5月20日	关税	新技术企业；开发新技术；进口仪器和设备；五年内免征进口关税	部门规章
《国家高新技术产业开发区税收政策的规定》	国家税务局	1991年3月6日	企业所得税	开发区企业；15%的税率	部门规章
《国家税务局〈关于贯彻国务院国发〔1992〕18号文件有关营业税问题的通知〉》	国家税务局	1992年6月16日	营业税	科研单位从事技术咨询、技术转让、技术服务和技术开发的收入暂免征收营业税；其他单位和个人从事技术转让的收入暂免征收营业税；技术出口业务取得的收入免征营业税	部门规章

（二）第二阶段（1994～2005年）：加计扣除开始实施

划分依据：党的十四届三中全会审议并通过了《中共中央关于建立社会主义市场经济体制若干问题的决议》，分税制改革开始实施。

主要政策与事件：《国务院关于实行分税制财政管理体制的决定》自1994年1月1日实施，这是我国税制改革进程中的一个里程碑。该阶段关于支持企业技术创新的税收优惠政策也在不断完善。首先，开始出现间接税收优惠手段。1996 年和 1999 年先后颁布《关于促进企业技术进步有关财务税收问题的通知》《企业技术开发费税前扣除管理办法》，对技术开发费用年增幅在 10 个百分点以上的企业可以按照实际发生额加计 50% 进行税前扣除。2003 年，加计扣除的适用范围从此前的国有、集团工业企业扩大到财务核算制度健全的所有工业企业。其次，开始注重企业技术创新的产业化。1992 年发布的《关于贯彻国家中长期科学技术发展纲领有关营业税问题的通知》，对于企业从事技术开发、技术转让及相关的技术咨询和服务收入采取免征营业税的办法进行鼓励。1999 年又特别颁布和实施了《关于加强技术创新、发展高科技、实现产业化的决定》。最后，区域性税收优惠开始专项产业性税收优惠。比如软件产业和集成电路产业先后发布了《关于鼓励软件产业和集成电路产业发展的有关税收政策问题的通知》《关于进一步鼓励软件产业和集成电路产业发展税收政策的通知》《关于部分集成电路生产企业进口自用生产性原材料消耗品税收政策的通知》等（见表 3 - 2）。

主要特点：从整体上看，该阶段支持企业技术创新的税收优惠政策不断完善，首次引入间接税手段支持企业技术创新，加计扣除等间接优惠方式开始应用。同时，以软件产业和集成电路产业为主的高新技术产业是这一阶段税收优惠政策的主要着力点。

表 3 - 2   1994～2005 年我国支持企业技术创新的税收政策汇总

政策名称	发布部门	发布日期	涉及税种	关键词	政策类型
《财政部 国家税务总局〈关于企业所得税若干优惠政策的通知〉》	财政部、国家税务总局	1994 年 3 月 29 日	企业所得税	高新技术产业开发区内的高新技术企业减按 15% 税率；新办的高新技术企业自投产年度起免征所得税两年等	部门规章
《财政部、国家税务总局〈关于促进企业技术进步有关财务税收问题的通知〉》	财政部、国家税务总局	1996 年 4 月 7 日	企业所得税、关税、增值税	技术转让；年净收入在 30 万元以下的暂免征收所得税	部门规章
《国家税务总局〈关于促进企业技术进步有关税收问题的补充通知〉》	国家税务总局	1996 年 9 月 20 日	企业所得税	盈利企业；研究开发费用比上年增长达到 10% 以上；实际发生额的 50% 予以抵扣	部门规章

续表

政策名称	发布部门	发布日期	涉及税种	关键词	政策类型
《中华人民共和国海关总署令》	海关总署	1997年4月10日	关税、消费税和增值税	进口国内无法生产的或者性能不能满足需要的科研和教学用品；免征进口环节的关税、消费税和增值税	部门规章
《关于加强技术创新、发展高科技、实现产业化的决定》	中国共产党中央委员会、国务院	1999年8月20日	增值税、企业所得税	高新技术产品出口；增值税零税率政策	党内法规
《财政部、国家税务总局关于贯彻落实〈中共中央、国务院关于加强技术创新，发展高科技，实现产业化的决定〉有关税收问题的通知》	财政部、国家税务总局	1999年11月2日	营业税、关税、增值税、企业所得税、城镇土地使用税	软件产品；自行开发、技术转让、高新技术产品出口；税收优惠	部门规章
《关于扩大企业技术开发费用加计扣除政策适用范围的通知》	财政部、国家税务总局	2003年11月27日	企业所得税	适用范围扩大；所有财务核算制度健全、实行查账征收企业所得税的各种所有制的工业企业	部门规章

（三）第三阶段（2006~2014年）：注重特定产业支持

划分依据：2006年，《国家中长期科学和技术发展规划纲要（2006－2020年）》发布，突出强调了"企业成为自主创新的主体"的目标，支持企业技术创新的政策也开始不断完善。

主要政策与事件：首先，进一步扩大了加计扣除的适用范围。为推动《国家中长期科学和技术发展规划纲要（2006－2020年）》的有效落实，《关于企业技术创新有关企业所得税优惠政策的通知》取消了技术开发费用增长10%以上的条件，可以加计扣除的核算内容进一步延伸。其次，增加了特定主体税收优惠政策范围。包括科技型中小企业、软件产业、技术先进型服务业、集成电路产业、高新技术产业、大学科技园和科技企业孵化器等，涉及《关于纳税人向科技型中小企业技术创新基金捐赠有关所得税政策问题的通知》《关于国家大学科技园和科技企业孵化器有关税收政策问题的通知》《关于软件产品增值税政策的通知》《技术先进型服务企业有关税

67

收政策问题》《关于进一步鼓励集成电路产业发展企业所得税政策的通知》《高新技术企业职工教育经费税前扣除政策》等政策。最后，《企业所得税法》修订。自 2008 年起，我国开始实行新版的《企业所得税法》，将高新技术企业 15% 税收优惠、技术转让所得税减免以及研发费用加计扣除内容纳入了法律条款（见表 3 - 3）。

主要特点：该阶段支持企业技术创新的税收优惠政策不断完善，且受重视程度也比以前上升。该阶段产业性税收优惠的特点更加明显，高新技术企业 15% 税收优惠还被纳入了法律条款。

表 3 - 3   2006～2014 年我国支持企业技术创新的税收政策汇总

政策名称	发布部门	发布日期	涉及税种	关键词	政策类别
《关于企业技术创新有关企业所得税优惠政策的通知》	财政部、国家税务总局	2006 年 9 月 8 日	企业所得税	150%	部门规章
《关于纳税人向科技型中小企业技术创新基金捐赠有关所得税政策问题的通知》	财政部、国家税务总局	2006 年 12 月 31 日	企业所得税	企业所得税应纳税所得额 3% 以内的部分；个人在申报个人所得税应纳税所得额 30% 以内的部分；准予税前扣除	部门规章
《关于在苏州工业园区进行鼓励技术先进型服务企业发展试点工作有关政策问题的通知》	财政部、国家税务总局、商务部、科技部	2006 年 12 月 31 日	企业所得税	认定为高新技术企业的内外资技术先进型服务企业；减按 15% 的税率	部门规章
《科技开发用品免征进口税收暂行规定》	财政部海关总署国家税务总局	2007 年 1 月 31 日	关税、增值税、消费税	进口科技开发用品；免征进口关税和进口环节增值税、消费税	部门规章
《关于国家大学科技园有关税收政策问题的通知》	财政部、国家税务总局	2007 年 8 月 20 日	房产税、城镇土地使用税以及营业税	免征房产税和城镇土地使用税；对其向孵化企业出租场地、房屋以及提供孵化服务的收入，免征营业税	部门规章
《关于科技企业孵化器有关税收政策问题的通知》	财政部、国家税务总局	2007 年 8 月 20 日	房产税、城镇土地使用税以及营业税	免征房产税和城镇土地使用税；对其向孵化企业出租场地、房屋以及提供孵化服务的收入，免征营业税	部门规章

续表

政策名称	发布部门	发布日期	涉及税种	关键词	政策类别
《中华人民共和国企业所得税法》	全国人民代表大会	2007年3月16日	企业所得税	无形资产摊销费用准予扣除；技术转让所得可以免征、减征企业所得税；需要重点扶持的高新技术企业减按15%的税率	法律
《国家税务总局实施高新技术企业所得税优惠有关问题的通知》	国家税务总局	2009年4月22日	企业所得税	按15%税率进行预缴申报或享受过渡性税收优惠	部门规章
《国家税务总局技术转让所得减免企业所得税有关问题的通知》	国家税务总局	2009年4月22日	企业所得税	企业技术转让所得；减免所得税	部门规章
《关于扶持动漫产业发展有关税收政策问题的通知》	财政部、国家税务总局	2009年7月17日	增值税	增值税实际税负超过3%的部分；即征即退	
《关于技术先进型服务企业有关税收政策问题的通知》	财政部、国家发展和改革委员会、国家税务总局、科学技术部、商务部	2009年5月24日	企业所得税、营业税	技术先进型服务企业；减按15%的税率征收企业所得税	部门规章
《科技重大专项进口税收政策暂行规定》	财政部、科学技术部、国家发展和改革委员会	2010年7月15日	进口关税和进口环节增值税	免征进口关税和进口环节增值税	部门规章
《关于软件产品增值税政策的通知》	财政部、国家税务总局	2011年1月1日	增值税	增值税实际税负超过3%的部分；即征即退	部门规章
《关于完善技术先进型服务企业有关企业所得税政策问题的通知》	财政部、国家税务总局、商务部、科技部和国家发展改革委	2010年11月5日	增值税、营业税	15%税率；职工教育经费按不超过工资额的8%进行所得税税前扣除；离岸服务外包业务收入免征营业税	部门规章
《财政部、国家税务总局关于进一步鼓励软件产业和集成电路产业发展企业所得税政策的通知》	财政部、国家税务总局	2012年4月20日	企业所得税	当年未享受免税优惠；减按10%的税率征收企业所得税	部门规章

政策名称	发布部门	发布日期	涉及税种	关键词	政策类别
《关于苏州工业园区技术先进型服务企业所得税试点政策有关问题的通知》	财政部、国家税务总局、商务部、科学技术部、国家发展和改革委员会	2013年2月16日	企业所得税	离岸服务外包业务收入占企业当年总收入的比例；不低于35%	部门规章
《关于完善固定资产加速折旧企业所得税政策的通知》	财政部、国家税务总局	2014年10月20日	企业所得税	规定的6个行业；购进或自行建造固定资产；按60%缩短折旧年限；选择双倍余额递减法或年数总和法进行加速折旧	部门规章
《关于进一步鼓励集成电路产业发展企业所得税政策的通知》	财政部、国家税务总局、发展改革委、工业和信息化部	2015年2月9日	企业所得税	两免三减半	部门规章
《关于完善技术先进型服务企业有关企业所得税政策问题的通知》	财政部、国家税务总局、商务部、科技部、国家发展改革委	2014年10月8日	企业所得税	在北京等21个中国服务外包示范城市；企业所得税优惠政策	部门规章
《高新技术企业职工教育经费税前扣除政策》	财政部、国家税务总局	2015年6月9日	企业所得税	职工教育经费支出，不超过工资薪金总额8%的部分，准予在计算企业所得税应纳税所得额时扣除；超过部分，准予在以后纳税年度结转扣除	部门规章
《科技部关于进一步推动科技型中小企业创新发展的若干意见》	科学技术部	2015年1月10日	—	小型微利企业、高新技术企业、技术先进型服务企业、技术转让、研究开发费用加计扣除、研究开发仪器设备折旧、科技企业孵化器、大学科技园等税收优惠政策	部门规章

（四）第四阶段（2015~2019 年）：开始关注普惠性支持

划分依据：2015 年 3 月，中共中央、国务院发布《关于深化体制机制改革加快实施创新驱动发展战略的若干意见》，为支持企业技术创新的税收优惠政策指明了改革方向。

主要政策与事件：2015 年 3 月，中共中央、国务院发布《关于深化体制机制改革加快实施创新驱动发展战略的若干意见》，提出要提高普惠性财税政策支持力度，坚持结构性减税方向，逐步将国家对企业技术创新的投入方式转变为以普惠性财税政策为主。之后，我国推出一系列定向减税措施来促进企业技术创新。其中典型的包括：首先，部分特惠政策开始实施。比如研发费用加计扣除政策实行负面清单制度，并于 2018 年将 175% 的加计扣除优惠扩展至全部企业，一定程度上实现了加计扣除政策从"特惠型"向"普惠型"的重大转变。再加上中美贸易战的影响，碎片化、特惠式减税开始向一揽子、普惠式减税转变。国家自主创新示范区有关税收试点政策以及服务贸易创新发展试点地区技术先进型服务企业所得税政策也开始推广到全国范围实施。其次，继续保持了对某些特定产业的税收优惠支持。包括动漫产业、集成电路与软件产业、科技企业孵化器、大学科技园和众创空间、文化产业等。最后，在支持企业技术创新创业方面出台了一系列政策。比如《"大众创业　万众创新"税费优惠政策指引》，包括针对初创期、成长期和成熟期企业共 83 项税收优惠（见表 3-4）。

主要特点：该阶段支持企业技术创新的税收优惠政策密集出台，也体现了国家层面对企业技术创新的重视。这一时期不仅提高了部分税收优惠政策的普惠性，也继续保持了对某些重点产业给予特惠式支持的特点。同时，在创新创业方面探索了一系列税收优惠政策。

表 3-4　　2015~2019 年我国支持企业技术创新的税收政策汇总

政策名称	发布部门	发布日期	涉及税种	关键词	政策类别
《关于深化体制机制改革加快实施创新驱动发展战略的若干意见》	中国共产党中央委员会、国务院	2015 年 3 月 13 日	企业所得税	普惠；中小企业	党内法规

政策名称	发布部门	发布日期	涉及税种	关键词	政策类别
《关于将国家自主创新示范区有关税收试点政策推广到全国范围实施的通知》	财政部、国家税务总局	2015 年 10 月 23 日	企业所得税	技术转让；500 万元以下免征；500 万元以上减半	部门规章
《关于完善研究开发费用税前加计扣除政策的通知》	财政部、国家税务总局、科学技术部	2016 年 1 月 1 日	企业所得税	150%	部门规章
《关于新增中国服务外包示范城市适用技术先进型服务企业所得税政策的通知》	财政部、国家税务总局、商务部、科技部、国家发展改革委	2016 年 1 月 1 日	企业所得税	沈阳、长春等 10 个城市	部门规章
《国家创新驱动发展战略纲要》	中国共产党中央委员会、国务院	2016 年 5 月 19 日	—	普惠性；降低企业创新成本	党内法规
《关于在服务贸易创新发展试点地区推广技术先进型服务企业所得税优惠政策的通知》	财政部、国家税务总局、商务部、科技部、国家发展改革委	2016 年 11 月 10 日	企业所得税	天津、上海等 15 个城市	部门规章
《中华人民共和国企业所得税法实施条例（2019 修正）》	全国人民代表大会	2017 年 2 月 24 日	企业所得税	新购进的设备、器具；单位价值不超过 500 万元的，不再分年度计算折旧	行政法规
《关于提高科技型中小企业研究开发费用税前加计扣除比例的通知》	财政部、国家税务总局、科技部	2017 年 5 月 2 日	企业所得税	科技型中小企业研究开发费用税前加计扣除比例提高至 75%	部门规章

续表

政策名称	发布部门	发布日期	涉及税种	关键词	政策类别
《关于将服务贸易创新发展试点地区技术先进型服务企业所得税政策推广至全国实施的通知》	财政部、国家税务总局、商务部、科技部、国家发展改革委	2018年5月19日	企业所得税	减按15%的所得税率	部门规章
《关于延长高新技术企业和科技型中小企业亏损结转年限的通知》	财政部、国家税务总局	2018年7月11日	企业所得税	具备资格年度之前5个年度发生的尚未弥补完的亏损；准予结转以后年度弥补；结转年限由5年延长至10年	部门规章
《科技部、国资委印发〈关于进一步推进中央企业创新发展的意见〉的通知》	科技部、国资委	2018年4月19日	—	高企认定；加计扣除；政策落地	部门规章
《财政部 税务总局关于设备 器具扣除有关企业所得税政策的通知》	财政部、国家税务总局	2018年5月7日	企业所得税	新购进的设备、器具；单位价值不超过500万元的；不再分年度计算折旧	部门规章
《关于推动民营企业创新发展的指导意见》	科技部、全国工商联	2018年5月18日	—	高新技术企业和科技型中小企业认定；研发投入加计扣除；无形资产税前摊销；普惠性	部门规章
《关于提高研究开发费用税前加计扣除比例的通知》	财政部、国家税务总局、科技部	2018年9月20日	企业所得税	负面清单；175%	部门规章
《关于科技企业孵化器大学科技园和众创空间税收政策的通知》	财政部、国家税务总局、科技部、教育部	2018年11月1日	房产税和城镇土地使用税、增值税	国家级、省级科技企业孵化器及大学科技园和国家备案众创空间；房产、土地免征房产税和城镇土地使用税；收入免征增值税	部门规章
《关于新时期支持科技型中小企业加快创新发展的若干政策措施》	科技部	2019年8月5日	企业所得税、增值税	提高科技型中小企业研发费用加计扣除比例；科技型初创企业普惠性税收减免；等等	部门规章

续表

政策名称	发布部门	发布日期	涉及税种	关键词	政策类别
《关于继续实施支持文化企业发展增值税政策的通知》	财政部、国家税务总局	2019 年 2 月 13 日	增值税	转让电影版权（包括转让和许可使用）收入免征增值税	部门规章
《关于实施小微企业普惠性税收减免政策的通知》	财政部、国家税务总局	2019 年 1 月 18 日	企业所得税	投资满 2 年（24 个月）；投资额的 70% 在股权持有满 2 年的当年抵扣该公司制创业投资企业的应纳税所得额；当年不足抵扣的在以后纳税年度结转抵扣	部门规章
《关于集成电路设计和软件产业企业所得税政策的公告》	财政部、国家税务总局	2019 年 5 月 17 日	企业所得税	两免三减半	部门规章
《关于粤港澳大湾区个人所得税优惠政策的通知》	财政部、国家税务总局	2019 年 3 月 14 日	企业所得税	高端人才和紧缺人才给予补贴；免征个人所得税	部门规章
《关于营造更好发展环境支持民营企业改革发展的意见》	中共中央、国务院	2019 年 12 月 4 日	企业所得税	加大研发费用加计扣除力度；实质性降低企业负担	党内法规

（五）第五阶段（2020 年以来）：更注重企业抗风险能力和高质量发展

划分依据：2019 年底，新冠肺炎疫情暴发，我国政府在最短的时间内实现了复工复产，为了稳固经济发展，提高经济抗风险能力，2020 年针对企业出台了一些税收优惠政策。

主要事件和政策：首先，依然延续对高新技术产业和集成电路产业及软件产业的支持，且更加注重高质量发展。其次，更加重视对企业原始创新和基础研究的支持。《中共中央关于制定国民经济和社会发展第十四个五年规划和二〇三五年远景目标的建议》提出，要发挥企业家在技术创新中的重要作用，鼓励企业加大研发投入，对企业投入基础研究实行税收优惠。最后，在 2021 年的政府工作报告中将制造业企业的研发加计扣除比例提高至100%（见表 3 - 5）。

主要特点：该阶段支持企业技术创新的税收优惠政策主要聚焦减轻企业运行负担，促进扩大生产，鼓励企业自主创新，提高企业抗风险和参与国际竞争的能力。同时，为了应对国际科技竞争，对企业的税收优惠支持更加注重基础研究和原始创新。

表3－5　　　　　2020年以来我国支持企业技术创新的税收政策汇总

政策名称	发布部门	发布日期	涉及税种	关键词	政策类别
《关于印发新时期促进集成电路产业和软件产业高质量发展若干政策的通知》	国务院	2020年7月27日	企业所得税	企业优惠期自获利年度起计算；项目优惠期自项目取得第一笔生产经营收入所属纳税年度起计算	规范性文件
《关于促进国家高新技术产业开发区高质量发展的若干意见》	国务院	2020年7月13日	企业所得税	落实好研发费用加计扣除、高新技术企业所得税减免、小微企业普惠性税收减免等政策	规范性文件
《中共中央关于制定国民经济和社会发展第十四个五年规划和二〇三五年远景目标的建议》	中国共产党中央委员会	2020年10月29日	—	对企业投入基础研究实行税收优惠	—
《关于促进集成电路产业和软件产业高质量发展企业所得税政策的公告》	财政部、国家税务总局、国家发展改革委、工业和信息化部	2020年12月11日	企业所得税	国家鼓励的集成电路设计、装备、材料、封装、测试企业和软件企业，两免三减半。国家鼓励的重点集成电路设计企业和软件企业，自获利年度起，第一年至第五年免征企业所得税，接续年度减按10%的税率征收企业所得税	部门规章
《关于中关村国家自主创新示范区公司型创业投资企业有关企业所得税试点政策的通知》	财政部、国家税务总局、国家发展改革委、证监会	2020年12月29日	企业所得税	公司型创业投资企业，5年以上超过50%的，减半征收；5年以上超过50%的，按照年末个人股东持股比例免征	部门规章

二、当前我国支持企业技术创新的税收优惠政策体系

按照优惠惠及面、优惠方式、优惠内容、优惠项目等的不同，可以将当前我国支持企业技术创新的税收优惠政策体系分为不同的类型。具体如

表 3 - 6 所示。

表 3 - 6 　　　　　　　　当前我国税收优惠政策分类

惠及面	优惠方式	优惠内容	主要项目
普惠（相对）	间接优惠	税基式优惠	加计扣除
			加速折旧
			投资抵免
			减计收入
			免税收入
选择性优惠	直接优惠	税率式优惠	优惠税率
			免税
		税额式优惠	税额减征
			定期减免
			延期纳税
			税收返还

具体到支持企业技术创新的税收优惠政策，主要包括表 3 - 7 所示的几类。

表 3 - 7 　　　　　当前我国支持企业技术创新的税收优惠政策

税种	惠及面（优惠主体）	优惠方式	优惠内容	主要项目
企业所得税	所有企业（除个别行业）	间接优惠	税基式优惠	研发费用加计扣除
	特定企业	间接优惠	税基式优惠	加速折旧
	居民企业	直接优惠	税额式优惠	转让技术所得
	高新技术企业、技术先进型服务业企业	直接优惠	税率式优惠	优惠税率
		间接优惠	税基式优惠	职工教育经费
	软件产业和集成电路产业	间接优惠	税基式优惠	应纳税额
	创投企业	间接优惠	税基式优惠	应纳税所得额减免
个人所得税	科技人员	直接优惠	税额式优惠	免税
增值税	软件企业	直接优惠	税额式优惠	税收返还

三、我国支持企业技术创新的税收优惠政策特点

综合梳理来看，目前我国现行的支持企业技术创新的税收优惠政策主要包括以下两类：一是针对特定主体或特定行业的鼓励政策；二是针对不同创新环节的鼓励政策。现阶段的研发创新税收优惠政策体系呈现以下特点。

（一）从政策类别来看，以部门规章为主

由图 3-1 可以看出，截至 2020 年，我国支持企业技术创新的税收优惠政策主要以财税部门的部门规章的形式发出，达到了 60 项。其次是行政法规，但只有 4 项。党内法规和法律分别只有 3 项，而且税收优惠只是以其中一项条款出现在 3 部法律中。

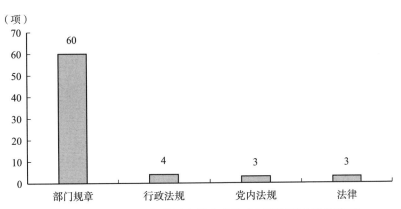

图 3-1　1978～2020 年我国支持企业技术创新的税收政策类别

（二）从涉及税种来看，以所得税为主

由图 3-2 可以发现，当前我国支持企业技术创新的税收优惠政策已经涵盖了企业所得税、增值税、关税、房产税、消费税、印花税等全部税种。从政策数量统计上来看，涉及企业所得税的优惠规定占据绝对优势地位，达到了 54 项；其次是增值税，为 15 项。

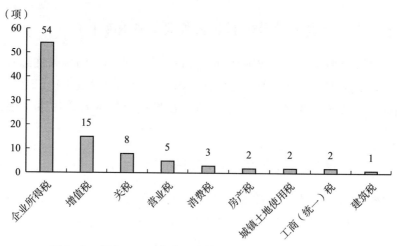

图 3 - 2　1978~2020 年我国支持企业技术创新的主要税种

（三）从支持环节来看，以产业化环节为主

由图 3 - 3 可以发现，当前我国支持企业技术创新的税收优惠政策涵盖了企业研发投入、成果转化和产业化三个环节。当前税收优惠主要集中于企业技术创新产业化环节，政策数量达到了 32 项，涉及的政策包括加速折旧、高新技术企业优惠税率等；其次是研发投入环节，政策数量达到 22 项；最后是成果转化环节，有 16 项。整体上三个环节的政策分布相对均衡。

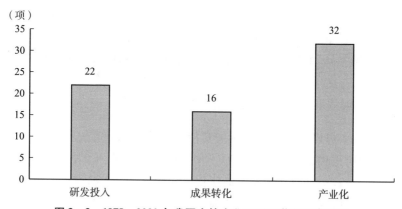

图 3 - 3　1978~2020 年我国支持企业不同环节创新的政策

（四）从优惠方式来看，以直接优惠为主

由表3-8可以发现，当前我国支持企业技术创新的税收优惠政策以直接优惠为主要手段，政策数量达到了58项，主要包括税率直接优惠、免征、减半征收、即征即退等（见表3-8）。

表3-8　　　　　按优惠方式划分的1978～2020年我国支持企业
技术创新的税收政策分布
单位：项

优惠方式	直接优惠				间接优惠	
政策内容	税率直接优惠	免征	减半征收	即征即退	加计扣除	加速折旧
政策数量	31	20	5	1	14	7
合计	58				21	

（五）从支持特点来看，以资质认定为前提的选择性支持为主

支持企业技术创新的税收优惠政策可以分为特惠式和普惠性两种模式。由图3-4可以发现，在我国研发税收优惠体系中，与高新技术企业、技术先进型服务企业等特定的资质认定相关联的主体特惠式税收减免占了大部分（倪杰，2010）。

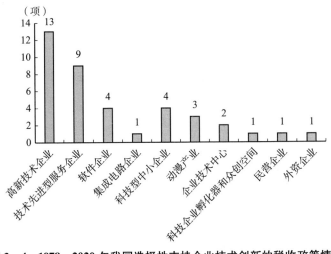

图3-4　1978～2020年我国选择性支持企业技术创新的税收政策情况

第二节　我国企业技术创新现状与国际比较

近年来，我国企业技术创新水平不断提升，创新投入产出水平也开始排在世界前列，但是总体创新投入强度和创新产出质量以及整体创新水平与美国等国家相比，仍有一定差距。本章主要按照第二章设计的创新决策、被市场认可和竞争力提升三个维度来进行比较。

一、企业技术创新整体情况

近年来，我国企业技术创新水平不断提升，部分企业正向全球创新领先者转型。一些权威机构发布的全球企业技术创新排名显示，我国企业已经开始在国际上崭露头角，但与美国和欧盟相比，仍有一定差距。如 Fast Company 发布的"2019 年全球 50 家最具创新力企业"榜单显示，我国美团和阿里集团入选，分别排在第 1 位和第 15 位，美国和欧盟企业分别入选了 35 家和 3 家。而波士顿咨询集团发布的榜单中，我国入选了 3 家，美国和欧盟企业分别入选了 28 家和 14 家。日本经济新闻与一桥大学创新研究中心发布的"2019 年全球 200 家最具创新力企业"榜单中，我国入选了 33 家，美国和欧盟企业分别入选了 72 家和 41 家。《财富》杂志发布的"2019 年全球 500 家最具创新力企业"榜单中，我国入选了 120 家，美国和欧盟企业分别入选了 126 家和 124 家（见表 3 - 9）。

表 3 - 9　　　　全球关于企业技术创新能力的典型排名情况

评选企业数量	评选机构	中国		美国		欧盟		其他	
		入选数量（家）	占比（%）	入选数量（家）	占比（%）	入选数量（家）	占比（%）	入选数量（家）	占比（%）
50	Fast Company	2	4	35	70	3	6	8	16
50	波士顿咨询集团	3	6	28	56	14	28	5	10
200	日本经济新闻与一桥大学创新研究中心	33	16.5	72	36	41	20.5	54	27
500	《财富》杂志	120	24	126	25.2	124	24.8	130	26

资料来源：笔者根据网络公开材料整理。

二、企业技术创新投入情况

（一）我国企业研发投入总额与国际比较

2011 年以来，我国企业研发投入总额已经由 6579.3 亿元增长到 2018 年的 15233.7 亿元，以年均 18% 的速度增长，研发投入总量已位居世界前列（见图 3-5）。

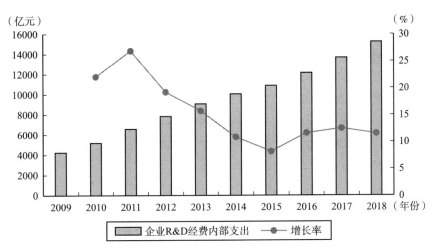

图 3-5　2009~2018 年我国企业研发经费内部支出额与增长率

资料来源：历年《中国科技统计年鉴》。

从研发经费占全社会研发经费投入的比例来看，企业已经占绝对优势。从研发经费的投入主体结构来看，我国研发经费支出主体主要包括企业、研究与开发机构、高等学校。其中，企业研发投入占比最高，且这一比例呈现出不断上升的趋势，2018 年我国企业研发投入占全部投入额的比例已经达到 77.42%，远高于研发机构、高校等主体（见图 3-6）。

但是，从大企业来看，我国企业研发投入与美日等国家仍有一定距离。《2019 年欧盟工业研发投资记分牌》统计显示，从入选企业占比来看，美国、日本、欧盟和中国分别占 31%、18%、22% 和 11.7%；从研发投入额占比来看，美国、日本、欧盟和中国分别占 38%、13.3%、25.3% 和 10%。这说明与美、日、欧等国家相比，中国企业整体研发投入总额不高。虽然入选企业数量远超过日本和欧盟,但是我国企业总体研发投入额却低于日本和欧盟。从跻身百强榜的企业来看,中国只占了 2 席,分别为华为和阿里巴巴,远低于美国的 35 家(见图 3-7)。

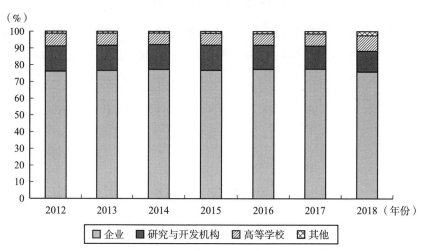

图 3-6　2012~2018 年我国研发经费内部支出结构

资料来源:历年《中国科技统计年鉴》。

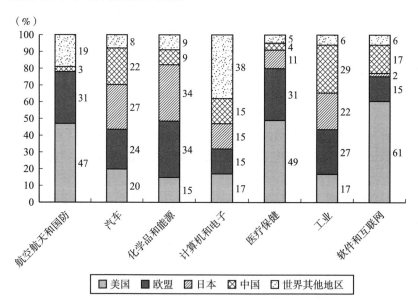

图 3-7　各国全球创新 1000 强企业研发投入额占比(按行业)

资料来源:《普华永道 2018 全球创新 1000 强报告》。

（二）我国企业研发投入强度与国际比较

《2019 年欧盟工业研发投资记分牌》统计显示，2018 年欧盟入选企业的平均研发强度为 3.4%，美国为 6.3%，日本为 3.4%，中国仅为 2.7%。研发强度排名前 50 位的企业中美国占一半，其他 25 家被欧盟、亚洲和瑞士包揽，中国一家企业都未入选，远低于平均水平，与美国和欧盟相差更大（见图 3 - 8）。

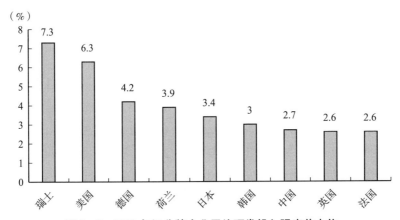

图 3 - 8 2018 年记分牌企业平均研发投入强度前十位

资料来源：《2019 年欧盟工业研发投资记分牌》。

从规模以上工业企业来看，2009 ~ 2018 年，我国规上企业研发投入强度在 0.61% ~ 1.23% 之间徘徊。除了少数行业外，绝大部分行业在 1% 以下。2018 年有研发活动的规上企业占比只有 28%。除了少数行业外，绝大部分行业在 1% 以下（见图 3 - 9）。2018 年中国制造业企业 500 强的平均研发投入强度仅为 2.08%。即使像联想这样的高科技企业，研发投入也很低。有数据显示，2006 ~ 2018 年，联想研发投入强度一直到 2015 年才突破了 2.0%，2015 年之前年份均低于 1.9%。研发的投入不足，极大影响了企业的盈利和竞争力水平。

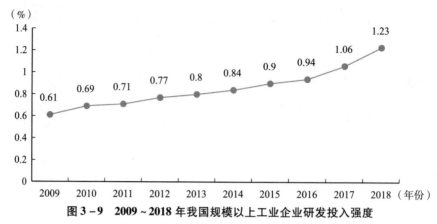

图 3 - 9　2009~2018 年我国规模以上工业企业研发投入强度

资料来源：历年《中国科技统计年鉴》。

从上市企业来看，2010 年以来，我国上市公司研发投入额一直在不断增长，从 2010 年的 1157.31 亿元上升至 2018 年的 7236.52 亿元，年均增速达到 26.60%。研发投入强度则相对稳定，一直处于 4.7% 上下，2018 年达到一个峰值，为 4.97%（见图 3 - 10）。而美国、日本、德国等国家的上市公司研发投入强度均处于 6% 以上。我国软件和信息技术服务业的研发投入强度最高，达到了 12.18%。而美国上市公司的软件和信息技术服务业研发投入强度在 2017 年就达到了 16% 的水平。

图 3 - 10　2010~2018 年我国上市企业研发投入情况

资料来源：万德数据库。

从中国 500 强企业来看，2019 年中国 500 强企业的 426 家企业中，研发投入强度 2%~5% 的企业数量占比不到 1/4，5%~10% 的只有 20 家；其他接近 3/4 的企业的研发投入强度均低于 2%（见图 3-11）。

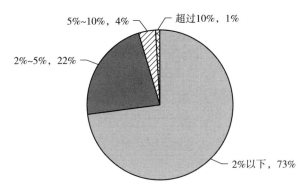

图 3-11　2019 年中国 500 强（426 家）企业研发投入强度分布情况

资料来源：《2019 中国企业 500 强榜单》。

（三）我国企业研发投入结构与国际比较

按照投入类型来看，研发投入主要可以分为基础研究、应用研究和试验发展三种。目前，我国企业研发资金主要用在试验发展上，这也与我国企业创新大量靠引入改造的特征相符。改革开放初期，这种投入方式有利于我们发挥后发优势，更快地追赶其他国家。但是从当前的环境来看，如果企业再不改变以往的投入方式，在国际竞争的市场中只能被淘汰。据统计，2018年，我国基础研究和应用研究经费投入中企业投入的比例分别只有 3.07%和 26.39%；企业基础研究和应用研究经费投入占企业研发投入总额的比例分别为 0.22% 和 3.80%，投向试验发展的比例约 97%，而美国、英国等国家的基础研究中企业投入占比已经达到了 20% 以上，企业基础研究和应用研究投入之和占企业总体研发投入的比例也超过了 20%。这在一定程度上反映了我国企业原始创新能力不足，创新竞争力也不如其他创新型国家的企业。像华为这样愿意在基础研究中投入大量经费并不断走向"无人区"的企业少之又少（见表 3-10）。

表 3 - 10　　　　　　　**2009~2018 年我国企业研发投入结构**　　　　单位：%

年份	基础研究投入占比	应用研究投入占比	试验发展投入占比
2009	0.10	2.00	97.90
2010	0.08	2.43	97.48
2011	0.11	2.90	96.99
2012	0.09	3.05	96.86
2013	0.05	2.36	97.59
2014	0.10	3.13	96.77
2015	0.10	3.03	96.87
2016	0.21	3.04	96.75
2017	0.21	3.21	96.58
2018	0.27	3.77	95.96

资料来源：历年《中国科技统计年鉴》。

三、企业技术创新产出情况

（一）我国企业专利申请产出情况与国际比较

从专利申请情况来看，我国企业名列世界前列。世界知识产权组织（WIPO）统计数据显示，中国共有 3 家企业进入前十名，其中华为以 4411 件 PCT 专利申请量排名第一。此外，中国企业国际话语权也在不断提高，参与国际标准制定的项目数量在 2019 年已经接近 2000 项，比 2013 年的 1083 项增长了近 1 倍（见表 3 - 11）。

表 3 - 11　　　**2017~2018 年全球企业国际专利 PCT 申请数量排名**　　单位：件

排名	企业名称	所属国家	2017 年数量	2018 年数量
1	华为	中国	4024	5405
2	三菱电机	日本	2521	2812
3	英特尔	美国	2637	2499
4	美国高通公司	美国	2163	2404

排名	企业名称	所属国家	2017 年数量	2018 年数量
5	中兴通讯	中国	2965	2080
6	三星电子	韩国	1757	1997
7	京东方	中国	1818	1813
8	LG 电子	韩国	1945	1697
9	爱立信	瑞典	1564	1645
10	罗伯特博世公司	德国	1354	1524

资料来源：WIPO：《2018 年全球专利申请排名》。

从 500 强企业来看，中国企业 500 强的专利与发明专利数量实现了连续多年的快速增长。2019 年中国企业 500 强企业共申报专利总数 110.80 万件，比上年增加了 15.97%。申报企业的数量也接近 400 家。

但是，从专利产出情况看，我国企业专利质量还有待提升。目前国际核心专利和技术依然掌握在美国、日本、德国等企业的手里。以技术创新著称的华为公司的专利含金量也受到了国际机构的质疑。2018 年，日本的专利调查机构 Patent Result 的分析结果表明，华为的专利含金量只有 21%，远低于高通的 44% 和英特尔的 32%。同时，华为的专利申请数量虽然达到了世界数一数二的地位，但授权量却远不如三星等企业。

（二）我国企业专利实施、产业化及许可情况与国际比较

1. 专利实施情况

调查显示，我国国内有效专利实施率达到 55.4%。企业的专利实施率与高校、科研单位等主体相比相对较高，其中有效外观设计专利实施率最高，达到 67.0%。但均低于国外 80% 以上的水平（见表 3 - 12）。

表 3 - 12　　　　　　　不同专利权人有效专利实施率　　　　单位：%

专利类别	企业	高校	科研单位	个人	总体
有效发明专利	62.1	16.8	31.1	29.8	49.4
有效实用新型	63.3	10.7	46.0	29.1	56.9
有效外观设计	67.0	5.5	63.2	43.9	57.4
合计	63.7	13.8	38.0	36.8	55.4

资料来源：《2019 年中国专利调查报告》。

2. 专利产业化情况

调查显示，我国国内有效专利的产业化率为 38.6%。企业专利的产业化率与高校、科研单位等主体相比相对较高，其中有效外观设计专利实施率最高，达到 51.2%。但也低于国外 60% 以上的水平（见表 3-13）。

表 3-13　　　　　　　不同专利权人有效专利产业化率　　　　　单位：%

专利类别	企业	高校	科研单位	个人	总体
有效发明专利	43.8	4.5	13.8	20.1	32.9
有效实用新型	44.1	2.9	23.3	19.2	39.2
有效外观设计	51.2	1.1	37.6	31.0	42.8
合计	45.2	3.7	18.3	25.4	38.6

资料来源：《2019 年中国专利调查报告》。

3. 专利许可情况

调查显示，我国国内有效专利许可率为 6.1%。企业有效外观设计专利许可率相对较高，达到 7.2%，有效实用新型专利的许可率为 5.8%，均低于国外 10% 以上的水平（见表 3-14）。

表 3-14　　　　　　　不同专利权人有效专利许可率　　　　　单位：%

专利类别	企业	高校	科研单位	个人	总体
有效发明专利	6.0	4.0	2.5	8.2	5.5
有效实用新型	5.8	1.8	1.5	5.2	5.5
有效外观设计	7.2	0.8	0.8	10.3	8.3
合计	6.1	2.9	2.0	8.1	6.1

资料来源：《2019 年中国专利调查报告》。

（三）我国企业新产品产出情况与国际比较

2009～2018 年规模以上工业企业新产品开发项目从 23.77 万个增长至 55.83 万个，增长了近一倍。但新产品收入占主营业务收入的比重基本维持在 12%～18%，只有美、德、日等国家的一半左右（见表 3-15）。

表 3 - 15　　　　2009 ~ 2018 年规模以上工业企业新产品收入情况

指标	2009 年	2011 年	2012 年	2013 年	2014 年	2015 年	2016 年	2017 年	2018 年
新产品开发项目数（个）	237754	266232	323448	358287	375863	326286	391872	477861	558305
新产品销售收入（亿元）	65838.2	100582.7	110529.8	128460.7	142895.3	150856.5	174604.2	191568.7	197094.1

资料来源：历年《中国科技统计年鉴》。

（四）我国高技术产业出口情况与国际比较

目前，我国高技术产业出口已经表现出了相对优势。2009 年以后的 4 年间我国高技术产业出口额呈现出快速增长态势，至 2013 年达到了 5601 亿美元，远超过德国、美国、新加坡等国家（见图 3 - 12）。但是从高技术产业出口占制造业出口的比重来看，中国的表现不如新加坡，与法国、韩国相当，超过了美国、日本等国家（见图 3 - 13）。

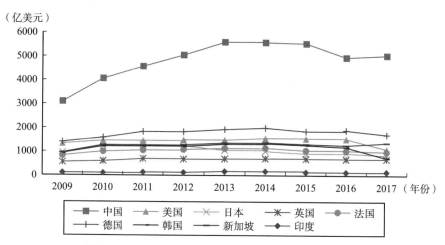

图 3 - 12　不同国家 2007 ~ 2017 年高技术产业出口额

资料来源：《中国高技术产业统计年鉴 2019》。

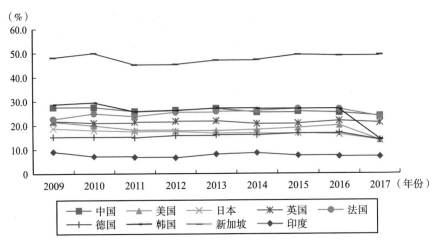

图 3 – 13　不同国家 2007～2017 年高技术产业出口占制造业出口的比重

资料来源：《中国高技术产业统计年鉴 2019》。

第三节　我国支持企业技术创新的税收优惠政策存在的问题

我国出台了大量支持企业技术创新的税收优惠政策，但目前来看，激励效果并不好，这些税收优惠政策还存在着一些问题亟须解决。

一、支持对象：缺乏对创新行为本身的关注

目前我国支持企业技术创新的税收优惠政策普遍以某种创新资质认定为条件，比如高新技术企业 15% 税收优惠和科技型中小企业税收优惠，那些有创新行为但没有参与或者没有获得资质认定的企业无法享受相应的税收优惠，这与政策本身的出发点相背离。而且，这种以指标化认定为前提的税收优惠政策，极容易使企业为了享受税收优惠而迎合政策进行伪创新，不仅浪费了财政资金，也没有提升企业技术创新水平。税收优惠政策支持企业技术创新的关键在于为企业营造一个公平竞争的环境，但是现在这种支持方式，不仅会扰乱市场公平竞争，长远看还会使企业不再围绕市场进行创新，更多地开始面向政府财政资金的支持方向，使得税收优惠成为企业规

避税收甚至赚取财政资金奖补的手段，不再实事求是地开展技术创新活动。

二、支持方式：间接优惠变动频繁且力度不够

相比于税收直接优惠，间接优惠更能够较好地发挥引导企业开展技术创新活动的作用，从而提高税收优惠支持效果。我国针对企业技术创新也出台了类似研发费用加计扣除、固定资产加速折旧、技术转让所得减免等多项优惠政策，目前也取得了一定成效，但也存在一些弊端。首先，调整过于频繁。比如研发加计扣除政策，从 1996 年开始实施，仅适用于技术开发费用年度增幅超过 10% 的国有和集体工业企业；之后 2003 年、2006 年、2008 年、2017 年、2018 年、2021 年均对该政策进行了调整。这种频繁的变动，不仅使得会计核算水平有限、研发费用归集能力不足的很多中小企业难以及时变动自身制度，享受政策的积极性也会打折扣。其次，我国间接优惠力度仍不够。比如针对中小企业的研发加计扣除力度还有进一步提升空间，这主要是因为相比于其他企业，中小企业进行研发投入需要承担的风险更大，需要对其给予补偿。再如，技术转让所得减免适用范围过小，一定程度上弱化了激励效果。

三、支持内容：对企业创新人才的激励力度不够

人才是技术创新的核心要素，没有人才就不可能实现技术创新。但是我国当前支持企业技术创新的税收优惠政策更多地注重企业在固定资产等方面的投入，对人力资本的鼓励不够。目前，也有部分税收优惠政策在科研人员方面给予了支持，涉及技术人员科技成果转化股权奖励分期缴税、科技奖金免征个人所得税等。但是这些政策并未从根本上减轻科研技术人员的税收负担。而且，这种政策大部分都是一些部门规章政策，法律效力较低，即使出台了政策，是否能够落地实施也存在不确定性，在这种情况下，对企业技术创新人才的促进作用也难以有效发挥。

四、政策配套：税收征管机制建设相对滞后

目前来看，税收优惠使得企业产生了大量迎合式的策略性避税行为，造成了税收资金的大量流失，这与我国税收征管手段和征管方式的落后有一定

关系。一方面，数据互联互通的税务征管系统尚未完全建立起来。另一方面，税务、科技、统计部门之间的协同机制尚未建立起来，导致不同部门都存在一定的信息滞后，对被征管企业的信息没有形成互联互通的沟通机制，使得征管效率较低。此外，涉及支持企业技术创新的相关创新资质认定程序相对复杂，而且都是指标化的认定标准，认定的结果既符合政府政绩考核的需要，也符合企业获得税收优惠资金的需求，容易产生寻租和欺骗行为，不利于提高税收征管效率（李为人和陈燕清，2019）。

第四节　原因分析

一、法律层次较低且政策洼地过多

税收优惠政策制定权作为税收立法权的一部分，应该集中于作为国家权力机关的全国人民代表大会及其常委会。但现实中，通过对目前我国税收优惠政策进行梳理后发现，支持企业技术创新的税收优惠政策主要集中在部门规章层面，大多采用文件和通知的方式下达，没有一个可以遵循的统一上位法，整体上呈现杂乱、无序、时效性短、稳定性差的特点，对企业技术创新的支持效果也没有达到预期。这些都不利于优惠政策的长时间深入发挥影响企业技术创新发展的作用。尤其是近年来，政府间创新竞争愈演愈烈，推动着各级政府部门运用税收优惠手段去促进科技创新。地方性、区域性、产业性的税收优惠政策越来越多，呈现出不断泛滥之势，损害了市场的公平竞争秩序，也影响了国家宏观调控的效果。有些地方不顾整体长远利益，擅自扩大税收优惠范围，这边出台一个政策，那边紧跟着也出台一个政策，政出多门、九龙治水的现象不断出现，形成了一个又一个的政策洼地，严重恶化了创新资源的市场化配置效率，导致不少企业为了套取更多的税收优惠，在不同地区来回搬迁。这不仅损害了公平竞争的创新市场环境，还使国家的公共利益受到侵害。

二、政策普惠性和功能性不强

目前来看，我国税收优惠政策普遍是针对特定主体的选择性政策，适用门槛较高，覆盖面有所局限，适用于特定区域、特定行业、特定规模和特定所有制的特点较强，普惠性和功能性不够。

首先，从企业的覆盖面来看，大部分税收优惠政策都有行业甚至区域的限制。比如，即使以普惠著称的研发费用加计扣除税收优惠政策也设置了相应的包括烟草制造业等在内的六大行业负面清单，属于负面清单的行业均不可以享受相应的税收优惠。而且，研发费用归集的规定十分严格，能够满足归集要求的企业不足一半。高新技术企业15%税收优惠设置了包括电子信息技术等在内的相应的技术领域正面清单。只有属于八大领域的企业才可以申报高新技术企业15%税收优惠，享受15%的所得税优惠。而且，高新技术企业认定设置了大量的指标性门槛，能够满足条件的企业很少。固定资产加速折旧税收优惠政策，也有行业和小微企业限制，而且只有在企业能够盈利的条件下才可以享受。此外，还有一些税收优惠只在特定区域内存在，比如高新技术企业15%税收优惠只能在高新区范围内适用。这种区域性税收优惠扭曲了投资者的地区选择，容易加剧地区间的不平衡发展。还有一些税收优惠只针对外资企业，也导致外资企业与内资企业处于明显不平等的竞争地位。

其次，从企业技术创新环节的覆盖面上看，我国支持企业技术创新的税收优惠政策关注较多的还是研发投入环节，对技术创新中试和后端科技成果转化环节的税收优惠支持较少。包括目前的研发费用加计扣除、固定资产加速折旧等政策，出发点都是提高企业进行研发投入的积极性。而针对研发后端，仅有技术转让所得减免这一项优惠政策，对中试环节的税收优惠支持的国家层面政策还没有出台。此外，我国针对企业税收优惠的政策涉及专利等创新成果时只强调了数量，而忽略了质量。比如高新技术企业15%税收优惠政策，只强调了企业专利数量，不管是购买还是自行研发，分值都一样，导致大量企业临时购买与自己核心产品无关的专利滥竽充数，创新水平并没有实质性提升。

三、政策间缺乏协调且可操作性有待加强

从税收优惠政策设计来看，部分税收优惠政策不利于税收公平，政策间缺乏有效协调，且部分政策缺乏可操作性。同时，政策宣传不够及时广泛，不利于政策的有效实施。首先，不同政策间缺乏统筹。比如不同政策对研发

费用归集范围的规定并不一致。有的企业制定了三本研发费用的账本，包括自己财务使用的、高新技术企业认定专用的、研发加计扣除专用的，极大地增加了企业的工作量。其次，部分政策设计缺乏可操作性。以研发费用加计扣除政策为例，该政策虽然说是一项普惠性政策，但是实际享受该政策的企业并不多。这主要是因为目前我国关于研发费用的定义仍较模糊，研发费用归集困难，处于一个"谁出台的政策谁说了算"的阶段，实际判断中存在不确定性。这不仅会降低企业享受政策的积极性，企业还容易因错误归集而违反政策规定（龚辉文，2018）。最后，政策宣传不到位。目前，很多企业对政府出台了什么税收优惠政策并不了解。一方面，政府宣传力度不够，很多政策还没来得及发挥作用就出台了新的政策。很多地方税务部门也专门在几个模块梳理了相应的政策专题，但是对企业的指导作用依然不大，政策效果也较差（于海峰和赵丽萍，2017）。另一方面，税收优惠政策内容过多过杂，企业难以深入掌握。截至 2020 年，中央层面减免税政策代码目录中的优惠政策有 600 多项，即便专业人士想全部了解透彻都十分不容易，企业更难从一项项政策中梳理出适合自己的。

四、缺少统一的税式支出预算制度和相应评价体系

税收优惠属于财政资金的让渡性支出，理应纳入预算范围，但是目前我国各级税收部门还没有形成统一的预算制度，也没有详细的统计制度，更没有对各类税收政策工具的实施效果进行评价，使得政策的有效性无从考核，导致大量财政资金支出效益无法保障，这种情况下无限扩张的税式支出肯定会对国家整体利益造成一定的侵害。

第五节　本章小结

本章是全书的研究基础。本章首先对当前我国支持企业技术创新的税收优惠政策进行了系统整理并进行了阶段划分，发现当前我国出台的此类政策具有以下特点：从政策类别来看，主要是部门规章；从涉及税种来看，主要是所得税；从支持环节来看，主要是产业化环节；从优惠方式来看，主要是直接优惠；从支持特点来看，主要是以资质认定为前提的选择性支持。其

次，对当前我国企业技术创新取得的成效进行了分析，同时对我国企业技术创新质量与其他发达国家存在的差距进行了阐述。再次，对当前我国税收优惠支持企业技术创新存在的问题进行了诊断。最后，对产生以上问题的原因进行了分析。

第四章

支持企业技术创新的税收优惠政策效果评价：基于上市企业公开数据

本章基于 2012～2019 年上市公司的数据，通过引入倾向匹配得分法（PSM），从企业技术创新决策、被市场认可和竞争力提升三个维度对税收优惠支持企业技术创新的效果进行了实证分析。同时，分别以更换结果变量和更换估计方法的方式对研究结果进行了稳健性检验。最后，分别从企业性质和外部环境两个方面开展了细致的异质性分析。

第一节　选择高新技术企业 15％税收优惠政策进行研究的原因说明

当前我国支持企业技术创新的税收优惠政策多种多样，涉及企业所得税、增值税等多个税种，本章选择高新技术企业 15％税收优惠政策为例进行分析是出于以下原因：一方面，从政策数量来看，自改革开放以来，我国针对企业创新的税收优惠政策文本中有 13 项是涉及高新技术企业的，且包括 2008 年修订的《企业所得税法》和多项中央层面政策；另一方面，根据《高新技术企业发展报告（2020）》发布的数据，从税收优惠额来看，2017年我国针对高新技术企业实施 15％的税收优惠额已经达到 1880.36 亿元，占全年企业享受税收优惠总额的 10％以上，远超过其他类别的税收优惠政策。

第二节　研究假设

为了进一步明确高新技术企业 15% 税收优惠对企业技术创新的影响的研究现状，本节分别对高新技术企业 15% 税收优惠对企业技术创新决策、被市场认可和竞争力提升三个方面的影响的相关文献进行了梳理。

一、高新技术企业 15% 税收优惠对企业技术创新决策的影响

企业技术创新决策是企业开展创新活动积极性的直接表现，税收优惠是否能够促进企业进行创新决策也是检验政策实施效果的主要内容之一。目前单独针对税收优惠对企业技术创新决策影响进行研究的较少。

（一）高新技术企业 15% 税收优惠对企业是否开展创新活动的影响

目前这方面的研究已经形成了相对丰富的文献，且形成了相对一致的结论。即：高新技术企业认定能够促进企业研发投入。主要观点包括以下两种：一是政策依赖论。享受高新技术企业 15% 税收优惠政策的企业可以享受包括国家层面和地方层面的各种优惠政策，还会得到地方的各种财力上或者称号上的奖励，很多地区都对高新技术企业给予一定的资金补助。如广州市对通过高新技术企业认定的企业甚至给出了每家 100 万元的奖励，这在一定程度上能够降低企业成本，也为研发投入补充了资金（曾婧婧、龚启慧和王庆，2019）。企业为了获取政策红利，会尽力达到高新技术企业认定标准，从而会增加研发费用投入力度。另外，已经享受高新技术企业 15% 税收优惠的企业也会为了继续享受该政策而保持高水平的研发费用投入标准。二是信号传递论。不论是国家层面，还是地方层面，出台的针对高新技术企业认定后的政策，都主要围绕激励企业进行技术创新、科技成果转化等科研活动，对企业研发投入具有激励作用。此外，高新技术企业称号为企业获得更多的融资支持提供了帮助，也在一定程度上缓解了企业技术创新投入的资金约束（陈亚平和韩凤芹，2020）。实际上，自 2008 年《高新技术企业认定管理办法》发布以来，我国高新技术企业研发投入强度从 2.34% 增长至

2017 年的 3.11%，专利申请数量从 2.4 万件增长至 97 万件。

基于此，本章提出假设 a1：高新技术企业 15% 税收优惠确实能够提高企业开展创新活动的积极性。

（二）高新技术企业 15% 税收优惠对企业开展创新活动类型的影响

高新技术企业 15% 税收优惠是一项典型的主体选择性优惠政策。这种选择性扶持政策会使地方政府产业偏好同质化，从而导致产业的优势扶持政策效率低下（罗晓辉、胡珑瑛和万丛颖，2018）。高新技术企业 15% 税收优惠政策是一种典型的优势扶持政策，不论是政府还是被扶持的企业都倾向于在短期内达成某项指标而非主动创新（江希和、王水娟，2015）。对企业而言，选择性激励是一种相对稀缺的资源，获取政府创新激励政策的支持是一项相对低成本、高收益的工作，企业具有很强的动力去采取积极的行为以主动迎合政府的政绩考核标准（赵璨、王竹泉和杨德明等，2015），从而获得更多的政策支持。杨国超、刘静和康鹏等（2017）也发现我国绝大部分上市的高新技术企业（年销售收入在 2 亿元以上的）研发强度具有普遍扎堆 3% 且围绕 3% 动态调整的独特现象。这与高新技术企业认定标准一致，进一步说明了目前我国高新技术企业研发支出在很大程度上可能仅是为了达到法规门槛而机会主义地操纵研发投入来迎合政策，并没有产生实质性的突破性创新行为。

基于此，本章提出假设 a2：高新技术企业 15% 税收优惠对企业突破性技术创新并没有促进作用。

（三）高新技术企业 15% 税收优惠对企业和谁开展创新活动的影响

税收优惠对企业开展合作创新的影响主要有以下三种效应可以解释：一是信号传递效应。给予企业税收优惠，能够给其他企业传递确定性的信号，加大了其他机构与获得税收优惠的企业开展合作创新的可能性。二是创新数量效应。虽然《高新技术企业认定管理工作指引》中对知识产权数量提出了要求，但并没有限制必须要企业自主研发，不论是自己研发还是购买的均可以计入。很多企业会选择合作研发或临时购买专利在短期内满足高新技术企业认定条件，从而享受政策优惠。三是同业竞争效应。同业竞争是推动合作创新的主要动力，企业技术创新必须要注重向外部环境搜寻更多的创新知识和信息，使企业技术创新随时跟上时代潮流。高新技术企业 15% 税收优惠给企业带来的巨大利益无疑会提高企业之间的同业竞争程度，进而提升企业开展合作创新的积极性。

基于此，本章提出假设 a3：高新技术企业 15% 税收优惠能够促进企业开展合作式创新。

二、高新技术企业 15% 税收优惠对企业技术创新被市场认可的影响

（一）高新技术企业 15% 税收优惠对企业技术创新被技术市场认可的影响

相比于一般商品，技术商品具有形态的非物质性、可多次出售和转让、使用价值的潜在性、价值发挥的时滞性、公共物品属性、研发和持有的风险性、所有权的垄断性等特性。目前，大多数相关文献的研究主要集中在税收优惠对企业专利产出的影响方面，忽略了专利产出后的市场认可情况。给予企业税收优惠是否能够提高企业在技术市场上的收入取决于企业获得税收优惠后是否针对本领域内尚未突破的新技术进行研发并取得了相应的技术成果。但是目前来看，大量企业获得税收优惠后即使开展了技术创新活动，取得了大量专利，相应的技术许可收入并没有随之增长。因此，税收优惠并没有促进企业技术创新被技术市场认可。

基于此，本章提出假设 b1：高新技术企业 15% 税收优惠并不能促进企业技术创新被技术市场认可。

（二）高新技术企业 15% 税收优惠对企业技术创新被消费者市场认可的影响

关于税收政策对新产品销售收入的影响的研究，学者们得到了相对一致的结论。德荣和费尔赫芬（De Jong and Verhoeven，2007），恰尔尼茨基、哈内尔和罗萨（Czarnitzki，Hanel and Rosa，2011）研究发现税收激励提高了企业新产品销售额。张信东、贺亚楠和马小美（2014）的研究结果表明享

受了税收优惠政策的企业有更多的专利、新产品和科技奖励。向景、马光荣和魏升民（2017）的实证研究表明减税可以显著提升利润率和销售额增长率。但是，有部分研究也指出税收优惠并不能促进企业新产品销售收入的提升。一方面，税收优惠至企业新产品销售收入的影响链条过长，企业享受税收优惠并不至于会提升其新产品销售收入。另一方面，税收优惠带来的寻租和迎合行为不利于企业技术创新，也不利于提高企业新产品销售收入。从实际情况来看，高新技术企业 15% 税收优惠政策以高新产品销售收入为条件，而且获得高新技术企业 15% 税收优惠的前提是获得高新技术企业认定，高新技术企业自带高新的标签，推出的新产品能够更容易得到市场消费者的青睐。

基于此，本章提出假设 b2：高新技术企业 15% 税收优惠能够促进企业技术创新被消费者市场认可。

（三）高新技术企业 15% 税收优惠对企业技术创新被资本市场认可的影响

税收优惠能够在一定程度上缓解企业资金占用，是政府为企业分担一定成本的一种方式，能够缓解企业的融资约束（叶显、吴非和刘诗源，2019）。孙刚（2018）、雷根强和郭玥（2018）也验证了高新认定的外部融资效应。江笑云、汪冲和高蒙蒙（2019）研究结果发现，研发税收优惠可以通过降低企业债务融资等途径缓解企业融资约束。不过，研发税收减免也会通过劳动要素报酬和当期盈利来恶化企业的融资约束。童锦治、冷志鹏和黄浚铭等（2020）也提出包括固定资产加速折旧在内的税收政策天然具有缓解企业融资约束的作用，并且已经被企业广泛使用。

基于此，本章提出假设 b3：高新技术企业 15% 税收优惠能够促进企业技术创新被资本市场认可。

三、高新技术企业 15% 税收优惠对企业竞争力的影响

（一）高新技术企业 15% 税收优惠对企业品牌影响力的影响

目前，尚无文献对创新导向的税收优惠对企业品牌影响力的影响进行专门的研究。但是可以从一些关联文献中找到蛛丝马迹，且普遍认为高新技术企业 15% 税收优惠能够提高企业品牌影响力。如王慈颖（2015）提出，以

立法形式构建系统完整的税收优惠政策体系，能够激发企业打造自主品牌的积极性。景卫东（2015）提出，高新技术企业认定能为企业树立更好的企业品牌。吴小娟（2018）提出，在我国的大部分企业没有自己的原创技术、核心技术和品牌的背景下，良好的税收政策能够发挥重要作用。实际上，高新技术企业是一项受到国家权威认证的资质，是企业宣传自身技术创新能力、提高自身品牌形象的硬招牌。

基于此，本章提出假设 c1：高新技术企业 15% 税收优惠能够提高企业品牌影响力。

（二）高新技术企业 15% 税收优惠对企业产业链位置的影响

部分学者认为创新导向的税收优惠能够提高企业所处产业链位置，应该予以支持。如华志远（2009）提出财税政策能够在提升企业产业链位置中发挥宏观调控的作用。但是部分学者认为税收优惠并不能提高企业所处产业链位置。如唐荣、顾乃华和谭周令（2019）提出，创新导向的税收优惠是否能够提高企业所处产业链位置与企业自身创新管理有关。袁奥博（2017）、孙健夫和贺佳（2020）提出，创新导向的税收优惠对企业竞争力的提升是一个长期积累的过程，最后是否能够提高企业所处价值链位置与企业是否能够运用好税收优惠政策以及企业是否在享受税收优惠政策过程中真正在技术创新方面采取了行动有关。从实际来看，高新技术企业 15% 税收优惠是一项非可持续的特惠性政策，不利于企业技术创新的长期积累，对企业产业链位置的提升也没有显著促进作用。

基于此，本章提出假设 c2：高新技术企业 15% 税收优惠并不能够提高企业所处产业链位置。

本章的研究假设总结见表 4-1。

表 4-1　　　　　　　　　　本章研究假设总结

效果维度	假设序号	假设内容
创新决策	假设 a1	高新技术企业 15% 税收优惠确实能够提高企业开展创新活动的积极性
	假设 a2	高新技术企业 15% 税收优惠对企业突破性技术创新并没有促进作用
	假设 a3	高新技术企业 15% 税收优惠能够促进企业开展合作式创新

续表

效果维度	假设序号	假设内容
被市场认可	假设 b1	高新技术企业 15% 税收优惠并不能促进企业技术创新被技术市场认可
	假设 b2	高新技术企业 15% 税收优惠能够促进企业技术创新被消费者市场认可
	假设 b3	高新技术企业 15% 税收优惠能够促进企业技术创新被资本市场认可
竞争力提升	假设 c1	高新技术企业 15% 税收优惠能够提高企业品牌影响力
	假设 c2	高新技术企业 15% 税收优惠并不能够提高企业所处产业链位置

本章的研究思路和框架见图 4 - 1。

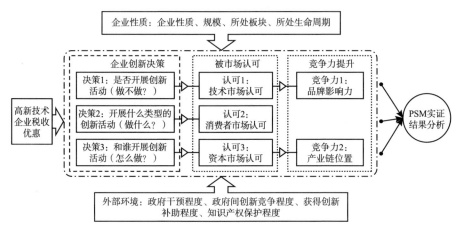

图 4 - 1　税收优惠对企业技术创新决策的影响效果的研究框架

第三节　研究设计

一、样本选择

本章实证分析的数据主要来自 CSMAR、Wind 数据库以及我国知识产权局专利查询数据库，新产品数量占比、内部研发形成的无形资产占无形资产余额的比例、百度指数、产学研合作程度等数据采用爬虫的方法获取。为保证倾向得分匹配法数据研究的有效性和一致性，本章处理标准如下：一是选取沪深上市公司中企业；二是剔除所有的*ST和ST类上市公司；三是剔除主要变量缺失的上市公司。经过筛选之后，最终进行倾向得分匹配分析的样本数量为2211家上市公司，选取2012~2019年面板数据，共17688个观察值。

二、PSM模型设计

理论上，任何企业享受税收优惠的机会在同等条件下应该是相同的，但是实际上是否能够享受高新技术企业15%税收优惠可能会受到一些系统性因素的影响，比如一些企业之前有高新技术企业认定的成功经验、企业自身技术创新能力强、企业所处区域具有明确的创新支持战略等，即使没有税收优惠政策的激励，这些企业也会有很强的积极性进行创新决策。如果不将这些系统性因素考虑在内，可能会高估高新技术企业15%税收优惠对企业技术创新决策的效应，产生估计自选择性偏差。因此，本章选择可以克服样本自选择问题的倾向得分匹配法（PSM），提高实证分析结果的准确性。其基本原理是：假定样本服从IDD假设，通过对结果变量取期望值就得到平均处理效应（ATE）。如果该效应大于0，则表明税收优惠对企业技术创新决策产生了促进效应，反之则有抑制作用。其实证步骤分为以下四步：第一步，选择协变量（匹配变量），估计倾向得分，确保匹配样本拥有共同区域。第二步，根据倾向得分，选择匹配方法，匹配对照组。第三步，计算平均处理效应。第四步，对匹配结果进行平衡性检验。

三、变量说明

PSM模型中包括结果变量、处理变量和匹配变量三部分。根据本章的研究内容，各变量的设置如下。

（一）结果变量

本章的结果变量包括三个层面，即创新决策、被市场认可和竞争力提升（见表4-2）。

表 4 – 2   变量定义与说明

变量		变量名称	变量定义	变量符号与单位	数据来源
结果变量	创新决策	是否开展创新（创新意愿）	研发投入强度	RD/%	国泰安数据库
		开展何种创新（创新方向）	新产品数量占比	TJ/%	年报爬虫
		和谁开展创新（创新方式）	1 –（内部研发形成的无形资产占无形资产余额的比例）	WB/%	年报爬虫
	被市场认可	被技术市场认可	企业专利被引用次数平均数	XK/次	国泰安数据库
		被消费者市场认可	企业销售额增长率	XF/%	国泰安数据库
		被资本市场认可	企业资本积累率	ZB/%	国泰安数据库
	竞争力提升	品牌影响力	百度指数	—	百度指数网站爬虫
		产业链位置	勒纳指数	—	国泰安数据库
处理变量		高新技术企业 15% 税收优惠	享受优惠 =1，否则 =0	tax	国泰安数据库
匹配变量		企业规模	总资产的自然对数	gm	国泰安数据库
		企业年龄	企业存在的年数	Nl/年	国泰安数据库
		偿债能力	资产负债率	cz/%	国泰安数据库
		盈利水平	净资产收益率	roe/%	国泰安数据库
		产权性质	国有企业 =1，非国有企业 =0	own	国泰安数据库
		创新水平	年度申请专利数量占总申请量比例	zl/%	国泰安数据库
		研发人员投入	研发人员占比	yf/%	国泰安数据库
		股权集中度	前十大股东持股比例	gj/%	国泰安数据库
		面临的市场竞争程度	销售费用占销售收入的比例	jz/%	国泰安数据库
		行业特征	制造业 =1，其他行业 =0	hy	国泰安数据库
		市场化程度	高市场化地区 =1，低市场化地区 =0	sc	《中国市场化指数报告》
		地区经济发展水平	各省人均 GDP 对数	jj	《中国统计年鉴》

首先是创新决策层面，包括是否开展创新活动、开展何种创新活动以及和谁开展创新活动三个结果变量。其中，是否开展创新活动主要采用研发经费投入占销售收入的比例（以下简称"研发投入强度"）来表示，研发投入强度越大，表明企业开展创新活动的意愿越强，记为 RD；开展何种创新活动采用企业推出新产品数量占全部产品数量的比例来表示，推出新产品的比例越高，说明企业突破性技术创新的程度越高，记为 TJ；和谁开展创新活动采用企业委托外单位开展研发活动的外部研发经费支出占全部研发经费的比例来表示，但是企业年报并未公开该数据，故本章采用（1 – 企业内部研发形成的无形资产占无形资产余额的比例）来代替，该比例越高，说明企业开展合作创新的程度越强，记为 WB。

其次是被市场认可层面，包括被技术市场认可、被消费者市场认可和被资本市场认可三个结果变量。其中，被技术市场认可是企业研发的技术被同行认可的程度，本章使用专利被引用次数的平均数来表征，专利被引用次数越多，说明该专利技术越被其他企业认可，记为 XK。消费者认可是企业新产品被消费者认可的程度，采用新产品市场占有率来表征，新产品市场占有率越高，说明企业技术创新越被消费者市场认可。由于上市企业没有公开新产品销售数据，本章直接采用企业销售额增长率来表示，记为 XF。被资本市场认可是指企业通过技术创新走向资本市场让企业做大做强，这个过程也是公司化的过程，采用企业资本积累率来表征，企业资本积累率越高，说明企业技术创新越被资本市场认可，记为 ZB。

最后是竞争力提升层面，包括品牌影响力和产业链位置两个结果变量。其中，品牌影响力是指企业品牌开拓市场、占领市场并获得利润的能力，本章采用企业的百度指数来表征，数据使用爬虫获取，记为 PY。本章的产业链位置主要指企业的市场势力，是企业影响市场价格的能力，采用勒纳指数表征。勒纳指数是指产品定价超过边际成本的程度，产品价格高出边际成本越多，该企业控价能力越强，所处产业链位置就越高，记为 LN。

（二）处理变量

本章选取高新技术企业15%税收优惠作为处理变量。处理组为享受高新技术企业所得税优惠的企业（享受税收优惠，treat = 1），对照组为未享受到高新技术企业所得税优惠的企业（未享受税收优惠，treat = 0）。相关信息主要从国泰安上市公司认定资质数据库中获取，若企业为高新技术企业，则享受相应税收优惠。同时，结合公司年报对相关信息进行补充完善，记为 tax。

（三）匹配变量

匹配变量主要包括企业自身属性和外部环境两类。其中，企业自身属性匹配变量包括：（1）企业规模（gm）。用企业总资产的自然对数表示。（2）企业年龄（nl）。用企业存在的年数表示。（3）偿债能力（cz）。用企业资产负债率表示。（4）盈利水平（roe）。用企业净资产收益率表示。（5）产权性质（own）。国有企业 =1，非国有企业 =0。（6）创新水平（cx）。用年度申请专利数量占总申请量比例表示。（7）研发人员投入（yf）。用研发人员占比表示。（8）股权集中度（gj）。用前十大股东持股比例表示。（9）面临的市场竞争程度（jz）。用销售费用与销售收入的比例表示。（10）行业特征（hy）。制造业 =1，其他行业 =0。

外部环境变量包括地区市场化指数（sc）以及地区经济发展水平（jj）两个指标，分别采用分省份市场化指数和分省份人均 GDP 对数表示。

第四节　高新技术企业 15% 税收优惠支持企业技术创新效果的实证结果分析

一、高新技术企业 15% 税收优惠的影响因素分析

在进行倾向得分匹配之前，需要检验受到高新技术企业 15% 税收优惠的处理组与未受到高新技术企业 15% 税收优惠的对照组的倾向得分是否有共同支持区域。将选取的 11 个匹配变量作为解释变量，将是否享受高新技术企业 15% 税收优惠作为被解释变量，采用 Logit 回归计算每个样本企业享受高新技术企业 15% 税收优惠的概率即倾向得分，回归结果如表 4-3 所示。从回归结果首先能得出，大部分匹配变量的 Z 统计值在 1% 的水平上显著，只有少数变量如 roe、own 在 10% 的水平上显著。这说明本章选取的相关匹配变量对于企业是否享受高新技术企业 15% 税收优惠政策均存在显著

影响。

　　具体分析各个变量，企业规模在 1% 的显著水平上与高新技术企业 15%
税收优惠呈现正相关关系，这说明企业规模越大，享受高新技术企业 15%
税收优惠的概率越高。企业年龄与高新技术企业 15% 税收优惠显著正关系，
这说明企业成立时间越长，越容易享受高新技术企业 15% 税收优惠，这可
能与企业进行高新技术企业认定的经验有关。偿债能力（资产负债率）在
1% 的显著水平上与高新技术企业 15% 税收优惠呈现负相关关系，这说明企
业偿债能力越强，享受高新技术企业 15% 税收优惠的概率越高。盈利水平
（净资产收益率）对高新技术企业 15% 税收优惠在 10% 的显著水平上有正
向影响，表明企业盈利水平是企业享受高新技术企业 15% 税收优惠的必要
条件。从产权性质来看，国有企业比非国有企业享受高新技术企业 15% 税
收优惠的概率更高。专利数量和研发人员强度与享受高新技术企业 15% 税
收优惠呈现正相关关系，表明企业拥有的专利数量和研发人员越多，政府给
予企业高新技术企业 15% 税收优惠的倾向越大。股权集中度对高新技术企
业 15% 税收优惠具有抑制作用，说明随着股权集中度的增加，政府给予企
业高新技术企业 15% 税收优惠的倾向越小。企业面临的市场竞争程度在 5%
的显著水平上与高新技术企业 15% 税收优惠呈现负相关关系，表明企业面
临的市场竞争程度越高，企业享受高新技术企业 15% 税收优惠的概率越低。
从所处行业来看，企业是否属于制造业行业与其是否享受高新技术企业
15% 税收优惠显著正相关。地区市场化程度和经济发展水平的系数均在 1%
的水平上显著，但经济发展水平的系数为负，表明市场化程度越高的地区，
企业享受高新技术企业 15% 税收优惠的概率越高；经济发展水平越低的地
区，企业享受高新技术企业 15% 税收优惠的概率越高（见表 4 - 3）。

表 4 - 3　　　　　　　　　　　　Logit 模型回归结果

变量	gm	nl	cz	roe	own	zl	yf	gj	jz	hy	sc	jj
估计系数	0.32	0.12	- 1.02	2.19	0.81	0.99	0.87	- 1.01	- 0.25	0.33	0.45	- 0.11
Z 统计量	5.91	6.21	- 4.01	1.79	1.85	8.87	9.01	- 4.90	- 2.04	8.31	4.11	- 3.21

　　注：*、** 和 *** 分别表示在 10%、5% 和 1% 的显著性水平上显著，下同。

二、实证分析一：高新技术企业 15% 税收优惠对企业技术创新决策的影响效果分析

本小节将根据倾向值匹配处理组与对照组，求出最近邻匹配、半径匹配、核匹配和马氏匹配四种不同的匹配方式下若干个匹配组的结果变量的平均差异，作为高新技术企业 15% 税收优惠对企业技术创新决策的平均处理效应（ATE），估计结果见表 4-4。

表 4-4 　　　　　　　高新技术企业 15% 税收优惠处理效应结果

结果变量	匹配方式	对照	均值	ATE	T 值
RD	最近邻匹配（1:1）	控制组	2.97	1.21	3.98***
		处理组	4.18		
	半径匹配 -0.01	控制组	2.98	1.20	4.01***
		处理组	4.18		
	核匹配	控制组	2.96	1.22	4.13***
		处理组	4.18		
	马氏匹配	控制组	2.94	1.24	4.13***
		处理组	4.18		
TJ	最近邻匹配（1:1）	控制组	10.23	3.02	1.08
		处理组	13.25		
	半径匹配 -0.01	控制组	10.23	3.02	1.24
		处理组	13.25		
	核匹配	控制组	10.22	3.03	0.97
		处理组	13.25		
	马氏匹配	控制组	10.22	3.03	1.13
		处理组	13.25		
WB	最近邻匹配（1:1）	控制组	43.23	2.59	2.10**
		处理组	45.82		
	半径匹配 -0.01	控制组	43.22	2.60	4.97***
		处理组	45.82		
	核匹配	控制组	43.30	2.52	3.76***
		处理组	45.82		
	马氏匹配	控制组	43.19	2.63	4.17***
		处理组	45.82		

从是否开展创新活动决策来看，最近邻匹配、半径匹配、核匹配和马氏匹配的 ATE 分别为 1.21、1.20、1.22 和 1.24，T 值为 3.98、4.01、4.13 和 4.13，均显示变量在双边 1% 水平上统计显著。可以看出，享受高新技术企业 15% 税收优惠政策的企业的研发投入强度要比未享受税收优惠政策的企业高出 1.2 个百分点，即高新技术企业 15% 税收优惠能够提高企业研发投入强度。同理，从开展创新活动类型决策来看，最近邻匹配、半径匹配、核匹配和马氏匹配的 ATE 分别为 3.02、3.02、3.03 和 3.03，但 T 值均不显著。可以看出，享受高新技术企业 15% 税收优惠政策的企业开展突破性创新的概率并没有明显高于未享受税收优惠政策的企业。从和谁开展创新活动类型决策来看，最近邻匹配、半径匹配、核匹配和马氏匹配的 ATE 分别为 2.59、2.60、2.52 和 2.63，T 值为 2.10、4.97、3.76 和 4.17，均显示变量在双边 5% 或双边 1% 水平上统计显著。可以看出，享受高新技术企业 15% 税收优惠政策的企业非内部研发形成的无形资产占无形资产余额的比例比未享受税收优惠政策的企业高出 2.5 个百分点，即高新技术企业 15% 税收优惠能够促进企业开展合作创新。

综上所述，高新技术企业 15% 税收优惠政策对于上市公司企业研发投入强度以及企业开展合作创新的意愿均具有显著激励效应，但对企业开展突破性创新没有显著促进作用。

三、实证分析二：高新技术企业 15% 税收优惠对企业技术创新被市场认可的影响效果分析

本小节将根据倾向值匹配处理组与对照组，求出最近邻匹配、半径匹配、核匹配和马氏匹配四种不同的匹配方式下若干个匹配组的结果变量的平均差异，作为高新技术企业 15% 税收优惠对企业技术创新决策的平均处理效应（ATE），估计结果见表 4 - 5。

表 4 - 5　　　　　　不同匹配方式下的平均处理效应结果

结果变量	匹配方式	对照	均值	ATE	T 值
XK	最近邻匹配（1:1）	控制组	1.66	0.23	0.34
		处理组	1.89		

结果变量	匹配方式	对照	均值	ATE	T 值
XK	半径匹配 –0.01	控制组	1.67	0.22	1.09
		处理组	1.89		
	核匹配	控制组	1.67	0.22	0.44
		处理组	1.89		
	马氏匹配	控制组	1.66	0.23	0.88
		处理组	1.89		
XF	最近邻匹配（1∶1）	控制组	3.56	1.99	5.22 ***
		处理组	5.55		
	半径匹配 –0.01	控制组	3.57	1.98	9.43 ***
		处理组	5.55		
	核匹配	控制组	3.58	1.97	8.34 ***
		处理组	5.55		
	马氏匹配	控制组	3.58	1.97	7.23 ***
		处理组	5.55		
ZB	最近邻匹配（1∶1）	控制组	14.54	3.09	2.22 **
		处理组	17.63		
	半径匹配 –0.01	控制组	14.53	3.10	5.99 ***
		处理组	17.63		
	核匹配	控制组	14.53	3.10	7.09 ***
		处理组	17.63		
	马氏匹配	控制组	14.52	3.11	2.06 **
		处理组	17.63		

从技术市场认可来看，最近邻匹配、半径匹配、核匹配和马氏匹配的 ATE 分别为 0.23、0.22、0.22 和 0.23，但在统计上均不显著，说明享受高新技术企业 15% 税收优惠政策的企业专利被引用次数并没有明显高于未享受税收优惠政策的企业，即高新技术企业 15% 税收优惠并不能提高企业技术创新被技术市场认可的程度。同理，从消费者市场认可来

看，最近邻匹配、半径匹配、核匹配和马氏匹配的 ATE 分别为 1.99、1.98、1.97 和 1.97，且 T 值均在 1% 的水平下显著。可以看出，享受高新技术企业 15% 税收优惠政策的企业销售额增长率显著高于未享受税收优惠政策的企业。从资本市场认可来看，最近邻匹配、半径匹配、核匹配和马氏匹配的 ATE 分别为 3.09、3.10、3.10 和 3.11，均显示变量在双边 5% 或双边 1% 水平上统计显著。可以看出，享受高新技术企业 15% 税收优惠政策的企业资本积累率要比未享受税收优惠政策的企业高出约 3 个百分点，即高新技术企业 15% 税收优惠能够促进企业被资本市场认可。

综上所述，高新技术企业 15% 税收优惠政策能够显著提高企业技术创新被资本市场和消费者市场认可的程度，但是并没有显著提升其被技术市场认可的程度。

四、实证分析三：高新技术企业 15% 税收优惠对企业竞争力的影响效果分析

本小节将根据倾向值匹配处理组与对照组，求出最近邻匹配、半径匹配、核匹配和马氏匹配四种不同的匹配方式下若干个匹配组的结果变量的平均差异，作为高新技术企业 15% 税收优惠对企业竞争力的平均处理效应（ATE），估计结果见表 4 - 6。

表 4 - 6　　　　　　　　不同匹配方式下的平均处理效应结果

结果变量	匹配方式	对照	均值	ATE	T 值
PY	最近邻匹配（1:1）	控制组	583.32	66.16	9.55***
		处理组	649.48		
	半径匹配 - 0.01	控制组	583.32	67.67	14.32***
		处理组	650.99		
	核匹配	控制组	583.32	64.33	18.56***
		处理组	648.10		
	马氏匹配	控制组	583.32	67.79	11.49***
		处理组	651.11		

续表

结果变量	匹配方式	对照	均值	ATE	T 值
LN	最近邻匹配（1:1）	控制组	0.095	0.026	1.48
		处理组	1.021		
	半径匹配 -0.01	控制组	0.095	0.025	1.60
		处理组	1.020		
	核匹配	控制组	0.095	0.028	1.28
		处理组	1.023		
	马氏匹配	控制组	0.095	0.029	1.08
		处理组	1.024		

从品牌影响力来看，最近邻匹配、半径匹配、核匹配和马氏匹配的 ATE 分别为 66.16、67.67、64.33 和 67.79，且 T 值均在 1% 的水平下显著。可以看出，享受高新技术企业 15% 税收优惠政策的企业的百度指数明显高于未享受税收优惠政策的企业，即高新技术企业 15% 税收优惠能够显著促进企业品牌影响力的提升。从产业链位置来看，最近邻匹配、半径匹配、核匹配和马氏匹配的 ATE 分别为 0.026、0.025、0.028 和 0.029，且 T 值并不显著。可以看出，享受高新技术企业 15% 税收优惠政策的企业勒纳指数要比未享受税收优惠政策的企业高出约 0.03 个百分点，但并不显著，即高新技术企业 15% 税收优惠并不能显著提升企业所处产业链位置。

综上所述，高新技术企业 15% 税收优惠政策对于上市公司企业品牌影响力具有显著促进效应，但对企业所处产业链位置提升没有显著提升作用。

五、匹配结果平衡性检验

匹配平衡性检验主要是看匹配企业的创新活动是否独立于其享受高新技术企业 15% 税收优惠，不受匹配变量的影响。这就要求处理组和对照组在匹配后的标准差偏离减少且不再显著。本节以最近邻 1:1 匹配方式为例进行了匹配平衡性检验，结果见表 4-7。可以看出，匹配前（U）所有的匹配变量均在 1% 的水平上具有显著差异，匹配后（M）绝大多数变量的标准化偏差均降至10%以内且减幅普遍处于90%以上，同时不再显著，证明了本节数据平衡和PSM的匹配效果良好，说明处理组与对照组的个体特征差异基本消除，保证了本节估计结果的可靠性。同理可以检验半径匹配、核匹配和马氏匹配的结果，可以得到同样的结论。

表 4-7　　　　　　　　　　　匹配结果平衡性检验

	匹配前后	pseudo-R²	LR chi2	标准偏差（%）	标准差减少（%）	P 值	B 值
gm	U	0.049	320.00	−26.23	92.87	0.000	59.10*
	M	0.002	5.28	−1.87		0.872	10.20
nl	U	0.051	320.30	−30.21	96.33	0.000	59.90*
	M	0.002	5.51	−1.11		0.855	10.60
cz	U	0.049	279.10	6.02	97.51	0.000	60.60*
	M	0.003	7.25	0.15		0.702	13.20
roe	U	0.055	272.10	17.32	97.52	0.000	65.00*
	M	0.005	9.22	−0.43		0.511	16.20
own	U	0.058	272.80	3.08	89.94	0.000	67.80*
	M	0.006	10.16	0.31		0.427	17.70
zl	U	0.057	251.40	12.62	85.42	0.000	68.10*
	M	0.007	10.98	1.84		0.359	19.30
yf	U	0.059	235.60	−8.31	93.26	0.000	69.60*
	M	0.009	12.69	−0.56		0.242	22.10
gj	U	0.042	102.00	6.09	58.29	0.000	55.40*
	M	0.002	1.65	−2.54		0.998	9.20
jz	U	0.046	103.00	16.97	93.58	0.000	51.90*
	M	0.007	6.05	1.09		0.811	19.40
hy	U	0.118	198.90	29.01	99.90	0.000	90.50*
	M	0.001	0.86	0.03		1.000	8.10
jj	U	0.222	120.21	30.35	91.63	0.000	79.07*
	M	0.003	3.05	2.54		0.791	5.85

续表

	匹配前后	pseudo-R^2	LR chi2	标准偏差（%）	标准差减少（%）	P 值	B 值
sc	U	0.055	272.00	17.32	97.52	0.000	65.00 *
	M	0.005	9.22	-0.43		0.511	16.20

第五节 稳健性检验

为了保障研究结果的稳健性，本节分别采用更换变量、更换估计方法和更换数据库的方式进行稳健性检验。

一、更换结果变量

（一）更换创新决策变量

为了保障匹配结果的稳健性，本小节分别选取企业研发投入增长率（%）、企业发明专利申请数量占企业申请专利总数的比例（%）和企业与其他单位联合申请专利占企业申请专利总数的比例（%）来代替之前的 RD、TJ 和 WB 三大结果变量，重新匹配后的平均处理效应见表4-8。可以发现，匹配结果的 ATE 值与之前的结果方向一致，且显著水平大体一致。

表4-8　　　　　　　　更换结果变量后重新估计结果

结果变量	匹配方式	对照	均值	ATE	T 值	ATU
RD2	最近邻匹配（1:1）	控制组	0.29	0.24	5.87 ***	0.11
		处理组	0.53			
	半径匹配 -0.01	控制组	0.31	0.22	7.98 ***	0.11
		处理组	0.53			
	核匹配	控制组	0.31	0.22	7.91 ***	0.10
		处理组	0.53			
	马氏匹配	控制组	0.29	0.24	6.88 ***	0.21
		处理组	0.53			

结果变量	匹配方式	对照	均值	ATE	T 值	ATU
TJ2	最近邻匹配（1:1）	控制组	33.21	4.32	1.23	0.22
		处理组	37.53			
	半径匹配 − 0.01	控制组	33.21	4.32	1.27	0.23
		处理组	37.53			
	核匹配	控制组	33.20	4.33	1.61	0.24
		处理组	37.53			
	马氏匹配	控制组	33.20	4.33	1.32	0.26
		处理组	37.53			
WB2	最近邻匹配（1:1）	控制组	40.67	3.19	4.98 **	0.16
		处理组	43.86			
	半径匹配 − 0.01	控制组	40.66	3.20	8.98 ***	0.18
		处理组	43.86			
	核匹配	控制组	40.64	3.22	5.98 ***	0.21
		处理组	43.86			
	马氏匹配	控制组	40.63	3.23	4.09 ***	0.32
		处理组	43.86			

（二）更换被市场认可变量

为了保障匹配结果的稳健性，本小节分别选取企业被引用专利数量（件）、企业销售额与本行业最高销售额的比（％）和企业市销率（％）来代替之前的 XK、XF 和 ZB 三大结果变量，重新匹配后的平均处理效应见表 4 - 9。可以发现，匹配结果的 ATE 值与之前的结果方向一致，且显著水平大体一致。

表 4 –9　　　　　　　　　　　更换结果变量后重新匹配的结果

结果变量	匹配方式	对照	均值	ATE	T 值	ATU
XK2	最近邻匹配（1:1）	控制组	1.34	0.69	1.33	0.11
		处理组	2.03			
	半径匹配 – 0.01	控制组	1.34	0.69	1.29	0.11
		处理组	2.03			
	核匹配	控制组	1.33	0.70	0.43	0.10
		处理组	2.03			
	马氏匹配	控制组	1.35	0.68	0.98	0.21
		处理组	2.03			
XF2	最近邻匹配（1:1）	控制组	20.00	2.63	4.68 ***	0.22
		处理组	22.63			
	半径匹配 – 0.01	控制组	19.99	2.64	8.76 ***	0.23
		处理组	22.63			
	核匹配	控制组	20.00	2.63	9.43 ***	0.24
		处理组	22.53			
	马氏匹配	控制组	20.01	2.62	3.76 ***	0.26
		处理组	22.63			
ZB2	最近邻匹配（1:1）	控制组	0.46	0.22	8.45 ***	0.16
		处理组	0.68			
	半径匹配 – 0.01	控制组	0.46	0.22	9.55 ***	0.18
		处理组	0.68			
	核匹配	控制组	0.46	0.22	7.67 ***	0.21
		处理组	0.68			
	马氏匹配	控制组	0.45	0.23	5.56 ***	0.32
		处理组	0.68			

（三）更换竞争力变量

　　为了保障匹配结果的稳健性，本小节分别选取企业社会责任评分指数（PY2）和占款能力（（应付账款 – 应收账款）/营业收入）（LN2）来代替之前的 PY 和 LN 两大结果变量，重新匹配后的平均处理效应见表 4-10。可以发现，匹配结果的 ATE 值与之前的结果方向一致，且显著水平大体一致。

表 4-10　　　　　　　　　　更换结果变量后重新匹配的结果

结果变量	匹配方式	对照	均值	ATE	T 值	ATU
PY2	最近邻匹配（1:1）	控制组	53.44	16.12	7.59 ***	0.10
		处理组	69.56			
	半径匹配 -0.01	控制组	53.03	16.96	6.02 ***	0.10
		处理组	69.99			
	核匹配	控制组	50.12	17.98	9.53 ***	0.11
		处理组	68.10			
	马氏匹配	控制组	51.22	16.10	12.56 ***	0.13
		处理组	67.32			
LN2	最近邻匹配（1:1）	控制组	34%	8%	1.10	0.21
		处理组	42%			
	半径匹配 -0.01	控制组	33%	11%	1.17	0.20
		处理组	44%			
	核匹配	控制组	33%	10%	1.24	0.22
		处理组	41%			
	马氏匹配	控制组	32%	10%	1.31	0.22
		处理组	42%			

二、更换估计方法

以滞后一期和滞后二期的结果变量为被解释变量，以享受税收优惠的程度（应交所得额 ×10%/企业销售收入）tax2 为解释变量，以匹配变量为控制变量，分别采用面板固定效应模型和面板 GMM 模型重新估计。估计结果见表 4-11。可以发现，估计结果的系数与之前的 ATE 结果方向一致，且显著水平也一致。

表 4 – 11　　　　　　　　更换估计方法后重新匹配的结果

变量		固定效应模型 FE		系统 GMM 模型 SYS-GMM	
		系数	T 值	系数	T 值
RD	滞后一期	0.21	(5.21)***	0.25	(12.44)***
	滞后二期	0.03	(2.21)**	0.02	(9.00)***
TJ	滞后一期	0.34	(0.92)	0.31	1.46
	滞后二期	0.21	(0.71)	0.18	1.55
WB	滞后一期	0.31	(9.11)***	0.33	(13.98)***
	滞后二期	0.10	(4.21)***	0.11	(11.65)***
XK	滞后一期	0.02	(1.20)	0.02	(0.98)
	滞后二期	0.003	(0.42)	0.002	(1.49)
XF	滞后一期	0.18	(8.99)***	0.22	(20.64)***
	滞后二期	0.09	(2.03)**	0.08	(1.99)**
ZB	滞后一期	0.32	(4.32)***	0.30	(10.46)***
	滞后二期	0.29	(3.08)***	0.22	(8.35)***
PY	滞后一期	0.01	(5.90)***	0.01	(2.99)***
	滞后二期	0.04	(8.43)***	0.03	(2.50)**
LN	滞后一期	0.19	(1.91)*	0.21	(1.46)
	滞后二期	0.21	(1.89)*	0.23	(1.95)*

第六节　异质性讨论

　　税收优惠影响企业技术创新不仅与企业自身性质有关，还与外部环境有关。其中企业自身性质主要包括企业所有制、企业所处市场板块、企业规模和企业所处成长阶段等，外部环境主要涉及企业所处地区的政府干预程度、政府间创新竞争程度、知识产权保护程度以及企业获得政府创新补助强度等。本节采用最近邻 1∶1 匹配对异质性条件下高新技术企业 15% 税收优惠对企业技术创新的影响进行分析。

一、不同企业性质下高新技术企业 15% 税收优惠支持企业技术创新的效果

（一）企业所有制

按照企业性质将样本企业分为国有企业和非国有企业，采用倾向匹配得分法进行重新估计。

1. 创新决策

可以发现，不同性质的企业匹配结果不同。从是否开展创新活动来看，匹配后高新技术企业 15% 税收优惠对国有企业和非国有企业的平均处理效应为正，分别在 10% 和 1% 的水平上显著，且国有企业在匹配后的处理效应明显低于非国有企业。这表明高新技术企业 15% 税收优惠对国有企业和非国有企业的研发投入均有促进作用，但对非国有企业研发投入的促进作用更大且更显著。可能的原因是：首先，相对于非国有企业，国有企业的融资约束更低，更容易获得来自各方金融机构的贷款，税收优惠对其研发决策的影响程度较低。而非国有企业融资约束较强，税收优惠能够在一定程度上缓解其融资约束。同时，非国有企业面临的竞争更强，对技术创新的需求更加迫切，税收优惠能够有效激发其开展创新活动。其次，相对于非国有企业，国有企业的内部管理更加复杂和固化，享受税收优惠政策的同时要附带一系列内部管理程序，制度成本更高，不利于国有企业开展创新活动。

从开展什么类型的创新活动来看，匹配后高新技术企业 15% 税收优惠对非国有企业的平均处理效应为正，但只在 10% 的水平上显著，国有企业在匹配后的处理效应为正但不显著。这表明高新技术企业 15% 税收优惠对非国有企业开展突破性创新有微弱的促进作用，对国有企业开展突破性创新缺乏激励。可能的原因是：首先，相对于非国有企业，国有企业面临的竞争程度较低，本身开展创新的积极性就较低。其次，相对于非国有企业，国有企业的风险承担能力更小，更倾向于开展渐进式创新。

从和谁开展创新活动来看，匹配后高新技术企业 15% 税收优惠对非国有企业的平均处理效应为正，并且在 1% 的水平上显著，国有企业在匹配后的处理效应为正但不显著。这表明高新技术企业 15% 税收优惠促进了非国有企业合作创新的增加，但对国有企业开展合作创新缺乏激励。可能的原因

是：相对于国有企业，非国有企业单独开展创新的难度更大但开展创新的积极性更高。为了享受税收优惠，非国有企业开展合作创新取得创新指标的主动性更强（见表4-12）。

表4-12　　高新技术企业15%税收优惠对不同所有制企业技术创新决策的影响

创新决策类别	匹配结果	国有企业	非国有企业
RD	ATE	1.01	1.45
	T值	1.89	4.39
	匹配后标准差减少（%）	85.34	95.46
TJ	ATE	2.04	4.32
	T值	1.09	1.89
	匹配后标准差减少（%）	80.32	90.31
WB	ATE	1.03	2.90
	T值	1.36	9.33
	匹配后标准差减少（%）	87.22	98.88

2. 被市场认可

可以发现，不同性质的企业匹配结果不同。从被技术市场认可来看，匹配后高新技术企业15%税收优惠对国有企业和非国有企业的平均处理效应均为正，但只有非国有企业的T值在10%的水平上显著，且国有企业在匹配后的处理效应明显低于非国有企业。这表明高新技术企业15%税收优惠只对非国有企业的技术市场认可有显著促进作用。可能的原因是：相对于非国有企业，国有企业进行实质性技术创新的积极性更低，其研发的技术被技术市场认可的可能性也更低，即使给予其税收优惠，也难以提高其技术被市场认可的程度。

从被消费者市场认可来看，匹配后高新技术企业15%税收优惠对国有企业和非国有企业的平均处理效应均为正，分别在5%和1%的水平上显著，且国有企业在匹配后的处理效应明显低于非国有企业。这表明高新技术企业15%税收优惠对国有企业和非国有企业被消费者市场认可均有显著促进作用，且对非国有企业的促进作用更加明显。

从被资本市场认可来看，匹配后高新技术企业15%税收优惠对国有企业和非国有企业的平均处理效应均为正，均在1%的水平上显著，且国有企业在匹配后的处理效应明显低于非国有企业。这表明高新技术企业15%税收优惠促进了国有企业和非国有企业被资本市场认可的程度，且对非国有企业的促进作用更大（见表4-13）。

表4-13　高新技术企业15%税收优惠对不同所有制企业被市场认可的影响

市场认可类别	匹配结果	国有企业	非国有企业
XK	ATE	0.20	0.23
	T值	0.94	1.73
	匹配后标准差减少（%）	55.32	80.54
XF	ATE	1.73	1.99
	T值	1.99	3.56
	匹配后标准差减少（%）	98.44	93.52
ZB	ATE	3.01	3.23
	T值	5.98	6.00
	匹配后标准差减少（%）	99.55	92.78

3. 竞争力

可以发现，不同性质的企业匹配结果不同。从品牌影响力来看，匹配后高新技术企业15%税收优惠对国有企业和非国有企业的平均处理效应均在1%的水平下显著为正，且国有企业在匹配后的处理效应明显低于非国有企业。这表明高新技术企业15%税收优惠对不同所有制企业的品牌影响力均有显著促进作用，且对非国有企业的促进作用更大。可能的原因是：相对于非国有企业，国有企业本身就已经具备了一定的品牌影响力，即使给予其税收优惠，其品牌影响力也不会随之提升太多。而非国有企业的品牌影响力基础较低，给予其高新技术企业15%税收优惠之后对其品牌影响力的提升作用更大。

从所处产业链位置来看，匹配后高新技术企业15%税收优惠对国有企业和非国有企业的平均处理效应均为正，但只有非国有企业在10%的水平下显著（见表 4-14）。

表 4-14　高新技术企业 15% 税收优惠对不同所有制企业竞争力提升的影响

竞争力类别	匹配结果	国有企业	非国有企业
PY	ATE	60.47	68.56
	T 值	8.54	9.08
	匹配后标准差减少（%）	90.53	98.07
LN	ATE	0.021	0.031
	T 值	1.15	1.72
	匹配后标准差减少（%）	80.57	88.54

（二）企业所处市场板块

按照企业所处市场板块，将样本企业分为主板、中小板、创业板、新三板和科创板企业。采用倾向匹配得分法进行重新估计，匹配结果如表 4-15所示。

表 4-15　高新技术企业 15% 税收优惠对不同市场板块企业技术创新决策的影响

	匹配结果	主板	创业板	中小板	新三板	科创板
RD	ATE	1.20	1.55	1.30	1.26	1.42
	T 值	2.12	3.09	4.32	2.34	3.85
	匹配后标准差减少（%）	90.32	93.34	80.34	95.99	97.33
TJ	ATE	−2.03	−2.22	3.02	3.11	2.45
	T 值	−3.53	−2.45	1.44	1.25	2.32
	匹配后标准差减少（%）	90.23	89.32	50.33	62.00	97.34
WB	ATE	2.01	2.80	3.02	2.53	2.31
	T 值	2.80	9.02	8.33	2.32	6.03
	匹配后标准差减少（%）	85.45	95.43	98.33	90.37	86.33

1. 创新决策

可以发现，不同板块的企业匹配结果不同。从是否开展创新活动来看，匹配后高新技术企业 15% 税收优惠对主板、中小板、创业板、新三板和科创板企业的平均处理效应均为正，中小板、创业板和科创板在 1% 的水平上显著，主板和新三板在 5% 的水平上显著，且对创业板的平均处理效应最大，随后依次为科创板、中小板、新三板和主板。这表明高新技术企业 15% 税收优惠对主板、中小板、创业板、新三板和科创板的企业开展创新活动均有促进作用，且对创业板企业促进作用最大。

从开展什么类型的创新活动来看，匹配后高新技术企业 15% 税收优惠只有对科创板企业的平均处理效应为正，且在 5% 的水平下显著，对中小板、新三板企业的平均处理效应为正但是不显著，对主板和创业板的平均处理效应显著为负。这表明高新技术企业 15% 税收优惠只对科创板企业开展突破性创新有微弱的促进作用，对处于其他板块的企业开展突破性创新缺乏激励。可能的原因是：相对于其他板块的企业，科创板企业开展突破性创新的主动性更强。

从和谁开展创新活动来看，匹配后高新技术企业 15% 税收优惠对主板、中小板、创业板、新三板和科创板企业的平均处理效应均显著为正，中小板企业的平均处理效应最大，随后分别是创业板、新三板、科创板和主板。这表明高新技术企业 15% 税收优惠促进了主板、中小板、创业板、新三板和科创板企业开展合作创新，且对中小板企业的促进作用最大。

2. 被市场认可

可以发现，不同板块的企业匹配结果不同。从被技术市场认可来看，匹配后高新技术企业 15% 税收优惠对主板、中小板、创业板、新三板和科创板企业的平均处理效应均为正，但只有科创板在 10% 的水平上显著。这表明高新技术企业 15% 税收优惠只对科创板的企业技术创新被技术市场认可有微弱促进作用，对主板、创业板、中小板和新三板的企业均没有促进作用。

从被消费者市场认可来看，匹配后高新技术企业 15% 税收优惠对主板、中小板、创业板、新三板和科创板企业的平均处理效应均为正，均在 1% 的水平下显著，且对新三板和科创板企业的平均处理效应最大。这表明高新技术企业 15% 税收优惠对不同板块的企业技术创新被消费者市场认可均有显著促进作用，且对新三板和科创板企业的促进作用最大。

从被资本市场认可来看，匹配后高新技术企业 15% 税收优惠对主板、中小板、创业板、新三板和科创板企业的平均处理效应均为正，均在 1% 的水平下显著，且对新三板和科创板企业的平均处理效应最大，随后分别是中小板、创业板和主板。这表明高新技术企业 15% 税收优惠对不同板块的企业技术创新被资本市场认可均有显著促进作用，且对新三板和科创板企业的促进作用最大（见表 4－16）。

表 4－16　高新技术企业 15% 税收优惠对不同市场板块企业技术被市场认可的影响

市场认可类型	匹配结果	主板	创业板	中小板	新三板	科创板
XK	ATE	0.18	0.22	0.23	0.30	0.21
	T 值	0.99	1.26	0.62	0.57	1.90
	匹配后标准差减少（%）	45.67	60.27	80.34	81.56	89.53
XF	ATE	1.99	2.01	1.92	2.41	2.61
	T 值	9.55	12.54	10.55	7.55	3.32
	匹配后标准差减少（%）	90.44	98.56	94.21	89.64	97.64
ZB	ATE	3.00	3.12	3.20	3.31	3.27
	T 值	8.44	9.42	9.56	7.43	10.45
	匹配后标准差减少（%）	90.46	99.64	96.32	98.32	90.33

3. 竞争力

可以发现，不同板块的企业匹配结果不同。从品牌影响力来看，匹配后高新技术企业 15% 税收优惠对处于不同上市板块企业的平均处理效应均在 1% 的水平下显著为正，且对科创板企业的平均处理效应最大，随后依次是主板、中小板、新三板和创业板企业。这表明高新技术企业 15% 税收优惠对处于不同上市板块的企业的品牌影响力均有显著促进作用，且对科创板企业的促进作用更大。

从所处产业链位置来看，匹配后高新技术企业 15% 税收优惠对处于不同上市板块的企业的平均处理效应均为正，但只有科创板和新三板的平均处理效应分别在 5% 和 10% 的水平下显著，对处于其他上市板块企业的平均处理效应均不显著（见表 4－17）。

表 4 – 17　高新技术企业 15% 税收优惠对不同市场板块企业技术创新决策的影响

竞争力类型	匹配结果	主板	创业板	中小板	新三板	科创板
PY	ATE	63.21	66.90	65.09	69.54	69.89
	T 值	9.01	5.75	8.62	7.43	9.41
	匹配后标准差减少（%）	90.43	98.42	97.32	95.73	89.58
LN	ATE	0.020	0.021	0.028	0.024	0.029
	T 值	1.24	0.98	1.63	1.90	1.99
	匹配后标准差减少（%）	80.45	89.42	88.71	90.52	90.21

（三）企业规模

按照国家统计局公布的《统计上大中小微型企业划分办法（2017）》，将样本企业分为大、中、小型三类企业，采用倾向匹配得分法进行重新估计。

1. 创新决策

可以发现，不同规模企业的匹配结果不同。从是否开展创新活动来看，匹配后高新技术企业 15% 税收优惠对中、小型企业的平均处理效应为正，并且在 1% 的水平上显著，大型企业在匹配后的处理效应为正但不显著。这表明高新技术企业 15% 税收优惠促进了中、小型企业研发投入的增加，但对大型企业的研发投入缺乏激励。可能的原因是：相对于中小企业，大型企业的融资约束更低，更容易获得来自各方金融机构的贷款，税收优惠对其研发决策的影响程度较低。而中小企业融资约束较强，40% 的税收优惠能够在一定程度上缓解其融资约束。同时，中小企业面临的竞争更强，对技术创新的需求更加迫切，税收优惠能够有效激发其开展创新活动。

从开展什么类型的创新活动来看，匹配后高新技术企业 15% 税收优惠只有对小型企业的平均处理效应为正，并且在 5% 的水平上显著，大、中型企业在匹配后的处理效应为负且不显著。这表明高新技术企业 15% 税收优惠只对大型企业开展突破性创新有促进作用，对中、小型企业开展突破性创新缺乏激励。可能的原因是：相对于中小型企业，大型企业更具有开展突破性创新的实力，其承受风险的能力也更强，给予其税收优惠之后，更容易产生突破性创新。

从和谁开展创新活动来看，匹配后高新技术企业 15% 税收优惠对中、小型企业的平均处理效应为正，并且在 1% 的水平上显著，大型企业在匹配后的处理效应为正但不显著。这表明高新技术企业 15% 税收优惠促进了中、小型企业合作创新的增加，但对大型企业开展合作创新缺乏激励。可能的原因是：首先，相对于中、小企业，大型企业内部管理更复杂，开展创新合作的时间成本和经济成本较高。而中、小企业内部管理更加灵活，合作创新的积极性更高。其次，相对于大型企业，中、小型企业单独申请专利的难度更大。专利数量是企业享受高新技术企业 15% 税收优惠政策的前提，《高新技术企业认定管理工作指引》中对知识产权数量提出了要求，不论是自己研发还是购买的均可以计入。很多企业为了在短时间内满足认定条件，倾向于选择和其他单位合作或者委托其他单位或者直接购买其他单位的专利，从而拿到高新技术企业资格，享受政策优惠。虽然《高新技术企业认定管理工作指引》规定知识产权要和自己的主要产品有关，但是实际审查中并不严格（见表 4-18）。

表 4-18　高新技术企业 15% 税收优惠对不同规模企业技术创新决策的影响

创新决策类型	匹配结果	大型企业	中型企业	小型企业
RD	ATE	1.02	1.35	1.24
	T 值	1.45	3.09	4.56
	匹配后标准差减少（%）	60.33	89.88	93.65
TJ	ATE	3.43	−0.23	−1.41
	T 值	2.29	−3.76	−3.21
	匹配后标准差减少（%）	97.09	90.22	80.44
WB	ATE	1.09	2.45	2.83
	T 值	1.21	4.65	5.67
	匹配后标准差减少（%）	90.33	95.65	89.44

2. 被市场认可

可以发现，不同规模企业的匹配结果不同。从被技术市场认可来看，匹配后高新技术企业15%税收优惠只对小型企业的平均处理效应为正，并且在1%的水平上显著，大型和中型企业在匹配后的处理效应为正但不显著。这表明高新技术企业15%税收优惠促进了小型企业技术创新被技术市场认可，但对大、中型企业缺乏激励。

从被消费者市场认可来看，匹配后高新技术企业15%税收优惠对不同规模的企业的平均处理效应均为正，均在1%的水平上显著，且对小型企业的平均处理效应最大，随后依次是中型和大型企业。这表明高新技术企业15%税收优惠对不同规模企业技术创新被技术市场认可均有促进作用，且对小型企业的促进作用大于中型和大型企业。可能的原因是：相对于大中型企业，小型企业内部管理更加灵活，开展技术创新的积极性更大，给予其税收优惠之后，小型企业更容易产生新的技术和新的产品。

从被资本市场认可来看，匹配后高新技术企业15%税收优惠对不同规模的企业的平均处理效应均为正，均在1%的水平上显著，且对小型企业的平均处理效应最大，随后依次是中型和大型企业。这表明高新技术企业15%税收优惠对不同规模企业技术创新被资本市场认可均有促进作用，且对小型企业的促进作用大于中型和大型企业（见表4-19）。

表4-19　高新技术企业15%税收优惠对不同规模企业技术创新被市场认可的影响

市场认可类型	匹配结果	大型企业	中型企业	小型企业
XK	ATE	0.16	0.23	0.20
	T值	1.24	0.93	9.43
	匹配后标准差减少（%）	80.44	82.45	89.67
XF	ATE	1.09	1.82	2.09
	T值	1.92	4.67	9.56
	匹配后标准差减少（%）	89.32	90.42	98.68
ZB	ATE	2.15	3.09	3.98
	T值	1.88	8.43	7.54
	匹配后标准差减少（%）	85.43	88.44	97.54

3. 竞争力

可以发现，不同规模企业的匹配结果不同。从品牌影响力来看，匹配后高新技术企业 15% 税收优惠对不同规模企业的平均处理效应均在 1% 的水平下显著为正,且对小型企业的平均处理效应最大,随后依次是中型企业和大型企业。这表明高新技术企业 15% 税收优惠对不同规模的企业的品牌影响力均有显著促进作用,且对小型企业的促进作用更大。

从所处产业链位置来看,匹配后高新技术企业 15% 税收优惠对不同规模企业的平均处理效应均为正,但只有中型企业和小型企业的平均处理效应在 10% 的水平上显著,对大型企业的平均处理效应不显著(见表 4 – 20)。

表 4 – 20　　　　　高新技术企业 15% 税收优惠对不同规模企业竞争力的影响

竞争力类型	匹配结果	大型企业	中型企业	小型企业
PY	ATE	63. 00	66. 23	69. 42
	T 值	14. 21	8. 93	6. 90
	匹配后标准差减少(%)	89. 54	92. 46	97. 87
LN	ATE	0. 020	0. 024	0. 028
	T 值	0. 98	1. 67	1. 89
	匹配后标准差减少(%)	80. 54	87. 21	90. 58

(四) 企业所处生命周期

采用现金流组合法的划分方法,将企业所处阶段划分为初创期、成长期、成熟期和衰退期四个阶段(见表 4 – 21)。

表 4 – 21　　　　　现金流量组合法划分企业生命周期标准

现金流	初创期	成长期	成熟期	衰退期				
	导入期	增长期	成熟期	震荡期	震荡期	震荡期	衰退期	衰退期
经营现金流净额	–	+	+	–	+	+	–	–
投资现金流净额	–	–	–	+	+	+	+	+
筹资现金流净额	+	+	–	–	+	–	+	–

1. 创新决策

可以发现,处于生命周期不同阶段的企业匹配结果不同。从是否开展创新活动来看，匹配后高新技术企业15%税收优惠对处于成长期的企业的平均处理效应为正，并且在1%的水平上显著，对处于初创期和成熟期的企业平均处理效应为正但不显著，对处于衰退期的企业的平均处理效应显著为负。这表明高新技术企业15%税收优惠促进了成长期企业研发投入的增加，但对初创期和成熟期企业开展创新活动的激励并不显著，对衰退期企业开展创新活动有显著抑制作用。可能的原因是：当企业在初创期的时候，各种生产要素相对缺乏，内部管理架构和创新体系都不够健全，仍处于生产经营的摸索阶段，企业的产品或服务种类一般较少，利润水平较低，企业抗风险能力偏弱，一旦其外部环境受到不利影响且没有政府援助，它将随时面临破产风险。而且，初创期的企业资金匮乏，税收优惠的资金可能会被用于其他项目支出。企业进入成长阶段后，为了维持市场地位并保持其可持续的竞争优势，企业有动力开展创新项目以提高生产效率，一旦创新项目成功开发，将大大降低企业生产成本（文芳，2009；周霞，2014）。因此，在成长阶段，企业技术创新的积极性相对较高。在这个阶段，企业销售收入大幅增加，但由于资金回收存在滞后期，而研发需要大量资金投入，再加上生产扩张、营销服务和人才储备等都需要大量支出，使得企业出现入不敷出现象（梁莱歆和熊艳，2010）。这个时候如果能获得税收优惠，将会大大调动企业的创新积极性，创新效率也会相应提升。当企业不断成长并走向成熟时，企业销售收入增长率开始降低并趋于稳定，市场竞争力达到最强，开始拥有稳定充足的内源资金和持续的现金流，筹资能力也较强，资金已不再是企业开展创新活动的主要制约因素。企业进入衰退期后，企业盈利能力急剧下降，市场份额下滑，投资支出将大幅度减少，企业总资产增长率可能为负而急于获取外部资本，找到新的盈利点（周霞，2014）。该阶段的企业内部组织结构僵化，抗风险能力差，创新动力严重不足，企业会将资金主要用于基本经营的维持，几乎不会再开展研发活动（文芳，2009）。此时税收优惠可能会作为企业运营资金被用到其他的非创新投资活动。

从开展什么类型的创新活动来看，匹配后高新技术企业15%税收优惠对处于成长期的企业的平均处理效应为正，并且在1%的水平上显著，对处于初创期和成熟期的企业平均处理效应为正但不显著，对处于衰退期的企业的平均处理效应显著为负。这表明高新技术企业15%税收优惠对成长期企业开展突破性创新有微弱的促进作用，但对初创期和成熟期企业开展突破性创新的激励并不显著，对衰退期企业开展突破性创新有显著抑制作用。可能的原因是：相对于成长期企业，初创期和衰退期企业开展突破性创新的能力不足，成熟期企业开展突破性创新的积极性不够。只有处于成长期的企业，不论是资金实力还是创新积极性都已具备，开展突破性创新的可能性更大。尤其是在税收优惠的资金补充下，处于成长期的企业开展突破性创新的可能性更高。

从和谁开展创新活动来看，匹配后高新技术企业 15% 税收优惠对处于初创期和成长期的企业的平均处理效应为正，并且分别在 1% 和 5% 的水平上显著，对处于成熟期和衰退期的企业的平均处理效应为正但不显著。这表明高新技术企业 15% 税收优惠对初创期和成长期企业开展合作创新有显著促进作用，但对成熟期和衰退期企业开展合作创新的激励并不显著。可能的原因是：相对于成熟期和衰退期企业，初创期和成长期企业开展合作创新的积极性更高。税收优惠带来的认证和信号效应也会有利于企业开展合作创新（见表 4 - 22）。

表 4 - 22　高新技术企业 15% 税收优惠对不同成长阶段企业技术创新决策的影响

创新决策类别	匹配结果	初创期	成长期	成熟期	衰退期
RD	ATE	1.20	1.43	1.19	-1.00
	T 值	1.34	2.99	1.62	-3.87
	匹配后标准差减少（%）	89.22	90.11	85.22	96.33
TJ	ATE	2.21	3.09	2.08	-3.20
	T 值	1.09	3.56	1.34	-8.32
	匹配后标准差减少（%）	90.33	97.33	95.33	98.22
WB	ATE	2.01	2.83	2.22	1.98
	T 值	6.22	2.13	1.34	1.45
	匹配后标准差减少（%）	92.33	97.22	60.33	89.20

2. 被市场认可

可以发现，处于生命周期不同阶段的企业匹配结果不同。从被技术市场认可来看，匹配后高新技术企业 15% 税收优惠对处于生命周期不同阶段的企业的平均处理效应均为正，但只有处于成长期的企业的平均处理效应在1%的水平上显著。这表明高新技术企业15%税收优惠只对处于成长期的企业技术创新被技术市场认可具有显著促进作用，但对初创期、成熟期和衰退期的企业并没有促进作用。

从被消费者市场认可来看，匹配后高新技术企业15%税收优惠对处于初创期和成长期的企业的平均处理效应为正，并且在1%的水平上显著，对处于成熟期的企业平均处理效应为正且在5%的水平上显著，对处于衰退期的企业平均处理效应为正但不显著。这表明高新技术企业15%税收优惠对初创期、成长期和成熟期的企业技术创新被消费者市场认可有显著促进作用，但对衰退期企业激励并不显著。

从被资本市场认可来看，匹配后高新技术企业15%税收优惠对处于初创期和成长期的企业的平均处理效应为正，并且均在1%的水平上显著，对处于成熟期和衰退期的企业的平均处理效应为正但不显著。这表明高新技术企业15%税收优惠对初创期和成长期企业技术创新被消费者市场认可有显著促进作用，但对成熟期和衰退期企业的激励并不显著（见表4-23）。

表4-23　高新技术企业15%税收优惠对不同成长阶段企业技术创新被市场认可的影响

市场认可类别	匹配结果	初创期	成长期	成熟期	衰退期
XK	ATE	0.11	0.24	0.19	0.02
	T值	1.01	5.47	0.57	1.35
	匹配后标准差减少（%）	80.56	89.53	90.43	82.44
XF	ATE	1.99	2.09	1.87	1.02
	T值	9.32	7.53	2.45	0.97
	匹配后标准差减少（%）	90.55	93.22	87.46	59.33
ZB	ATE	3.09	3.43	2.01	1.08
	T值	3.99	9.54	0.87	1.62
	匹配后标准差减少（%）	98.56	90.22	80.44	76.33

3. 竞争力

可以发现，处于生命周期不同阶段的企业匹配结果不同。从品牌影响力来看，匹配后高新技术企业 15% 税收优惠对处于生命周期不同阶段的企业的平均处理效应均在 1% 的水平下显著为正，且对处于成长期的企业的平均处理效应最大，随后依次是初创期、成熟期和衰退期企业。这表明高新技术企业 15% 税收优惠对处于生命周期不同阶段的企业的品牌影响力均有显著促进作用，且对成长期企业的促进作用更大。

从所处产业链位置来看，匹配后高新技术企业 15% 税收优惠对处于生命周期不同阶段的企业的平均处理效应均为正，但只有处于成长期的企业的平均处理效应在 10% 的水平下显著，处于生命周期其他阶段的企业的平均处理效应均不显著（见表 4-24）。

表 4-24　高新技术企业 15% 税收优惠对不同成长阶段企业竞争力的影响

竞争力类别	匹配结果	初创期	成长期	成熟期	衰退期
PJ	ATE	67.14	69.78	66.08	45.76
	T 值	5.08	5.98	7.28	5.53
	匹配后标准差减少（%）	87.54	89.53	89.68	98.53
LN	ATE	0.030	0.028	0.027	0.012
	T 值	0.85	1.78	1.23	1.09
	匹配后标准差减少（%）	83.56	90.42	67.31	78.54

二、不同外部环境下高新技术企业 15% 税收优惠支持企业技术创新的效果

（一）政府干预程度

根据樊纲《中国分省份市场化指数》中的政府干预程度指数，以中位数为界将样本企业分为高政府干预程度地区的企业和低政府干预程度地区的企业。采用倾向匹配得分法进行重新估计。

1. 创新决策

可以发现，所处地区政府干预程度不同，企业匹配结果也不同。从是否开展创新活动来看，匹配后高新技术企业 15% 税收优惠对低政府干预程度地区的企业的平均处理效应为正且在 1% 的水平上显著，高政府干预程度地

区的企业在匹配后的处理效应为负且在1%的水平上显著。这表明高新技术企业15%税收优惠促进了处于低政府干预程度地区的企业研发投入的增加,但对处于高政府干预程度地区的企业的研发投入有显著抑制作用。可能的原因是:政府干预程度越高,企业享受税收优惠政策的制度成本越高,不利于企业开展创新活动。

从开展什么类型的创新活动来看,匹配后高新技术企业15%税收优惠对低政府干预程度地区的企业的平均处理效应为正且在10%的水平上显著,高政府干预程度地区的企业在匹配后的处理效应为负且在1%的水平上显著。这表明高新技术企业15%税收优惠促进了处于低政府干预程度地区的企业开展突破性创新,但对处于高政府干预程度地区的企业开展突破性创新有显著抑制作用。可能的原因是:政府干预程度越高,企业面临的制度性环境越强,技术性环境越差,开展突破性创新的概率越低。

从和谁开展创新活动来看,匹配后高新技术企业15%税收优惠对低政府干预程度地区的企业的平均处理效应为正且在1%的水平上显著,高政府干预程度地区的企业在匹配后的处理效应为负且在1%的水平上显著。这表明高新技术企业15%税收优惠促进了处于低政府干预程度地区的企业开展合作创新,但对处于高政府干预程度地区的企业开展合作创新有显著抑制作用。可能的原因是:政府干预程度越高,企业开展合作创新的成本越高,越不利于企业开展合作创新(见表4-25)。

表4-25　　　高新技术企业15%税收优惠对处于不同政府干预程度
地区的企业技术创新决策的影响

创新决策类别	匹配结果	低政府干预	高政府干预
RD	ATE	1.45	-1.02
	T值	3.55	-4.09
	匹配后标准差减少(%)	88.00	96.22
TJ	ATE	3.04	-2.32
	T值	1.89	-4.89
	匹配后标准差减少(%)	79.66	98.65

创新决策类别	匹配结果	低政府干预	高政府干预
WB	ATE	2.66	-1.92
	T 值	5.99	-6.88
	匹配后标准差减少（%）	90.33	97.00

2. 被市场认可

可以发现，所处地区政府干预程度不同，企业匹配结果也不同。从被技术市场认可来看，匹配后高新技术企业 15% 税收优惠对处于低政府干预程度地区的企业的平均处理效应为正且在 1% 的水平上显著，处于高政府干预程度地区的企业在匹配后的处理效应为负且在 1% 的水平上显著。这表明高新技术企业 15% 税收优惠促进了处于低政府干预程度地区企业技术创新被技术市场认可的程度，但对处于高政府干预程度地区的企业有显著抑制作用。

从被消费者市场认可来看，匹配后高新技术企业 15% 税收优惠对处于低政府干预程度地区的企业的平均处理效应为正且在 1% 的水平上显著，处于高政府干预程度地区的企业在匹配后的处理效应为正但不显著。这表明高新技术企业 15% 税收优惠能够显著提高处于低政府干预程度地区的企业技术创新被消费者市场认可的程度，但对处于高政府干预程度地区的企业没有显著促进作用。

从被资本市场认可来看，匹配后高新技术企业 15% 税收优惠对处于不同政府干预程度地区的企业的平均处理效应均为正且在 1% 的水平上显著。这表明高新技术企业 15% 税收优惠能够显著提高处于不同政府干预程度地区的企业技术创新被资本市场认可的程度（见表 4-26）。

表 4-26　　高新技术企业 15% 税收优惠对处于不同政府干预程度
地区的企业技术创新被市场认可的影响

市场认可类别	匹配结果	低政府干预	高政府干预
XK	ATE	0.29	-0.11
	T 值	9.22	-3.32
	匹配后标准差减少（%）	90.32	80.21

续表

市场认可类别	匹配结果	低政府干预	高政府干预
XF	ATE	2.09	0.83
	T 值	6.92	1.42
	匹配后标准差减少（%）	90.43	80.32
ZB	ATE	3.23	2.01
	T 值	9.04	8.28
	匹配后标准差减少（%）	92.11	98.42

3. 竞争力

可以发现，所处地区政府干预程度不同，企业匹配结果也不同。从品牌影响力来看，匹配后高新技术企业 15% 税收优惠对处于不同政府干预程度地区的企业的平均处理效应均在 1% 的水平上显著为正，且对处于低政府干预程度地区的企业的平均处理效应更大。这表明高新技术企业 15% 税收优惠对处于不同政府干预程度地区的企业的品牌影响力均有显著促进作用，且对处于低政府干预程度地区的企业的促进作用更大。

从所处产业链位置来看，匹配后高新技术企业 15% 税收优惠对处于不同政府干预程度地区的企业的平均处理效应均为正，但只有处于低政府干预程度地区的企业的平均处理效应在 1% 的水平下显著，对处于高政府干预程度地区的企业的平均处理效应并不显著（见表 4－27）。

表 4－27　　高新技术企业 15% 税收优惠对处于不同政府干预程度
地区的企业市场竞争的影响

市场竞争类别	匹配结果	低政府干预	高政府干预
PY	ATE	69.10	60.32
	T 值	9.44	8.87
	匹配后标准差减少（%）	90.42	91.11
LN	ATE	0.032	0.021
	T 值	2.61	0.37
	匹配后标准差减少（%）	95.54	70.21

（二）获得政府创新补助强度

财政补贴和税收优惠是激励企业加大研发投入的两种常用政策手段，是否获得财政创新补助对税收优惠的政策效果也有一定影响。本节采用的政府研发补助数据是通过对国泰安数据库中上市公司"政府补助"数据进行筛选分类整理后得到的。个别缺失数据通过查阅上市公司年报整理补充。考虑到企业规模带来的影响，本章采用政府研发补助与企业主营业务收入的比值衡量企业获得政府创新补助的强度，并将企业分为获得高创新补助和获得低创新补助两类。

1. 创新决策

可以发现，所处地区企业所获得的创新补助强度不同，企业匹配结果也不同。从是否开展创新活动来看，匹配后高新技术企业 15% 税收优惠对获得低创新补助的企业的平均处理效应为正且在 1% 的水平上显著，获得高创新补助的企业在匹配后的处理效应为负且在 1% 的水平上显著。这表明高新技术企业 15% 税收优惠促进了获得低创新补助的企业研发投入的增加，但对获得高创新补助的企业的研发投入有显著抑制作用。可能的原因是：创新补助主要针对满足特定政策条件的企业，为其提供资金支持，降低其研发边际成本（邹洋和王茹婷，2018）。这在一定程度上会引发企业"寻补贴"的逆向选择行为，造成政策扭曲和低效率的情况。比较而言，税收优惠覆盖面广，公平性较强，企业的自主性较大，可以降低政府干预扭曲程度和提高经济效率。在企业已享受税收优惠的条件下，高强度创新补助会冲减税收优惠对企业研发投入的促进功效（刘明慧和王静茹，2020）。

从开展什么类型的创新活动来看，匹配后高新技术企业 15% 税收优惠对获得低创新补助的企业的平均处理效应为正但不显著，获得高创新补助的企业在匹配后的处理效应为负且在 1% 的水平上显著。这表明高新技术企业 15% 税收优惠促进了获得低创新补助的企业开展突破性创新，但是促进作用不显著，对获得高创新补助的企业开展突破性创新有显著抑制作用。可能的原因是：获得的创新补助越高，企业面临的制度性环境越强，技术性环境越差，开展突破性创新的概率越低。

从和谁开展创新活动来看，匹配后高新技术企业 15% 税收优惠对获得低创新补助的企业的平均处理效应为正且在 1% 的水平上显著，获得高创新补助的企业在匹配后的处理效应为负且在1%的水平上显著。这表明高新技术企业15%税收优惠能够促进获得低创新补助的企业开展合作创新，但对获得高创新补助的企业开展合作创新有显著抑制作用。可能的原因是：获得的创新补助越高，企业开展合作创新的意愿可能越低，越不利于企业开展合作创新（见表4-28）。

表4-28　　高新技术企业15%税收优惠对获得不同强度创新补助的
企业技术创新决策的影响

创新决策类别	匹配结果	低创新补助	高创新补助
RD	ATE	1.34	-1.04
	T值	4.56	-2.89
	匹配后标准差减少（%）	90.45	87.86
TJ	ATE	3.32	-2.33
	T值	1.91	-4.88
	匹配后标准差减少（%）	89.66	86.99
WB	ATE	2.72	-1.13
	T值	6.99	-6.99
	匹配后标准差减少（%）	89.77	90.33

2. 被市场认可

可以发现，获得高创新补助强度不同，企业匹配结果也不同。从被技术市场认可来看，匹配后高新技术企业15%税收优惠对获得低创新补助的企业的平均处理效应为正但不显著，获得高创新补助的企业在匹配后的处理效应为负且在1%的水平上显著。这表明高新技术企业15%税收优惠对获得高创新补助的企业的研发投入有显著抑制作用。

从被消费者市场认可来看，匹配后高新技术企业15%税收优惠对获得高、低创新补助的企业的平均处理效应均为正且分别在1%和10%的水平上显著。这表明高新技术企业15%税收优惠对获得高、低创新补助的企业技术创新被消费者市场认可均有促进作用，且对获得高创新补助的企业促进作用更显著。

从被资本市场认可来看，匹配后高新技术企业 15% 税收优惠对获得不同程度创新补助的企业的平均处理效应为正且均在 1% 的水平上显著。这表明高新技术企业 15% 税收优惠对获得不同程度创新补助的企业技术创新被资本市场认可均有显著促进作用（见表 4–29）。

表 4–29 高新技术企业 15% 税收优惠对获得不同强度创新补助的
企业技术创新被市场认可的影响

市场认可类别	匹配结果	低创新补助	高创新补助
XK	ATE	0.20	-0.32
	T 值	1.45	-7.55
	匹配后标准差减少（%）	45.22	89.32
XF	ATE	1.98	1.90
	T 值	1.93	3.54
	匹配后标准差减少（%）	85.32	90.46
ZB	ATE	3.01	3.21
	T 值	8.32	9.56
	匹配后标准差减少（%）	93.21	98.44

3. 竞争力

可以发现，获得政府创新补助强度不同，企业匹配结果也不同。从品牌影响力来看，匹配后高新技术企业 15% 税收优惠对获得不同强度政府创新补助的企业的平均处理效应均在 1% 的水平下显著为正，且对获得高强度政府创新补助的企业的平均处理效应更大。这表明高新技术企业 15% 税收优惠对获得不同强度政府创新补助的企业的品牌影响力均有显著促进作用，且对获得高强度政府创新补助的企业的促进作用更大。

从所处产业链位置来看，匹配后高新技术企业 15% 税收优惠对获得不同强度政府创新补助的企业的平均处理效应均为正，但只有获得低强度政府创新补助的企业的平均处理效应在 10% 的水平上显著，对获得高强度政府创新补助的企业的平均处理效应并不显著（见表 4–30）。

表4-30   高新技术企业15%税收优惠对获得不同强度创新补助的
企业市场竞争的影响

市场竞争类别	匹配结果	低创新补助	高创新补助
PY	ATE	66.16	68.20
	T值	6.99	7.43
	匹配后标准差减少（%）	89.53	93.85
LN	ATE	0.021	0.029
	T值	1.67	1.60
	匹配后标准差减少（%）	85.69	78.42

（三）政府间创新竞争程度

税收选择性激励会导致地方政府间恶性竞争（很多地方已经将高新技术企业数量作为科技创新五年规划和年度规划的目标，即未来五年要培育多少家高新技术企业），容易导致产业同质化，不利于企业技术创新配置。本小节拟从地方的创新竞争角度来考察地方政府政治激励：某省份所处地区板块的高新技术企业数量增长率均值减去该省份高新技术企业数量增长率所得的差额，该差额越大，则意味着该省份面临的创新竞争程度就越大（吴非、杜金岷和杨贤宏，2018）。

1. 创新决策

可以发现，所处地区政府间创新竞争程度不同，企业匹配结果也不同。从是否开展创新活动来看，匹配税收优惠对处于强创新竞争程度地区的企业的平均处理效应为正且在1%的水平上显著，处于弱创新竞争程度地区的企业在匹配后的处理效应为负且在1%的水平上显著。这表明税收优惠促进了处于强创新竞争程度地区的企业研发投入的增加，但对处于弱创新竞争程度地区的企业的研发投入有显著抑制作用。可能的原因是：企业所处地区面临的创新竞争越强，该地区对企业创新的激励会越强，企业在此环境下也会更倾向于增加研发投入。

从开展什么类型的创新活动来看，匹配后税收优惠对处于强创新竞争程度地区的企业的平均处理效应为正且在10%的水平上显著，处于弱创新竞争程度地区的企业在匹配后的处理效应为负但不显著。这表明税收优惠能够促进强创新竞争程度地区的企业开展突破性创新，但对弱创新竞争程度地区的企业开展突破性创新没有显著影响。可能的原因是：企业所处地区面临的创新竞争越强，企业面临的创新压力也越大，为了不被淘汰，企业开展突破性创新的意愿也会增强。

从和谁开展创新活动来看，匹配后税收优惠对处于强创新竞争程度地区的企业的平均处理效应为正且在 1% 的水平上显著，处于弱创新竞争程度地区的企业在匹配后的处理效应为负且在 1% 的水平上显著。这表明税收优惠能够促进强创新竞争程度地区的企业开展合作创新，但对弱创新竞争程度地区的企业开展合作创新有显著抑制作用。可能的原因是：企业所处地区面临的创新竞争越强，企业面临的创新压力也越大，越倾向于求助外援，开展合作创新（见表 4 - 31）。

表 4 - 31　　高新技术企业 15% 税收优惠对处于不同政府间创新竞争
程度地区的企业技术创新决策的影响

创新决策类别	匹配结果	弱政府间创新竞争	强政府间创新竞争
RD	ATE	1.33	- 1.02
	T 值	4.09	- 3.77
	匹配后标准差减少（%）	90.98	78.09
TJ	ATE	3.42	- 2.03
	T 值	1.87	- 0.99
	匹配后标准差减少（%）	95.77	67.99
WB	ATE	2.51	- 1.33
	T 值	6.88	- 6.99
	匹配后标准差减少（%）	90.00	77.93

2. 被市场认可

可以发现，所处地区政府间创新竞争程度不同，企业匹配结果也不同。从被技术市场认可来看，匹配后税收优惠对处于强创新竞争程度地区的企业的平均处理效应为正但不显著，处于弱创新竞争程度地区的企业在匹配后的处理效应为负且在 1% 的水平上显著。这表明税收优惠对弱创新竞争程度地区的企业技术创新被技术市场认可有显著抑制作用。可能的原因是：企业所处地区面临的创新竞争越强，企业为了应对相邻地区企业的创新竞争，会更倾向进行技术创新。

从被消费者市场认可来看，匹配后税收优惠对处于不同创新竞争程度地区的企业的平均处理效应为正且分别在1%和5%的水平上显著。这表明税收优惠对处于不同创新竞争程度地区的企业技术创新被消费者市场认可均有显著促进作用，且对强创新竞争程度地区的企业促进作用更显著。

从被资本市场认可来看，匹配后税收优惠对处于不同创新竞争程度地区的企业的平均处理效应为正且分别在1%和5%的水平上显著。这表明税收优惠对处于不同创新竞争程度地区的企业技术创新被资本市场认可均有显著促进作用，且对强创新竞争程度地区的企业促进作用更显著（见表4－32）。

表4－32　　高新技术企业15%税收优惠对处于不同政府间创新竞争
程度地区的企业技术创新被市场认可的影响

市场认可类别	匹配结果	弱政府间创新竞争	强政府间创新竞争
XK	ATE	0.17	－0.11
	T值	0.67	－9.58
	匹配后标准差减少（％）	78.33	90.77
XF	ATE	1.75	2.09
	T值	2.43	4.65
	匹配后标准差减少（％）	97.43	89.56
ZB	ATE	3.00	3.21
	T值	2.32	5.00
	匹配后标准差减少（％）	88.66	98.67

3. 竞争力

可以发现，所处地区政府间创新竞争程度不同，企业匹配结果也不同。从品牌影响力来看，匹配后高新技术企业15%税收优惠对处于不同创新竞争程度地区的企业的平均处理效应均在1%的水平上显著为正，且对处于强创新竞争程度地区的企业的平均处理效应更大。这表明高新技术企业15%

税收优惠对处于不同创新竞争程度地区的企业的品牌影响力均有显著促进作用，且对处于强创新竞争程度地区的企业的促进作用更大。

从所处产业链位置来看，匹配后高新技术企业 15% 税收优惠对处于不同创新竞争程度地区的企业的平均处理效应均为正，但只有处于强创新竞争程度地区的企业的平均处理效应在 5% 的水平下显著，对处于低创新竞争程度地区的企业的平均处理效应并不显著（见表 4 – 33）。

表 4 – 33　　高新技术企业 15% 税收优惠对处于不同政府间创新竞争
程度地区的企业竞争力的影响

竞争力类别	匹配结果	弱政府间创新竞争	强政府间创新竞争
PY	ATE	65.32	68.08
	T 值	4.21	6.09
	匹配后标准差减少（%）	90.67	92.11
LN	ATE	0.021	0.029
	T 值	1.43	2.15
	匹配后标准差减少（%）	67.40	88.77

（四）知识产权保护程度

知识产权保护是企业开展技术创新的主要前提，如果企业研发出的技术成果不能被很好地保护，那么企业技术创新积极性也会大打折扣。本小节根据 2013～2020 年王小鲁、樊纲等著《中国分省份市场化指数报告》中的知识产权保护指数，以中位数为界将样本企业所处地区分为高知识产权保护程度地区和低知识产权保护程度地区，采用倾向匹配得分法进行重新估计。

1. 创新决策

可以发现，知识产权保护程度不同，企业匹配结果也不同。从是否开展创新活动来看，匹配后高新技术企业 15% 税收优惠对处于高知识产权保护程度地区的企业的平均处理效应为正且在 1% 的水平上显著，处于低知识产权保护程度地区的企业在匹配后的处理效应为负且在 1% 的水平上显著。这表明高新技术企业 15% 税收优惠促进了处于高知识产权保护程度地区的企业研发投入的增加，但对处于低知识产权保护程度地区的企业的研发投入有显著抑制作用。可能的原因是：知识产权保护程度低，即使给予企业税收优惠，也不会激发企业开展创新活动。

从开展什么类型的创新活动来看，匹配后高新技术企业15%税收优惠对处于高知识产权保护程度地区的企业的平均处理效应为正且在1%的水平上显著，处于低知识产权保护程度地区的企业在匹配后的处理效应为负且在1%的水平上显著。这表明高新技术企业15%税收优惠能够显著促进处于高知识产权保护程度地区的企业开展突破性创新，对处于低知识产权保护程度地区的企业开展突破性创新有显著抑制作用。可能的原因是：良好的知识产权保护能够降低企业开展突破性创新外部性造成的损失，提高企业开展突破性技术创新的积极性。

从和谁开展创新活动来看，匹配后高新技术企业15%税收优惠对处于低知识产权保护程度地区的企业的平均处理效应为正但不显著，处于高知识产权保护程度地区的企业在匹配后的处理效应为正且在1%的水平上显著。这表明高新技术企业15%税收优惠能够显著促进处于高知识产权保护程度地区的企业开展自主创新，对处于低知识产权保护程度地区的企业开展合作创新有促进作用，但促进作用不显著。可能的原因是：知识产权保护越好，企业进行自主研发的积极性越高（见表4-34）。

表4-34　　高新技术企业15%税收优惠对处于不同知识产权保护程度地区的企业技术创新决策的影响

创新决策类别	匹配结果	弱知识产权保护	强知识产权保护
RD	ATE	-1.00	1.36
	T值	-5.88	6.99
	匹配后标准差减少（%）	80.99	89.66
TJ	ATE	-2.32	4.04
	T值	-5.99	6.99
	匹配后标准差减少（%）	68.99	50.66
WB	ATE	1.90	2.66
	T值	1.33	7.45
	匹配后标准差减少（%）	92.89	50.44

2. 被市场认可

可以发现，知识产权保护程度不同，企业匹配结果也不同。从被技术市场认可来看，匹配后高新技术企业 15% 税收优惠对处于高知识产权保护程度地区的企业的平均处理效应为正且在 1% 的水平上显著，处于低知识产权保护程度地区的企业在匹配后的处理效应为负且在 1% 的水平上显著。这表明高新技术企业 15% 税收优惠提高了处于高知识产权保护程度地区的企业技术创新被技术市场认可程度，但对处于低知识产权保护程度地区的企业技术创新被技术市场认可程度有显著抑制作用。可能的原因是：知识产权保护程度越高，企业开展创新活动的积极性越高，知识产权保护程度低，即使给予企业税收优惠，也不会激发企业开展创新活动的积极性。

从被消费者市场认可来看，匹配后高新技术企业 15% 税收优惠对处于高知识产权保护程度地区的企业的平均处理效应为正且在 1% 的水平上显著，处于低知识产权保护程度地区的企业在匹配后的处理效应为正但不显著。这表明高新技术企业 15% 税收优惠能够显著提高处于高知识产权保护程度地区的企业技术创新被消费者市场认可的程度，对处于低知识产权保护程度地区的企业没有显著促进作用。

从被资本市场认可来看，匹配后高新技术企业 15% 税收优惠对处于低知识产权保护程度地区的企业的平均处理效应为正但不显著，处于高知识产权保护程度地区的企业在匹配后的处理效应为正且在 1% 的水平上显著。这表明高新技术企业 15% 税收优惠能够显著促进处于高知识产权保护程度地区的企业技术创新被消费者市场认可的程度，对处于低知识产权保护程度地区的企业技术创新被消费者市场认可的程度有促进作用，但促进作用不显著（见表 4 - 35）。

表 4 - 35　高新技术企业 15% 税收优惠对处于不同知识产权保护程度地区的企业被市场认可的影响

市场认可类别	匹配结果	弱知识产权保护	强知识产权保护
XK	ATE	- 0.43	0.25
	T 值	- 7.99	8.44
	匹配后标准差减少（%）	99.43	89.88

续表

市场认可类别	匹配结果	弱知识产权保护	强知识产权保护
XF	ATE	1.29	2.11
	T值	0.44	12.48
	匹配后标准差减少（%）	80.43	90.41
ZB	ATE	2.01	3.33
	T值	1.23	13.42
	匹配后标准差减少（%）	82.11	98.33

3. 竞争力

可以发现，所处地区知识产权保护程度不同，企业匹配结果也不同。从品牌影响力来看，匹配后高新技术企业15%税收优惠对处于不同知识产权保护程度地区的企业的平均处理效应均在1%的水平上显著为正，且对处于强知识产权保护程度地区的企业的平均处理效应更大。这表明高新技术企业15%税收优惠对处于不同知识产权保护程度地区的企业的品牌影响力均有显著促进作用，且对处于强知识产权保护程度地区的企业的促进作用更大。

从所处产业链位置来看，匹配后高新技术企业15%税收优惠对处于不同知识产权保护程度地区的企业的平均处理效应均为正，但只有处于强知识产权保护程度地区的企业的平均处理效应在10%的水平上显著，对处于低知识产权保护程度地区的企业的平均处理效应并不显著（见表4-36）。

表4-36　高新技术企业15%税收优惠对处于不同知识产权保护程度
地区的企业竞争力的影响

竞争力类别	匹配结果	弱知识产权保护	强知识产权保护
PY	ATE	60.11	69.99
	T值	7.89	8.90
	匹配后标准差减少（%）	97.53	96.10
LN	ATE	0.016	0.032
	T值	1.43	2.31
	匹配后标准差减少（%）	66.70	97.43

三、异质性影响估计的不同结果比较分析

综合前述章节的分析结果，可以得出表 4 – 37。括号中的"＋"和"－"分别表示高新技术企业 15％税收优惠对企业技术创新决策的促进和抑制作用，＊表示显著水平。

表 4 – 37　高新技术企业 15％税收优惠对不同类型企业技术创新的影响

异质性		创新决策			被市场认可			竞争力	
		是否开展创新活动	开展什么类型的创新活动	和谁开展创新活动	被技术市场认可	被消费者市场认可	被资本市场认可	品牌影响力	产业链位置
所有制	国有企业	(+)＊	(+)	(+)	(+)	(+)＊＊	(+)＊＊＊	(+)＊＊＊	(+)
	非国有企业	(+)＊＊＊	(+)＊	(+)＊＊＊	(+)＊	(+)＊＊＊	(+)＊＊＊	(+)＊＊＊	(+)＊
市场板块	主板	(+)＊＊	(－)＊＊＊	(+)＊＊＊	(+)	(+)＊＊＊	(+)＊＊＊	(+)＊＊＊	(+)
	新三板	(+)＊＊	(+)	(+)＊＊＊	(+)	(+)＊＊＊	(+)＊＊＊	(+)＊＊＊	(+)
	创业板	(+)＊＊＊	(－)＊＊	(+)＊＊＊	(+)	(+)＊＊＊	(+)＊＊＊	(+)＊＊＊	(+)
	中小板	(+)＊＊＊	(+)	(+)＊＊＊	(+)	(+)＊＊＊	(+)＊＊＊	(+)＊＊＊	(+)＊
	科创板	(+)＊＊＊	(+)＊＊	(+)＊＊＊	(+)＊＊	(+)＊＊＊	(+)＊＊＊	(+)＊＊＊	(+)＊＊
规模	大型企业	(+)	(+)＊＊	(+)	(+)	(+)＊	(+)＊	(+)＊＊＊	(+)
	中型企业	(+)＊＊＊	(－)	(+)＊＊＊	(+)	(+)＊＊＊	(+)＊＊＊	(+)＊＊＊	(+)＊
	小型企业	(+)＊＊＊	(－)	(+)＊＊＊	(+)＊＊	(+)＊＊＊	(+)＊＊＊	(+)＊＊＊	(+)＊
成长阶段	初创期	(+)	(+)	(+)＊＊＊	(+)	(+)＊＊＊	(+)＊＊＊	(+)＊＊＊	(+)
	成长期	(+)＊＊＊	(+)＊＊＊	(+)＊＊＊	(+)＊＊＊	(+)＊＊＊	(+)＊＊＊	(+)＊＊＊	(+)＊
	成熟期	(+)	(+)	(+)	(+)	(+)＊＊	(+)	(+)＊＊＊	(+)
	衰退期	(－)＊＊＊	(－)＊＊＊	(+)	(+)	(+)	(+)	(+)＊＊＊	(+)
政府干预程度	低	(+)＊＊＊	(+)＊	(+)＊＊＊	(+)＊＊＊	(+)＊＊＊	(+)＊＊＊	(+)＊＊＊	(+)＊＊＊
	高	(－)＊＊＊	(－)＊＊＊	(－)＊＊＊	(－)＊＊＊	(+)	(+)＊＊＊	(+)＊＊＊	(+)
获得政府创新补助强度	低	(+)＊＊＊	(+)	(+)＊＊＊	(+)	(+)＊	(+)＊＊＊	(+)＊＊＊	(+)＊
	高	(－)＊＊＊	(－)＊＊＊	(－)＊＊＊	(－)＊＊＊	(+)	(+)＊＊＊	(+)＊＊＊	(+)

续表

异质性		创新决策			被市场认可			竞争力	
		是否开展创新活动	开展什么类型的创新活动	和谁开展创新活动	被技术市场认可	被消费者市场认可	被资本市场认可	品牌影响力	产业链位置
政府间创新竞争程度	低	(+) ***	(+) *	(+) ***	(+)	(+) **	(+) **	(+) ***	(+)
	高	(−) ***	(−)	(−) ***	(−) ***	(+) **	(+) ***	(+) ***	(+) **
知识产权保护程度	低	(−) ***	(−) ***	(+)	(−) ***	(+)	(+)	(+) ***	(+)
	高	(+) ***	(+) ***	(+) ***	(+) ***	(+) **	(+) ***	(+) ***	(+) **

从创新决策来看，首先，除了大型企业以及处于初创期的企业，高新技术企业15%税收优惠对其他不同类型企业的研发投入强度均有显著促进作用；其次，除了国有企业、大型企业、处于成熟期和衰退期的企业以及处于弱知识产权保护地区的企业，高新技术企业15%税收优惠对其他不同类型企业开展合作创新均有显著促进作用；最后，高新技术企业15%税收优惠只对处于成长期的企业以及处于高知识产权保护地区的企业开展突破性技术创新在1%的显著水平上有促进作用，对处于主板市场的企业、处于衰退期的企业、处于高政府干预程度地区的企业以及处于低知识产权保护地区的企业开展突破性技术创新有显著抑制作用。因此，为了发挥好高新技术企业15%税收优惠对企业开展突破性技术创新的促进作用，应重点从知识产权保护、减少政府干预等方面入手。

从被市场认可程度来看，首先，高新技术企业15%税收优惠只对处于成长期的企业、处于弱政府干预地区的企业以及处于强知识产权保护地区的企业技术创新被技术市场认可程度在1%的显著水平上有促进作用，对获得高强度创新补助的企业、政府间创新竞争较强地区的企业以及知识产权保护程度较弱地区的企业技术创新被技术市场认可的程度有显著抑制作用，对其他大部分不同类型的企业技术创新被技术市场认可程度的促进作用均不够显著；其次，高新技术企业15%税收优惠对处于衰退期的企业和政府干预程度较强地区的企业技术创新被消费者市场认可程度没有显著促进作用，对其他不同类型企业技术创新被消费者市场认可程度均有显著促进作用；最后，高新技术企业15%税收优惠对处于成熟期和衰退期的企业、政府间创新竞争程度较高地区的企业和处于知识产权保护程度较弱地区的企业技术创新被资本市场认可程度没有显著促进作用，对其他不同类型企业技术创新被资本市场认可程度均有显著促进作用。

从竞争力来看，首先，高新技术企业 15% 税收优惠对各种不同类型的企业或者处于不同制度环境下的企业的品牌影响力均有显著促进作用；其次，高新技术企业 15% 税收优惠只对政府干预程度较低地区的企业所处产业链位置在 1% 的水平下有显著促进作用，对处于科创板的企业、政府间创新竞争较强地区的企业、知识产权保护程度较强地区的企业所处产业链位置提升在 5% 的水平上有显著促进作用，对其他类型的企业所处产业链位置提升均没有显著促进作用，或者只在 10% 的水平下有显著促进作用（见表 4 –37）。

第七节　本章小结

本章是全文的核心实证章节，主要以高新技术企业 15% 税收优惠政策为例，基于创新决策、被市场认可和竞争力提升三个维度共 8 个指标采用 PSM 模型对该政策支持企业技术创新的效果进行了检验。结果发现：首先，创新决策层面，高新技术企业 15% 税收优惠能够提高企业开展技术创新活动的积极性，提高企业开展合作创新的积极性，但是并没有提升企业开展突破性技术创新的积极性；被市场认可层面，高新技术企业 15% 税收优惠能够提高企业技术创新被消费者市场和资本市场认可的程度，但是并没有提升企业技术创新被技术市场认可的程度；竞争力提升层面，高新技术企业 15% 税收优惠能够提高企业品牌影响力，但是并没有提升企业所处产业链位置。其次，在不同的企业性质和外部环境下高新技术企业 15% 税收优惠支持企业技术创新的效果不同。这些结论初步验证了本书第二章的理论推导，也为之后章节的研究奠定了基础。

第五章

支持企业技术创新的税收优惠政策效果评价：基于问卷访谈数据

为了进一步验证本书关于高新技术企业 15% 税收优惠支持企业技术创新效果的实证观点，本章进一步对北京市、山东省、河北省、陕西省和云南省等地区的高新技术企业进行了问卷调查，同时对部分高新技术企业、高新区管委会的负责人和专门做高新技术企业认定的机构负责人进行访谈，不仅验证了本书的观点，同时还得出了一些关于高新技术企业 15% 税收优惠支持企业技术创新存在的问题的相关命题，更加明确了企业诉求，同时为下一步政府支持企业技术创新的改革方向和重点提供了参考。

第一节 研 究 设 计

本节主要对问卷调查和访谈的过程进行交代，包括问卷的设计依据、问卷的发放和收回、数据处理过程，以及访谈的对象和访谈内容等。

一、问卷调查

本章问卷调查的主要过程如下：第一，结合本书第二章节设计的 DMC 理论模型以及第四章节的实证内容，通过问卷星设计了面向高新技术企业的包括基本信息、支持效果、问题和建议三大部分的调查问卷。第二，对部分企业进行了预调查并对问卷进行了修改完善。第三，通过北京市、山东省、河北省、陕西省和云南省等地税务局或财政局人员，将问卷向本地高新技术企业进行了转发。第四，对相关问卷进行回收，并通过了信度检查。第五，得到 518 个有效样本信息，然后对样本进行数据分析。

二、实地或远程访谈

由于本书的研究重点是考察现行高新技术企业 15% 税收优惠支持企业技术创新的效果，除了通过公开数据进行实证分析和问卷调查之外，对相关政府部门、企业和中介机构进行访谈也很有必要。对此，本章首先对 3 家企业相关负责人进行了访谈（见表 5 – 1）。

表 5 – 1 面向企业访谈的具体内容

企业	访谈方式	访谈对象	访谈内容
A	实地访谈	企业负责人	主要结合问卷问题进行了选择性访谈，具体问题见本书附录
B	实地访谈	企业负责人	
C	电话访谈	企业负责人	

其次，为了更加深入地了解政府在推进高新技术企业 15% 税收优惠政策落实过程中的难点，通过电话或者微信对税务局、财政局和科技局相关政策的 3 位负责人进行了远程访谈（见表 5 – 2）。

表 5 – 2 面向政府相关部门访谈的具体内容

地区	访谈方式	访谈对象	访谈内容
A	微信访谈	税务局相关政策负责人	1. 本地对高新技术企业数量的考核情况
B	微信访谈	财政局相关政策负责人	2. 本地对伪高新技术企业的监管措施有哪些？ 3. 高新技术企业 15% 税收优惠企业技术创新的支持效果如何？ 4. 在政策落实过程中遇到了哪些困难？
C	微信访谈	科技局相关政策负责人	5. 目前的政策需要在哪些方面进一步改进？

最后，为了进一步了解企业为了享受高新技术企业 15% 税收优惠政策产生的一些具体行为，对 3 家不同地区专门做高新技术企业认定的负责人进行了远程访谈和交流。通过以上访谈，提炼出依据扎实、具有说服力的结

论。需要说明的是，为了避免不必要的纠纷，本章不会提到具体企业、部门或中介机构的名称（见表 5 - 3）。

表 5 - 3　　　　　　　　　面向中介机构访谈的具体内容

单位名称	访谈方式	访谈对象	访谈内容
A	微信访谈	单位负责人	1. 高新技术企业认定的成本主要有哪些？ 2. 企业为了实现高新技术企业认定主要通过中介机构进行哪些业务？
B	微信访谈	部门负责人	3. 企业进行高新技术企业认定存在的问题主要有哪些？
C	电话访谈	部门负责人	4. 政府在高新技术企业认定中积极吗？ 5. 对高新技术企业认定的建议。

第二节　高新技术企业 15％税收优惠对企业技术创新的影响调查问卷结果分析

本节主要根据问卷调查反馈结果，首先对样本企业的基本信息进行简要介绍，然后基于创新决策、被市场认可和竞争力提升三个方面对高新技术企业 15％税收优惠对企业技术创新的支持效果的问卷结果进行分析。

一、问卷调查样本企业基本信息

本小节主要根据问卷第一部分的反馈结果，对样本企业的基本信息进行简要介绍。

（一）样本企业主要是非国有企业

根据问卷问题 1.1，结果发现被调查企业有 132 家国有企业，386 家非国有企业，即样本企业以非国有企业为主（见图 5 - 1）。

（二）样本企业主要是非上市企业

根据问卷问题 1.2，结果发现被调查企业有 102 家上市企业，416 家非上市企业，即样本企业以非上市企业为主（见图 5 - 2）。

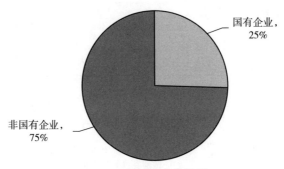

图 5 – 1 样本企业的性质

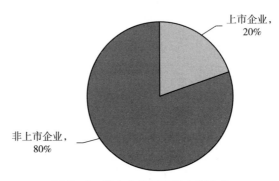

图 5 – 2 样本企业是否是上市企业

（三）样本企业主要来自东部地区

根据问卷问题 1.3，结果发现被调查企业有 228 家企业来自东部地区，148 家企业来自中部地区，82 家企业来自西部地区，60 家企业来自东北地区，即样本企业主要来自东部地区（见图 5 – 3）。

（四）样本企业主要是初创企业

根据问卷问题 1.4，结果发现被调查企业年龄在 0～5 年的有 184 家，年龄在 6～10 年的有 110 家，年龄在 11～20 年的有 112 家，年龄在 20 年以上的有 112 家，整体分布较为均匀，主要是初创企业（见图 5 – 4）。

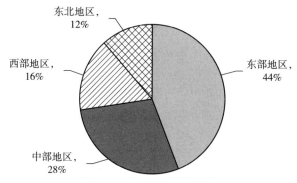

图 5 - 3 样本企业所处地区

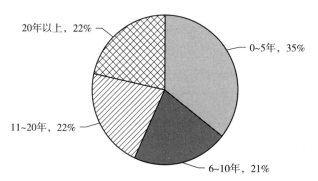

图 5 - 4 样本企业年龄

（五）样本企业主要是小型企业

根据问卷问题 1.5，结果发现被调查企业中大型企业有 140 家，中型企业有 130 家，小型企业有 248 家，以小型企业为主（见图 5 - 5）。

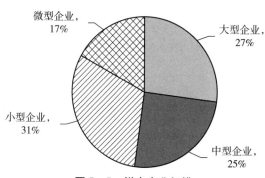

图 5 - 5 样本企业规模

（六）样本企业来自不同的技术领域

根据问卷问题 1.6，结果发现被调查企业处于不同的技术领域，以电子信息和高技术服务为主（见图 5 – 6）。

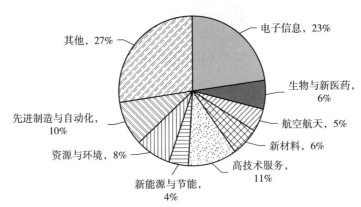

图 5 – 6　样本企业所处技术领域

（七）大部分样本企业获得了政府创新补助

根据问卷问题 1.7，结果发现被调查企业有 290 家企业获得了政府创新补助，有 228 家企业未获得政府创新补助，即大部分企业获得了政府创新补助（见图 5 – 7）。

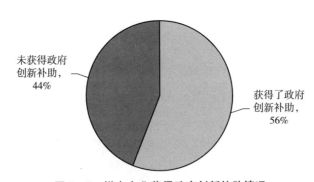

图 5 – 7　样本企业获得政府创新补助情况

二、高新技术企业15%税收优惠支持企业技术创新效果的问卷调查结果分析

本小节主要根据问卷第二部分的反馈结果，对高新技术企业15%税收优惠支持企业技术创新效果进行分析。

（一）整体效果分析

从全样本来看，高新技术企业15%税收优惠支持企业技术创新的整体效果较好。根据问卷反馈结果，认为高新技术企业15%税收优惠政策对扶持和鼓励本企业技术创新的"作用很大"和"作用较大"的样本总和达到396个，所占比例达到76.44%，只有5.79%的企业认为高新技术企业15%税收优惠政策对本企业技术创新"没有作用"。

分不同所有制来看，高新技术企业15%税收优惠对非国有企业技术创新的整体激励效果更好。非国有企业认为高新技术企业15%税收优惠政策对扶持和鼓励本企业技术创新的"作用很大"和"作用较大"的样本比例均高于国有企业。国有企业认为高新技术企业15%税收优惠政策对扶持和鼓励本企业技术创新的"作用一般""作用很小"和"没有作用"的样本比例均高于非国有企业。

分是否上市来看，高新技术企业15%税收优惠对上市企业技术创新的整体激励效果更好。上市企业认为高新技术企业15%税收优惠政策对扶持和鼓励本企业技术创新的"作用很大"和"作用较大"的样本比例均高于非上市企业；非上市企业认为高新技术企业15%税收优惠政策对扶持和鼓励本企业技术创新的"作用一般""作用很小"和"没有作用"的样本比例均高于上市企业。

分不同区域来看，高新技术企业15%税收优惠对处于东部地区的企业技术创新的整体激励效果更好。处于东部地区的企业认为高新技术企业15%税收优惠政策对扶持和鼓励本企业技术创新的"作用很大"的样本比例高于处于中部、西部和东北地区企业；处于东北地区的企业认为高新技术企业15%税收优惠政策对扶持和鼓励本企业技术创新的"作用一般""作用很小"和"没有作用"的样本比例均高于处于东部、中部和西部地区的企业。

　　分不同规模来看，高新技术企业 15% 税收优惠对中小型企业技术创新的整体激励效果更好。中小型企业认为高新技术企业 15% 税收优惠政策对扶持和鼓励本企业技术创新的"作用很大"的样本比例均高于大型企业；大型企业认为高新技术企业 15% 税收优惠政策对扶持和鼓励本企业技术创新的"作用一般""作用很小"和"没有作用"的样本比例远高于中小型企业。

　　分是否获得创新补助来看，高新技术企业 15% 税收优惠对未享受政府创新补助的企业技术创新的整体激励效果更好。享受政府创新补助的企业认为高新技术企业 15% 税收优惠政策对扶持和鼓励本企业技术创新的"作用很大"的样本比例均高于未享受政府创新补助的企业；未享受政府创新补助的企业认为高新技术企业 15% 税收优惠政策对扶持和鼓励本企业技术创新的"作用一般""作用很小"和"没有作用"的样本比例远高于享受政府创新补助的企业（见表 5 – 4）。

表 5 – 4　　　高新技术企业 15% 税收优惠政策对企业技术创新整体
支持效果的问卷调查结果　　　　　　　单位：%

样本		作用很大	作用较大	作用一般	作用较小	没有作用
全样本		42.08	34.36	14.67	3.09	5.79
不同所有制	国有企业	40.91	32.91	15.64	4.50	6.05
	非国有企业	42.49	37.12	14.03	2.15	4.22
不同资本市场	上市企业	58.82	27.45	11.76	1.96	0.00
	非上市企业	37.98	36.06	15.38	3.37	7.21
不同地区	东部地区	50.00	26.67	14.00	2.67	6.67
	中部地区	48.78	31.71	12.20	2.88	4.44
	西部地区	40.35	35.09	16.67	3.51	4.39
	东北地区	37.84	27.84	18.92	5.41	10.00
不同规模	大型企业	28.57	35.71	19.29	10.43	6.00
	中型企业	38.46	40.00	12.31	5.54	3.69
	小型企业	51.25	26.75	16.25	3.75	2.00
不同政府补助力度	未享受政府创新补助	51.75	33.33	12.28	1.75	0.88
	享受政府创新补助	34.48	35.17	16.55	4.14	9.66

（二）对企业技术创新决策的支持效果分析

1. 高新技术企业 15% 税收优惠对企业开展技术创新活动意愿的支持效果

从全样本来看，高新技术企业 15% 税收优惠政策实施后，企业开展技术创新活动的意愿明显提升了。其中，有 85.33% 的企业认为高新技术企业 15% 税收优惠政策实施后，企业开展技术创新活动的意愿"明显提升了"或者"有所提升但不明显"。只有 1.16% 的企业认为高新技术企业 15% 税收优惠政策实施后，企业开展技术创新活动的意愿"明显下降了"。

分不同所有制来看，高新技术企业 15% 税收优惠政策对非国有企业开展技术创新意愿的激励效果更好。非国有企业认为高新技术企业 15% 税收优惠政策实施后企业开展技术创新活动的意愿"明显提升了"和"有所提升但不明显"的样本比例均高于国有企业。

分是否上市来看，高新技术企业 15% 税收优惠政策对上市企业开展技术创新意愿的激励效果更好。上市企业认为高新技术企业 15% 税收优惠政策实施后企业开展技术创新活动的意愿"明显提升了"的样本比例远高于非上市企业；非上市企业认为高新技术企业 15% 税收优惠政策实施后企业开展技术创新活动的意愿"基本没有变化""有所下降但不明显"或者"明显下降了"的样本比例远高于上市企业。

分不同区域来看，高新技术企业 15% 税收优惠政策对处于东部地区的企业开展技术创新意愿的激励效果更好。处于东部地区的企业认为高新技术企业 15% 税收优惠政策实施后企业开展技术创新活动的意愿"明显提升了"的样本比例高于处于中部、西部和东北地区的企业。

分不同规模来看，高新技术企业 15% 税收优惠政策对中小型企业开展技术创新意愿的激励效果更好。中小型企业认为高新技术企业 15% 税收优惠政策实施后企业开展技术创新活动的意愿"明显提升了"的样本比例均高于大型企业；大型企业认为高新技术企业 15% 税收优惠政策实施后企业开展技术创新活动的意愿"基本没有变化"的样本比例远高于中小型企业。

分是否获得创新补助来看，高新技术企业 15% 税收优惠政策对未享受创新补助的企业开展技术创新意愿的激励效果更好。未享受创新补助的企业认为高新技术企业 15% 税收优惠政策实施后企业开展技术创新活动的意愿"明显提升了"的样本比例远高于享受创新补助的企业，享受创新补助的企业认为高新技术企业15%税收优惠政策实施后企业开展技术创新活动的意愿"基本没有变化""有所下降但不明显"或者"明显下降了"的样本比例远高于未享受创新补助的企业（见表5-5）。

表5-5　　高新技术企业15%税收优惠政策对企业开展技术创新活动
意愿支持效果的问卷调查结果　　　　　　　　单位：%

样本		明显提升了	有所提升但不明显	基本没有变化	有所下降但不明显	明显下降了
全样本		50.19	35.14	13.13	0.39	1.16
不同所有制	国有企业	48.48	34.39	15.61	0.00	1.52
	非国有企业	50.78	39.68	8.99	0.52	1.04
不同资本市场	上市企业	60.78	33.33	5.88	0.00	0.00
	非上市企业	47.60	35.58	14.90	0.48	1.44
不同地区	东部地区	56.10	31.71	12.20	0.00	0.00
	中部地区	53.33	20.00	20.00	3.33	3.33
	西部地区	51.35	33.78	13.51	0.00	1.35
	东北地区	46.49	41.23	11.40	0.00	0.88
不同规模	大型企业	40.00	27.14	32.86	0.00	0.00
	中型企业	57.69	35.38	3.85	1.54	1.54
	小型企业	56.25	33.75	8.75	0.00	1.25
不同政府补助力度	未享受政府创新补助	62.28	32.46	5.26	0.00	0.00
	享受政府创新补助	30.69	47.24	19.31	0.69	2.07

2. 高新技术企业15%税收优惠对企业开展突破性技术创新的支持效果

从全样本来看，高新技术企业15%税收优惠政策实施后，企业开展突破性技术创新活动的意愿并没有随之提升。只有20.46%的企业在高新技术企业15%税收优惠政策实施后更愿意开展突破性技术创新活动；37.07%的企业在高新技术企业15%税收优惠政策实施后更愿意开展模仿性技术创新活动；其他42.47%的企业认为高新技术企业15%税收优惠政策实施后开展技术创新活动的类型"基本没有变化"。

分不同所有制来看，高新技术企业 15% 税收优惠政策对非国有企业开展突破性创新的激励效果更好。高新技术企业 15% 税收优惠政策实施后，国有企业和非国有企业"更愿意开展突破性技术创新"的样本比例分别只有 18.73% 和 32.95%。可能的原因是：首先，相对于非国有企业，国有企业面临的竞争程度较低，本身开展创新的积极性就较低。其次，相对于非国有企业，国有企业的风险承担能力更低，更倾向于开展渐进式创新。

分是否上市来看，高新技术企业 15% 税收优惠政策对上市企业开展突破性创新的激励效果更好。高新技术企业 15% 税收优惠政策实施后，上市企业和非上市企业"更愿意开展突破性技术创新"的样本比例分别只有 26.47% 和 19.23%。

分不同区域来看，高新技术企业 15% 税收优惠对处于东部地区的企业开展突破性技术创新的激励效果更好。处于东部地区的企业认为高新技术企业 15% 税收优惠政策实施后企业"更愿意开展突破性技术创新"的样本比例远高于处于中部、西部和东北地区的企业，处于西部和东北地区的企业认为高新技术企业 15% 税收优惠政策实施后"更愿意开展模仿性技术创新"的样本比例均远高于处于东部和中部地区的企业。

分不同规模来看，高新技术企业 15% 税收优惠对大型企业开展突破性创新的激励效果更好。大型企业认为高新技术企业 15% 税收优惠政策实施后企业"更愿意开展突破性技术创新"的样本比例远高于中小型企业，中小型企业认为高新技术企业 15% 税收优惠政策实施后"更愿意开展模仿性技术创新"的样本比例均高于大型企业。可能的原因是：相对于中小型企业，大型企业更具有开展突破性创新的实力，其承受风险的能力也更强，给予其税收优惠之后，更容易产生突破性创新。

分是否获得创新补助来看，高新技术企业 15% 税收优惠对未享受政府创新补助的企业开展突破性技术创新的激励效果更好。未享受政府创新补助的企业认为高新技术企业 15% 税收优惠政策实施后"更愿意开展突破性技术创新"的样本比例远高于享受政府创新补助的企业，享受政府创新补助的企业认为高新技术企业 15% 税收优惠政策实施后"更愿意开展模仿性技术创新"的样本比例高于未享受政府创新补助的企业。可能的原因是：获

税 收 优 惠 与 企 业 技 术 创 新 ——兼论 DMC 理论模型的构建

得的创新补助越高，企业面临的制度性环境越强，技术性环境越差，开展突破性创新的概率越低（见表 5 - 6）。

表 5 - 6　　高新技术企业 15% 税收优惠政策对企业开展突破性技术创新
支持效果的问卷调查结果　　　　　　单位：%

样本		更愿意开展突破性创新	基本没有变化	更愿意开展模仿性创新
全样本		20.46	42.47	37.07
不同所有制	国有企业	18.73	39.09	42.18
	非国有企业	32.95	66.21	20.84
不同资本市场	上市企业	26.47	49.80	23.73
	非上市企业	19.23	39.23	41.54
不同地区	东部地区	34.05	45.79	20.16
	中部地区	27.57	37.57	34.86
	西部地区	25.61	29.51	44.88
	东北地区	15.00	30.00	45.00
不同规模	大型企业	25.71	41.29	33.00
	中型企业	17.69	40.00	42.31
	小型企业	22.50	45.00	32.50
不同政府补助力度	未享受政府创新补助	18.07	40.53	41.40
	享受政府创新补助	24.83	42.76	32.41

3. 高新技术企业 15% 税收优惠对企业开展合作技术创新的支持效果

从全样本来看，高新技术企业 15% 税收优惠政策实施后，企业开展合作性技术创新活动的意愿显著提升了。其中，有 86.49% 的企业认为高新技术企业 15% 税收优惠政策实施后，开展合作性技术创新活动的意愿"明显提升了"或者"有所提升但不明显"。只有 1.16% 的企业认为高新技术企业 15% 税收优惠政策实施后，开展合作性技术创新活动的意愿"明显下降了"。

分不同所有制来看，高新技术企业 15% 税收优惠对非国有企业开展合作性创新的激励效果更好。非国有企业认为高新技术企业 15% 税收优惠政策实施后企业开展合作性创新的意愿"明显提升了"和"有所提升但不明显"的样本比例均远高于国有企业。

分是否上市来看，高新技术企业15%税收优惠对上市企业开展合作性创新的激励效果更好。上市企业认为高新技术企业15%税收优惠政策实施后企业开展合作性创新的意愿"明显提升了"和"有所提升但不明显"的样本比例均高于非上市企业，非上市企业认为高新技术企业15%税收优惠政策实施后企业开展合作性创新的意愿"基本没有变化""有所下降但不明显"或者"明显下降了"的样本比例均高于上市企业。

分不同区域来看，高新技术企业15%税收优惠对处于东部地区的企业开展合作性创新的激励效果更好。处于东部地区的企业认为高新技术企业15%税收优惠政策实施后企业开展合作性创新的意愿"明显提升了"的样本比例均高于处于中部、西部和东北地区的企业；处于西部和东北地区的企业认为高新技术企业15%税收优惠政策实施后企业开展合作性创新的意愿"有所下降但不明显"或者"明显下降了"的样本比例明显高于处于东部地区的企业。

分不同规模来看，高新技术企业15%税收优惠对中小型企业开展合作性创新的激励效果更好。中小型企业认为高新技术企业15%税收优惠政策实施后企业开展合作性创新的意愿"明显提升了"的样本比例均高于大型企业，大型企业认为高新技术企业15%税收优惠支持实施后企业开展合作性创新的意愿"基本没有变化"的样本比例明显高于中小型企业。

分是否获得创新补助来看，高新技术企业15%税收优惠对未享受政府创新补助的企业开展合作性创新的激励效果更好。未享受政府创新补助的企业认为高新技术企业15%税收优惠政策实施后开展合作性创新的意愿"明显提升了"或者"有所提升但不明显"的样本比例均高于享受政府创新补助的企业，享受政府创新补助的企业认为高新技术企业15%税收优惠政策实施后开展合作性创新的意愿"基本没有变化""有所下降但不明显"或者"明显下降了"的样本比例明显高于未享受政府创新补助的企业（见表5－7）。

表 5-7 高新技术企业 15% 税收优惠政策对企业开展合作技术创新
支持效果的问卷调查结果 单位：%

样本		明显提升了	有所提升但不明显	基本没有变化	有所下降但不明显	明显下降了
全样本		51.35	35.14	12.36	0.77	0.39
不同所有制	国有企业	41.52	38.42	19.06	0.88	0.12
	非国有企业	61.30	32.64	5.51	0.04	0.52
不同资本市场	上市企业	49.52	34.13	14.90	0.96	0.48
	非上市企业	58.82	39.22	1.96	0.00	0.00
不同地区	东部地区	58.25	32.11	9.65	0.00	0.00
	中部地区	52.70	32.43	14.86	0.00	0.00
	西部地区	48.54	36.83	12.20	0.00	2.44
	东北地区	40.00	36.67	16.67	6.67	0.00
不同规模	大型企业	45.71	38.57	15.71	0.00	0.00
	中型企业	52.31	30.77	15.38	1.00	0.54
	小型企业	52.50	37.50	10.00	0.00	0.00
不同政府补助力度	未享受政府创新补助	63.16	31.58	5.26	0.00	0.00
	享受政府创新补助	32.07	47.93	17.93	1.38	1.69

（三）对企业技术创新被市场认可的支持效果分析

1. 高新技术企业 15% 税收优惠对企业技术创新被技术市场认可的支持效果

从全样本来看，高新技术企业 15% 税收优惠政策实施后，企业技术创新被技术市场认可的程度并没有显著提升。其中，有 63% 的企业认为高新技术企业 15% 税收优惠政策实施后，企业技术创新被技术市场认可的程度"基本没有变化"或者"有所下降"，只有 24% 的企业认为高新技术企业 15% 税收优惠政策实施后，企业技术创新被技术市场认可的程度"明显增长了"。

分不同所有制来看，高新技术企业 15% 税收优惠政策对非国有企业技术创新被技术市场认可的激励效果更好。非国有企业认为高新技术企业15%税收优惠政策实施后企业技术创新被技术市场认可程度"明显增长了"和"有所增长但不明显"的样本比例均高于国有企业，国有企业认为高新技术企业15%税收优惠政策实施后企业技术创新被技术市场认可程度"基本没有变化""有所下降但不明显"或者"明显下降了"的样本比例均高于非国有企业。

分是否上市来看，高新技术企业15%税收优惠对上市企业技术创新被技术市场认可的激励效果更好。上市企业认为高新技术企业15%税收优惠政策实施后企业技术创新被技术市场认可程度"明显增长了"和"有所增长但不明显"的样本比例均高于非上市企业，非上市企业认为高新技术企业15%税收优惠政策实施后企业技术创新被技术市场认可程度"基本没有变化"或者"有所下降但不明显"的样本比例均高于上市企业。

分不同区域来看，高新技术企业15%税收优惠对处于东部地区的企业技术创新被技术市场认可的激励效果更好。处于东部地区的企业认为高新技术企业15%税收优惠政策实施后企业技术创新被技术市场认可程度"明显增长了"和"有所增长但不明显"的样本比例均高于处于中部、西部和东北地区的企业，处于中部、西部和东北地区的企业认为高新技术企业15%税收优惠政策实施后企业技术创新被技术市场认可程度"基本没有变化"或者"有所下降但不明显"的样本比例均处于东部地区的企业。

分不同规模来看，高新技术企业15%税收优惠对中小型企业技术创新被技术市场认可的激励效果更好。中小型企业认为高新技术企业15%税收优惠政策实施后企业技术创新被技术市场认可程度"明显增长了"的样本比例远高于大型企业，大型企业认为高新技术企业15%税收优惠政策实施后企业技术创新被技术市场认可程度"基本没有变化"的样本比例均大于小型企业。

分是否获得创新补助来看，高新技术企业15%税收优惠对未享受政府创新补助的企业技术创新被技术市场认可的激励效果更好。未享受政府创新补助的企业认为高新技术企业15%税收优惠政策实施后企业技术创新被技术市场认可程度"明显增长了"的样本比例远高于享受政府创新补助的企业，享受政府创新补助的企业认为高新技术企业 15％ 税收优惠政策实施后企业技术创新被技术市场认可程度"基本没有变化""有所下降但不明显"或者"明显下降了"的样本比例均高于未享受政府创新补助的企业（见表 5－8）。

表 5－8　高新技术企业 15％ 税收优惠政策对企业技术创新被技术市场认可支持效果的问卷调查结果　　　　　　　　单位：%

样本		明显增长了	有所增长但不明显	基本没有变化	有所下降但不明显	明显下降了
全样本		24.32	12.74	36.29	26.64	0.00
不同所有制	国有企业	21.48	10.42	40.09	28.00	0.00
	非国有企业	28.97	20.45	30.51	20.07	0.00
不同资本市场	上市企业	36.90	14.22	30.88	18.00	0.00
	非上市企业	20.87	10.31	42.90	25.92	0.00
不同地区	东部地区	30.35	17.37	31.40	20.88	0.00
	中部地区	23.24	10.54	34.86	31.35	0.00
	西部地区	18.78	11.46	39.76	30.00	0.00
	东北地区	10.00	13.33	40.00	36.67	0.00
不同规模	大型企业	18.57	11.43	50.00	20.00	0.00
	中型企业	16.92	14.62	33.85	34.62	0.00
	小型企业	26.25	11.25	32.50	30.00	0.00
不同政府补助力度	未享受政府创新补助	16.55	11.38	40.00	32.07	0.00
	享受政府创新补助	31.63	17.11	30.39	20.88	0.00

2. 高新技术企业 15％ 税收优惠对企业技术创新被消费者市场认可的支持效果

从全样本来看，高新技术企业 15％ 税收优惠政策实施后，企业技术创新被消费者市场认可的程度显著提升了。其中，认为高新技术企业 15％ 税收优惠政策实施后，企业新产品销售情况"明显更好了"或者"变好但不明显"的企业占比达到82%。只有0.39%的企业认为高新技术企业15%税收优惠政策实施后，企业新产品销售情况"明显更差了"。

分不同所有制来看，高新技术企业15%税收优惠对非国有企业技术创新被技术消费者认可的激励效果更好。非国有企业认为高新技术企业15%税收优惠政策实施后企业新产品销售情况"明显更好了"或者"变好但不明显"的样本比例均高于国有企业；国有企业认为高新技术企业15%税收优惠政策实施后企业新产品销售情况"基本没有变化""有所下降但不明显"或者"明显下降了"的样本比例均高于非国有企业。

分是否上市来看，高新技术企业15%税收优惠对上市企业技术创新被消费者市场认可的激励效果更好。上市企业认为高新技术企业15%税收优惠政策实施后企业新产品销售情况"明显更好了"的样本比例均高于非上市企业；非上市企业认为高新技术企业15%税收优惠政策实施后企业新产品销售情况"基本没有变化"或者"变差但不明显"的样本比例均高于上市企业。

分不同区域来看，高新技术企业15%税收优惠对处于东部地区的企业技术创新被消费者市场认可的激励效果更好。处于东部地区的企业认为高新技术企业15%税收优惠政策实施后企业新产品销售情况"明显更好了"和"变好但不明显"的样本比例均高于处于中部、西部和东北地区的企业；处于西部和东北地区的企业认为高新技术企业15%税收优惠政策实施后企业新产品销售情况"基本没有变化"或者"变差但不明显"的样本比例均高于东部地区的企业。

分不同规模来看，高新技术企业15%税收优惠对中小型企业技术创新被消费者市场认可的激励效果更好。中小型企业认为高新技术企业15%税收优惠政策实施后企业新产品销售情况"明显更好了"的样本比例远高于大型企业；大型企业认为高新技术企业15%税收优惠政策实施后企业新产品销售情况"基本没有变化"的样本比例均高于小型企业。

分是否获得创新补助来看，高新技术企业15%税收优惠对享受政府创新补助的企业技术创新被消费者市场认可的激励效果更好。享受政府创新补助的企业认为高新技术企业15%税收优惠政策实施后企业新产品销售情况"明显更好了"的样本比例远高于未享受政府创新补助的企业；未享受政府创新补助的企业认为高新技术企业15%税收优惠政策实施后企业新产品销售情况"基本没有变化""变差但不明显"或者"明显更差了"的样本比例均高于享受政府创新补助的企业（见表 5-9）。

表 5-9　高新技术企业 15% 税收优惠政策对企业技术创新被消费者市场认可支持效果的问卷调查结果　　　　　　单位：%

样本		明显更好了	变好但不明显	基本没有变化	变差但不明显	明显更差了
全样本		42.47	38.61	16.22	2.32	0.39
不同所有制	国有企业	40.93	37.82	17.62	3.11	0.52
	非国有企业	46.97	40.91	12.12	0.00	0.00
不同资本市场	上市企业	52.94	37.25	9.80	0.00	0.00
	非上市企业	39.90	38.94	17.79	2.88	0.48
不同地区	东部地区	51.23	42.98	4.04	1.75	0.00
	中部地区	43.24	33.78	21.62	1.35	0.00
	西部地区	41.46	38.78	17.32	2.44	0.00
	东北地区	36.67	20.00	23.33	16.67	3.33
不同规模	大型企业	32.86	42.86	24.29	0.00	0.00
	中型企业	35.38	41.54	16.92	6.15	0.00
	小型企业	48.75	38.75	11.50	1.00	0.00
不同政府补助力度	未享受政府创新补助	33.10	42.07	20.69	3.45	0.69
	享受政府创新补助	54.39	34.21	10.53	0.88	0.00

3. 高新技术企业 15% 税收优惠对企业技术创新被资本市场认可的支持效果

从全样本来看，高新技术企业 15% 税收优惠政策实施后，企业技术创新被资本市场认可的程度显著提升了。其中，认为高新技术企业 15% 税收优惠政策实施后，企业融资"明显更容易了"或者"变容易但不明显"的企业占比达到 75%。只有 1.16% 的企业认为高新技术企业 15% 税收优惠政策实施后企业融资"明显更难了"。

　　分不同所有制来看，高新技术企业15%税收优惠对非国有企业技术创新被资本市场认可的激励效果更好。非国有企业认为高新技术企业15%税收优惠政策实施后企业融资"明显更容易了"和"变容易但不明显"的样本比例均高于国有企业；国有企业认为高新技术企业15%税收优惠政策实施后企业融资"基本没有变化""变难但不明显"或者"明显更难了"的样本比例均高于非国有企业。

　　分是否上市来看，高新技术企业15%税收优惠对上市企业技术创新被资本市场认可的激励效果更好。上市企业认为高新技术企业15%税收优惠政策实施后企业融资"明显更容易了"和"变容易但不明显"的样本比例均高于非上市企业；非上市企业认为高新技术企业15%税收优惠政策实施后企业融资"基本没有变化"或者"变难但不明显"的样本比例均高于上市企业。

　　分不同区域来看，高新技术企业15%税收优惠对处于东部地区的企业技术创新被资本市场认可的激励效果更好。处于东部地区的企业认为高新技术企业15%税收优惠政策实施后企业融资"明显更容易了"的样本比例远高于处于中部、西部和东北地区的企业；处于中部、西部和东北地区的企业认为高新技术企业15%税收优惠政策实施后企业融资"基本没有变化"或者"明显更难了"的样本比例均高于处于东部地区的企业。

　　分不同规模来看，高新技术企业15%税收优惠对中小型企业技术创新被资本市场认可的激励效果更好。中小型企业认为高新技术企业15%税收优惠政策实施后企业融资"明显更容易了"的样本比例远高于大型企业；大型企业认为高新技术企业15%税收优惠政策实施后企业融资"基本没有变化"的样本比例高于中小型企业。

　　分是否获得创新补助来看，高新技术企业15%税收优惠对享受政府创新补助的企业技术创新被资本市场认可的激励效果更好。享受政府创新补助的企业认为高新技术企业15%税收优惠政策实施后企业融资"明显更容易了"和"变容易但不明显"的样本比例远高于未享受政府创新补助的企业；未享受政府创新补助的企业认为高新技术企业15%税收优惠政策实施后企业融资"基本没有变化""变难但不明显"或者"明显更难了"的样本比例均高于享受政府创新补助的企业（见表5-10）。

表 5 – 10　　高新技术企业 15% 税收优惠政策对企业技术创新被资本市场

认可支持效果的问卷调查结果　　　　　　　　单位：%

样本		明显更容易了	变容易但不明显	基本没有变化	变难但不明显	明显更难了
全样本		38.22	37.07	21.62	1.93	1.16
不同所有制	国有企业	35.23	35.23	25.39	2.59	1.55
	非国有企业	46.97	42.42	10.61	0.00	0.00
不同资本市场	上市企业	49.02	41.18	9.80	0.00	0.00
	非上市企业	35.58	36.06	24.52	2.40	1.44
不同地区	东部地区	54.21	32.98	9.30	3.51	0.00
	中部地区	40.54	40.54	17.57	0.00	1.35
	西部地区	33.90	39.27	24.39	0.00	2.44
	东北地区	30.00	26.67	36.67	3.33	3.33
不同规模	大型企业	31.25	45.00	23.75	0.00	0.00
	中型企业	40.00	33.85	21.54	4.62	0.00
	小型企业	51.43	34.29	12.86	0.00	1.43
不同政府补助力度	未享受政府创新补助	35.17	32.41	27.59	2.76	2.07
	享受政府创新补助	42.11	42.98	14.04	0.88	0.00

（四）对企业竞争力提升的支持效果分析

1. 高新技术企业 15% 税收优惠对企业品牌影响力提升的支持效果

从全样本来看，高新技术企业 15% 税收优惠政策实施后，企业品牌影响力显著提升了。其中，认为高新技术企业 15% 税收优惠政策实施后，企业品牌影响力"明显提升了"或者"有所提升但不明显"的企业占比达到 77%。只有 0.77% 的企业认为高新技术企业 15% 税收优惠政策实施后，企业品牌影响力"明显下降了"。

分不同所有制来看，高新技术企业15%税收优惠对非国有企业的品牌影响力提升效果更好。非国有企业认为高新技术企业15%税收优惠政策实施后企业品牌影响力"明显提升了"和"有所提升但不明显"的样本比例均高于国有企业；国有企业认为高新技术企业15%税收优惠政策实施后企业品牌影响力"基本没有变化""有所下降但不明显"或者"明显下降了"的样本比例均高于非国有企业。

分是否上市来看，高新技术企业15%税收优惠对上市企业的品牌影响力提升的激励效果更好。上市企业认为高新技术企业15%税收优惠政策实施后企业品牌影响力"明显提升了"的样本比例远高于非上市企业；非上市企业认为高新技术企业15%税收优惠政策实施后企业品牌影响力"有所提升但不明显""基本没有变化""有所下降但不明显"或者"明显下降了"的样本比例均高于上市企业。

分不同区域来看，高新技术企业15%税收优惠对处于东部地区的企业的品牌影响力提升的激励效果更好。处于东部地区的企业认为高新技术企业15%税收优惠企业实施后品牌影响力"明显提升了"的样本比例远高于处于中部、西部和东北地区的企业；处于中部、西部和东北地区的企业认为高新技术企业15%税收优惠政策实施后企业品牌影响力"有所下降但不明显"或者"明显下降了"的样本比例均高于处于东部地区的企业。

分不同规模来看，高新技术企业15%税收优惠对中小型企业的品牌影响力提升的激励效果更好。中小型企业认为高新技术企业15%税收优惠政策实施后企业品牌影响力"明显提升了"的样本比例远高于大型企业。

分是否获得创新补助来看，高新技术企业15%税收优惠对享受政府创新补助的企业的品牌影响力提升的激励效果更好。享受政府创新补助的企业认为高新技术企业15%税收优惠政策实施后企业品牌影响力"明显提升了"的样本比例远高于未享受政府创新补助的企业；未享受政府创新补助的企业认为高新技术企业15%税收优惠政策实施后企业品牌影响力"基本没有变化""有所下降但不明显"或者"明显下降了"的样本比例均高于享受政府创新补助的企业（见表5－11）。

表5-11　　高新技术企业15%税收优惠政策对企业品牌影响力提升

支持效果的问卷调查结果　　　　单位：%

样本		明显提升了	有所提升但不明显	基本没有变化	有所下降但不明显	明显下降了
全样本		40.93	35.91	21.24	1.16	0.77
不同所有制	国有企业	40.41	33.16	23.83	1.55	1.04
	非国有企业	42.42	43.94	13.64	0.00	0.00
不同资本市场	上市企业	60.78	25.49	13.73	0.00	0.00
	非上市企业	36.06	38.46	23.08	1.44	0.96
不同地区	东部地区	49.84	37.35	11.05	1.75	0.00
	中部地区	47.30	32.43	20.27	0.00	0.00
	西部地区	41.46	41.46	14.63	0.00	2.44
	东北地区	30.00	30.00	33.33	3.33	3.33
不同规模	大型企业	35.00	46.25	17.50	0.00	1.25
	中型企业	40.38	36.00	25.54	3.08	0.00
	小型企业	52.86	28.57	18.57	0.00	0.00
不同政府补助力度	未享受政府创新补助	31.72	36.55	28.97	1.38	1.38
	享受政府创新补助	52.63	35.09	11.40	0.88	0.00

2. 高新技术企业15%税收优惠对企业所在产业链位置提升的支持效果

从全样本来看，高新技术企业15%税收优惠政策实施后，企业所处产业链位置并没有显著提升。其中，认为高新技术企业15%税收优惠政策实施后企业所处产业链位置"基本没有变化""有所下降但不明显"或者"明显下降"的企业占比达到65.25%，只有21.62%的企业认为高新技术企业15%税收优惠政策实施后，企业所处产业链位置显著提升了。

分不同所有制来看，高新技术企业15%税收优惠对非国有企业所处产业链位置提升的激励效果更好。非国有企业认为高新技术企业15%税收优惠政策实施后企业所处产业链位置"明显提升了"和"有所提升但不明显"的样本比例均高于国有企业，国有企业认为高新技术企业15%税收优惠政策实施后企业所处产业链位置"基本没有变化""有所下降但不明显"或者"明显下降了"的样本比例均高于非国有企业。但总体来看，样本企业主要认为高新技术企业15%税收优惠政策实施后企业所处产业链位置"基本没有变化"。

分是否上市来看，高新技术企业15%税收优惠对上市企业所处产业链位置提升的激励效果更好。上市企业认为高新技术企业15%税收优惠政策实施后企业所处产业链位置"明显提升了"和"有所提升但不明显"的样本比例均高于非上市企业，非上市企业认为高新技术企业15%税收优惠政策实施后企业所处产业链位置"基本没有变化""有所下降但不明显"或者"明显下降了"的样本比例均高于上市企业。但总体来看，样本企业主要认为高新技术企业15%税收优惠政策实施后企业所处产业链位置"基本没有变化"。

分不同区域来看，高新技术企业15%税收优惠对处于东部地区的企业所处产业链位置提升的激励效果更好。处于东部地区的企业认为高新技术企业15%税收优惠政策实施后企业所处产业链位置"明显提升了"的样本比例均高于处于中部、西部和东北地区的企业，处于中部、西部和东北地区的企业认为高新技术企业15%税收优惠政策实施后企业所处产业链位置"基本没有变化""有所下降但不明显"或者"明显下降了"的样本比例均高于东部地区的企业。但总体来看，样本企业主要认为高新技术企业15%税收优惠政策实施后企业所处产业链位置"基本没有变化"。

分不同规模来看，高新技术企业15%税收优惠对处于中小型企业所处产业链位置提升的激励效果更好。中小型企业认为高新技术企业15%税收优惠政策实施后企业所处产业链位置"明显提升了"的样本比例均高于大型企业；大型企业认为高新技术企业15%税收优惠政策实施后企业所处产业链位置"基本没有变化""有所下降但不明显"或者"明显下降了"的样本比例高于中小型企业。

分是否获得创新补助来看，高新技术企业15%税收优惠对未享受政府补助的企业所处产业链位置提升的激励效果更好。未享受政府补助的企业认为高新技术企业15%税收优惠政策实施后企业所处产业链位置"明显提升了"和"有所提升但不明显"的样本比例均高于享受政府补助的企业，享受政府补助的企业认为高新技术企业15%税收优惠政策实施后企业所处产业链位置"基本没有变化""有所下降但不明显"或者"明显下降了"的样本比例高于未享受政府补助的企业。但总体来看,样本企业主要认为高新技术企业 15% 税收优惠政策实施后企业所处产业链位置"有所提升但不明显"或者"基本没有变化"(见表 5 – 12)。

表 5 – 12 高新技术企业 15% 税收优惠政策对企业产业链位置提升
支持效果的问卷调查结果 单位: %

	样本	明显提升了	有所提升但不明显	基本没有变化	有所下降但不明显	明显下降了
	全样本	21.62	13.13	45.17	15.06	5.02
不同所有制	国有企业	18.93	11.27	49.17	17.07	3.55
	非国有企业	25.91	17.94	40.15	10.00	6.00
不同资本市场	上市企业	24.02	21.14	42.84	10.00	2.00
	非上市企业	16.94	10.12	47.67	18.92	6.44
不同地区	东部地区	35.06	15.61	37.54	11.75	0.00
	中部地区	24.59	10.78	42.27	20.35	2.00
	西部地区	13.90	13.59	44.63	20.00	7.88
	东北地区	10.00	10.33	50.00	26.33	3.33
不同规模	大型企业	17.25	23.75	49.00	10.00	0.00
	中型企业	20.00	13.85	48.46	16.15	1.54
	小型企业	25.71	20.00	32.86	15.00	6.43
不同政府补助力度	未享受政府创新补助	29.12	14.60	40.53	10.88	4.88
	享受政府创新补助	20.48	12.93	48.14	12.07	6.38

综上所述,我们可以得到与第四章相对一致的结论,即:第一,从创新决策的支持效果来看,高新技术企业 15% 税收优惠能够显著提升企业开展技术创新活动的意愿,同时会促进企业开展合作性技术创新活动,但是并没有显著提升企业开展突破性创新的意愿。第二,从市场认可支持效果来看,高新技术企业 15% 税收优惠能够显著提升企业技术创新被消费者市场和资

本市场认可的程度，但是并未显著提升被技术市场认可的程度。第三，从竞争力提升效果来看，高新技术企业 15% 税收优惠能够显著提升企业品牌影响力，但对企业所处产业链位置没有显著提升作用。第四，高新技术企业 15% 税收优惠对企业技术创新的支持效果在不同的所有制、不同地区、不同规模和不同政府补助力度下有异质性。

第三节　结合访谈得到的其他几个结论

除了通过问卷结果观察高新技术企业 15% 税收优惠支持企业技术创新的效果以外，结合访谈还可以得到以下几个结论。

一、税收优惠是企业决定是否开展技术创新活动的重要因素

不论是问卷调查结果，还是访谈结果，都可以得到一个结论，就是高新技术企业 15% 税收优惠是企业决定是否开展技术创新活动的重要因素。如企业 A 负责人提到，在当前这种形势下，美国等国家一直在对我国企业的技术进口进行限制，我们如果再不进行技术创新，在不久的将来肯定会被淘汰。近几年被市场淘汰的企业不在少数，企业要想在现在的背景下继续生存下去，必须要拥有自己的核心技术。很多创新型企业其实很多也没有形成具有市场竞争力的核心技术，给予企业税收优惠是激发企业进行技术创新的必要措施，也是未来我国企业与国际企业竞争的必要条件。企业 B 负责人提到，技术创新本身是一项投入成本高、周期长、风险大的工作，在实现高新技术企业认定之前，受制于企业盈利水平，企业尤其是中小微企业自身开展技术创新的积极性并不高，高新技术企业 15% 税收优惠，在原来的基础上降低了 40% 的税收，这对于企业来说是一笔不小的收入，确实能够提高企业在技术创新方面的投入。企业 C 负责人提到，自从实现高新技术企业认定以来，能够切实感受到企业对技术创新的重视，而且高新技术企业认定给企业带来了一种声誉效应，提高了企业融资能力，同时为企业带来了市场宣传效应。这都能够提高企业进行技术创新研发的积极性。地区 A 和地区 B 的税务局和财政局高新技术企业 15% 税收优惠政策的相关负责人也表示，相对于高新技术企业数量较少的地区，高新技术企业数量较多的地区的企业

研发投入、专利申请数量、技术许可等科技创新指标明显要高。综上所述，高新技术企业 15% 税收优惠能够提高企业开展技术创新的积极性，是企业开展技术创新的主要影响因素。

二、相比于 15% 税收优惠，企业更喜欢研发加计扣除政策

通过访谈可以发现，虽然高新技术企业 15% 税收优惠的力度很大，但是相比于加计扣除政策，高新技术企业 15% 税收优惠的享受难度更大，而且有严格的行业限制。如企业 A 负责人提出，高新技术企业 15% 税收优惠有严格的 8 大行业限制，这对那些技术创新水平很高但是不属于规定行业的企业并不公平。研发加计扣除具有一定的普惠性，申请程序也没有那么复杂，对于企业进行研发投入具有明显的促进作用，但是相比于国外 200% 甚至 300% 的加计扣除比例，我国 175% 的比例还有进一步提升的空间。高新技术企业认定机构 C 部门负责人提出，高新技术企业 15% 税收优惠确实给企业带来了很好的利益。但是要想享受这项税收优惠政策，程序很复杂，需要准备的材料也很多，很多企业申请到一半就放弃了。一方面，税收优惠的部分指标比如研发人员数量、高新技术产品等都无法在短期内达到标准。另一方面，近年来对于高新技术企业的评审越来越严格，除了材料检查，还在不断探索实地检查的方式，企业要实现高新技术企业认定的难度越来越高。高新技术企业认定机构 B 部门负责人也提出，在高新技术企业认定中企业一般存在未设置研发支出科目，未按研发项目归集研发费用，专利不够或者专利技术和高新技术产品、研发项目技术关联度不高，科技人员指标达不到等问题，这些问题都限制了企业进行高新技术企业认定的积极性。

三、企业为了享受税收优惠而产生政策迎合行为的不在少数

首先，根据问卷问题 2.5 得到的结果，高新技术企业 15% 税收优惠实施后，有 60.23% 的企业更愿意选择实用新型专利，只有 35.14% 的企业更愿意选择发明专利。这也体现了企业在创新过程中的一种迎合行为。一方面，高新技术企业认定需要企业具有一定数量的专利，相对于发明专利，实用新型专利的购买或申请成本更低。但另一方面，实用新型专利的技术含量远低于发明专利。企业选择实用新型专利而不是发明专利是一种策略性创新

的表现（见图 5 - 8）。

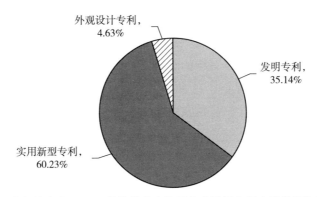

图 5 - 8　高新技术企业 15% 税收优惠实施后企业进行专利申请的倾向问卷结果

其次，根据问卷问题 3.4 得到的结果，认为高新技术企业认定中企业发生迎合政策行为的现象不多或者没有的企业只有 45 家，占样本企业的 90% 以上的企业认为高新技术企业认定中企业发生迎合政策行为的现象非常多、较多或者一般（见图 5 - 9）。

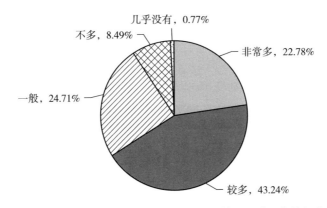

图 5 - 9　高新技术企业认定中企业发生迎合政策行为的现象的问卷结果

最后，通过访谈发现，为了享受高新技术企业 15% 税收优惠而产生政策迎合行为的企业不在少数。如高新技术企业认定机构 A 负责人提出，企业为了实现高新技术企业认定会找中介机构购买专利，进行相关指标包装、材料整理等。地区 C 科技局高新技术企业 15% 税收优惠政策的相关负责人提出，近年来，随着监管的不断加强，高新技术企业的真实性和规范性越来越强，但在利益诱惑面前，为了享受高新技术企业 15% 税收优惠进行造假的企业仍不在少数。一些不符合条件的企业（甚至空壳企业）在一些中介机构的运作下硬是包装成了合格的高新技术企业。在对高新技术企业进行后续监管的过程中，也发现企业有为了享受税收优惠临时增加研发投入的行为，也有的企业只享受了一次税收优惠就不再继续申报。

四、在高新技术企业认定中政府有时比企业更积极

近年来，创新驱动发展在地方政府政绩考核中的比重不断加大，为了提升本地区政府政绩，不少地方政府会临时上马高新技术企业支持项目，大力宣传高新技术企业认定，并积极推动高新技术企业认定工作。值得注意的是，由于政绩考核和政府间竞争的压力产生的焦虑，不少地方政府为了提升自身政绩，在每年的各类排行榜中表现得更好些，而对高新技术企业认定监管"放水"，甚至直接下达高新技术企业数量指标任务，这也是近年来伪高新技术企业层出不穷的一个主要因素。3 家被访谈企业均提出，在高新技术企业认定过程中，地方政府也会给予大量的支持，包括在认定政策宣传与解释、后续资料整理等方面会主动给予指导。高新技术企业认定机构 B 部门负责人提出，在高新技术企业认定过程中政府有时比企业更积极，这可能是因为政府自身有政绩考核的原因。高新技术企业认定机构 C 部门负责人提出，国家目前大力推进高新技术企业申请，各地区政府对当地高新技术企业申报工作相对比较积极。三个不同地区相关部门负责人均提出高新技术企业 15% 税收优惠高新技术企业数量和税收优惠执行情况已经成为或逐步成为本部门和地方政府绩效考核的重要组成部分，尤其是高新技术企业后续的研发投入、专利申请、核心技术等指标都是地方科技创新成效的体现。不少地区建立了高新技术企业库，并配套了大量财政资金，只要进入企业库就可以享受相应的奖励和补贴，实现了高新技术企业认定后不仅给予税收优惠，也会给予大量奖励和补贴。

五、企业为了享受税收优惠付出的成本远低于所获得的收益

企业进行高新技术企业认定的成本远低于企业通过税收优惠可以获得的

利益。比如高新技术企业认定机构 C 部门负责人提出，大部分企业选择购买实用新型专利，不同的领域，价格也不一样。一般授权未交费的发明专利每项 3 万元左右，实用新型专利每项 4000 元左右。地区 C 科技局高新技术企业 15% 税收优惠政策的相关负责人提出，高新技术企业认定不仅可以给企业带来 40% 税收优惠，高新技术企业的牌子还可以给企业带来股价的提升，市场销售和宣传也会有所提升，同时还有利于企业在金融市场上进行融资。这些收益远高于企业进行高新技术企业认定申请的成本。

六、高新技术企业 15% 税收优惠政策仍需进一步完善

虽然高新技术企业 15% 税收优惠取得了一定成效，但也同样面临一些问题。根据问卷结果也可以发现目前高新技术企业 15% 税收优惠存在政策宣传不到位、评价指标不合理等问题。在问卷的最后一部分，被调查者也特别提出了一些建议。结合访谈结论，共包括以下几个方面：第一，进一步简化申报材料。第二，进一步加大优惠力度，实施更优惠的创新人才政策，将更多的行业纳入优惠范围。第三，加大对关键技术产业的支持力度，注重产业转化实际效果，对有技术创新成果的企业给予进一步的补贴奖励等优惠政策，对没有创新成果的企业减少优惠政策。第四，加大后期监督管理力度，对企业进行详细尽职调查和研究，实行年度考核和分级评定，落实基层执行力度。第五，加大宣传和培训力度，定期召开企业代表人税收政策解读和宣传会议。

第四节　几点启示

基于以上分析，本章提出了关于税收优惠支持企业技术创新的几点启示，以期为下一步的政策优化提供参考。

一、税收优惠支持企业技术创新应注意企业行为

通过问卷调查和访谈结果，可以发现高新技术企业 15% 税收优惠政策实施过程中有不少企业存在政策迎合行为。这种迎合行为是一种策略性反应，是企业为了享受到税收优惠而产生的包装或造假行为，不利于企业

真正创新，也不利于税收优惠政策效果的实现。一方面，这取决于税收优惠给企业带来的巨大收益远高于付出的成本。另一方面，目前大部分税收优惠采用选择性支持，设置了固定的指标门槛，导致企业容易对相关指标进行操纵。满足门槛要求却没有创新行为的企业比比皆是。因此，实施税收优惠政策要注意企业行为，要对企业迎合行为进行判断、识别、处理和预防。

二、税收优惠支持企业技术创新应注意企业自身性质和外部制度环境

不论是采用实证分析方法还是问卷调查方法，都可以发现高新技术企业 15% 税收优惠支持企业技术创新的效果不仅与企业自身性质包括所有制、规模、上市板块、所处生命周期、所处行业等，还与企业所处外部环境包括政府干预情况、政府间创新竞争情况、知识产权保护情况、税收征管情况等息息相关。也就是说，税收优惠政策存在有效的边界，即政策的有效实施需要一定的外部条件。比如，目前高新技术企业 15% 税收优惠在部分地区实施效果并不好，这与该地区政府干预程度、知识产权保护程度等制度环境有很大关系，在政府干预程度较强、知识产权保护程度较弱的条件下，即使给予企业再多的税收优惠也无法提高企业技术创新积极性，更无法提高企业技术创新绩效。因此，要想提高税收优惠支持企业技术创新的效果，首先要优化外部环境，减少政府干预，提高知识产权保护程度，积极向周围地区学习，给予企业一个公平竞争的创新环境，这样才能够发挥好税收优惠政策的作用。同时，要注意企业自身性质，因材施策。

三、税收优惠支持企业技术创新应注意区分创新积极性和创新绩效

高新技术企业 15% 税收优惠的目的在于激发企业技术创新积极性，提高企业技术创新绩效，但是根本目的还是提高企业技术创新绩效。首先，创新积极性不仅在于提高研发投入，更多的是进行研发创新的组织模式。目前来看，关于高新技术企业 15% 税收优惠对企业技术创新影响的相关研究主要集中在税收优惠政策实施后企业进行创新投入的积极性是否有所提升等方

面，对税收优惠政策实施后企业开展突破性技术创新的积极性是否有所提升、企业开展合作创新的积极性是否有所提升等方面的关注相对缺乏。其次，企业技术创新绩效包括企业技术创新被市场认可的绩效以及企业自身竞争力提升的绩效，这也是税收优惠支持企业技术创新需要关注的结果。如果给予企业大量税收优惠，企业虽然进行了相应的研发投入，但并没有取得相应的能够被市场认可的技术成果，同时企业自身竞争力也没有提升，那么这种税收优惠其实只是一种变相的资源转移，并没有实现资源的优化配置，实际上是一种财政资金浪费。因此，支持企业技术创新的核心在于取得创新绩效，在进行政策评估时要区分该政策是仅仅提升了企业技术创新积极性，还是同时提升了企业技术创新积极性和创新绩效。

四、税收优惠支持企业技术创新应注意政府在政绩化导向下产生的视结果为目标的行为

近年来，创新竞争已经成为目前地方政府间竞争的主要内容，辖区内企业的创新发展成效成为地方政府科技创新政绩的重点。同时，以资质认定为前提的高新技术企业15%税收优惠具体认定工作由地方自己进行，自由裁量空间较大，而且可以提高本地创新数量成绩。在不正当政绩观的作用下，个别政府官员甚至主动去扭曲创新指标，对不符合认定资质的企业选择"睁一只眼闭一只眼"，将本来不合格的企业也纳入税收优惠范围。事实上，企业是不是属于创新型企业是由市场决定的，不是政府通过设定一套固定的指标认定出来的。对一国发展非常重要的原始创新，也难以用确定的指标说清楚，下达指标、设定标准更多的是政府急于求成的表现。有多少家企业成长壮大，是对政策实施效果优劣的一个评判，直接把这种结果当作政策目标进行指标化的创新认定只会使企业产生政策迎合行为。政府支持科技创新的关键不是出台多少优惠政策，而是要改变由政府来界定"创新型企业"的政策思维，减少指标化的主观认定方式，把资源配置的决定权交给市场，赋予市场更加公平的竞争机会、营造更加有利于公平竞争的创新环境，推动主体特惠政策向行为普惠政策转变，让有创新意愿、有创新行为的企业可以在同等条件下公平竞争。

第五节　本章小结

　　本章是对前一章的补充，对采用公开数据的实证结果基于问卷和访谈进行了进一步验证，提升了本书研究结论的准确性。本章还得到了以下几个命题：高新技术企业 15% 税收优惠是企业决定是否开展技术创新活动的重要因素；企业为了享受高新技术企业 15% 税收优惠而产生政策迎合行为的不在少数；在高新技术企业认定中政府有时比企业更积极；企业为了享受高新技术企业 15% 税收优惠付出的成本远低于所获得的收益；高新技术企业 15% 税收优惠政策仍需进一步完善。对此，本章得到了几点启示，包括：税收优惠支持企业技术创新要注意企业行为；税收优惠支持企业技术创新要注意企业自身性质和外部制度环境；税收优惠支持企业技术创新要注意区分创新积极性和创新绩效；政绩化导向下高新技术企业容易导致视结果为目标。

第六章

政策效果产生的原因分析：
中介效应检验

通过对税收优惠支持企业技术创新的效果进行实证分析和问卷访谈，可以发现税收优惠对企业技术创新决策、被市场认可和竞争力提升的影响效果均不同，为了进一步探究税收优惠对不同企业技术创新效果的影响机制，本章结合第二章影响机制的理论分析，构建了三步回归法中介效应模型，分别从有促进效应和没有促进效应两个方面进行了机制检验和分析，并分别采用更换中介变量和更换估计方法对研究结论进行了稳健性检验。

第一节　研究设计

一、样本选择

本章的样本数据主要来自第四章所使用的 2211 家上市公司，同时结合第五章问卷访谈结果选择中介变量并对中介变量的影响机制进行分析。

二、模型设计

为了研究各中介变量影响高新技术企业 15% 税收优惠激励企业技术创新的机制，本章借鉴巴龙和肯尼（Baron and Kenny，1986）的三步回归法进行检验。第一步检验中介变量对企业技术创新效果的影响，第二步检验高新技术企业 15% 税收优惠对企业技术创新效果的影响，第三步控制中介变量，检验高新技术企业 15% 税收优惠对企业技术创新效果的影响。如果在中介变量的系数值显著，高新技术企业 15% 税收优惠对企业技术创新效果的影响变小但显著（和第二步的结果比较），那么中介变量在高新技术企业 15% 税收优惠激励企业技术创新中具有部分中介作用；如果高新技术企业 15% 税收优惠对企业技术创新效果的影响未通过显著性检验，那么中介变量在税收选择性激励企业技术创新中具有完全中介作用。针对各中介变量在高新技术企业 15% 税收优惠影响企业技术创新中的中介作用，构建下列模型：

$$CX_{mt}^i = a_0 + a_1 \times CY_t^i + \varepsilon_{1t}^i \qquad (6-1)$$

$$ZJ_{mt}^i = b_0 + b_1 \times CY_t^i + \varepsilon_{2t}^i \qquad (6-2)$$

$$CX_{mt}^i = c_0 + c_1 \times CY_t^i + c_2 \times ZJ_{mt}^i + \varepsilon_{3t}^i \qquad (6-3)$$

其中，CX_m 表示企业技术创新变量，$m = 1，2，3，\cdots，8$。ZJ_m 表示对应的中介变量，CY 表示高新技术税收优惠，t 代表年份，i 代表企业，ε_{1t}^i、ε_{2t}^i 和 ε_{3t}^i 为随机扰动项且服从均值为零、方差有限的正态分布。式（6-1）表示高新技术企业 15% 税收优惠对企业技术创新影响的总效应，系数 a_1 衡量总效应的大小；式（6-2）表示高新技术企业 15% 税收优惠对中介变量的影响效应，若系数 b_1 为正，则证明高新技术企业 15% 税收优惠对中介变量有促进效应；式（6-3）中 c_1 衡量的是高新技术企业 15% 税收优惠对企业技术创新的直接影响水平。如果将式（6-2）代入式（6-3）中可以得到：

$$CX_{mt}^i = (c_0 + c_2 \times b_0) + (c_1 + c_2 \times b_1) \times CY_t^i + \varepsilon_{4t}^i \qquad (6-4)$$

其中，系数 $c_2 b_1$ 度量的是高新技术企业 15% 税收优惠通过中介变量影响企业技术创新的程度。

三、中介变量说明

（一）融资约束的倒数

为了解释税收优惠对企业决定开展技术创新活动的促进作用，引入融资约束的倒数作为中介变量进行分析，对应的是第二章的成本效应。资金问题是技术创新活动面临的主要问题，在以获取更多盈利为目的的企业中更是如此。高新技术企业 15% 税收优惠，给企业带来了现金流，降低了企业研发成本，从而提高了企业开展创新活动的积极性。本章选择融资约束的倒数作为中介变量，记为 SA。融资约束的倒数越大，表明企业面临的融资约束越小，进行研发的资金约束也越小。融资约束程度根据哈德洛克和皮尔斯（Hadlock and Pierce，2010）模型计算的 SA 指数衡量。指数越大，融资约束程度越严重。访谈中，有企业也提出税收优惠可以降低企业创新成本，缓解企业融资约束，进而提高企业开展技术创新活动的积极性。

（二）是否进行产学研合作

为了解释税收优惠对企业决定开展合作性技术创新活动的促进作用，引入是否进行产学研合作作为中介变量进行分析，对应的是第二章的外部搜寻效应。为了继续享受税收优惠，企业会倾向于通过外部知识搜寻，通过互动获取创新知识，以克服本地搜寻的局限，从而获取更多的创新资源，提高创新绩效（刘力钢和孟伟，2016）。比如访谈中有企业表达出为了继续享受高新技术企业 15% 税收优惠政策，需要保持一定数量的专利，在不要求必须自己研发的情况下，会倾向于选择委托其他机构研发或者和其他企业共同研发或者直接从其他机构购买的方式获取专利。本章选择是否与包括企业、科研院所、高校等在内的其他机构有合作作为外部知识搜寻的替代变量，记为 HZ，主要通过爬取企业年报关键词的方式获取。

（三）股票价格增长率

为了解释高新技术企业 15% 税收优惠对企业技术创新被消费者市场认可、被资本市场认可和品牌影响力三个方面的促进作用，本章采用股票价格增长率作为中介变量进行分析，记为 GJ。对应的是第二章的标签效应、认证效应和信号效应。基于信号理论，高新技术企业 15% 税收优惠能够将企业的利好信息传递给消费者和外部投资者，有利于促进消费者和资本金融市场对企业技术创新的资金投入和关注，从而提高企业被消费者市场和资本市场认可的程度，并有利于扩大企业的品牌影响力。

（四）政企策略性反应

为了解释高新技术企业 15% 税收优惠为什么不能促进企业开展突破性创新、为什么不能提高企业技术创新被技术市场认可的程度以及为什么不能提高企业所处产业链位置三个问题，本章主要从税收优惠实施过程中政府和企业策略性反应的视角进行分析，涉及政府和企业两个主体的策略性反应，对应的是第二章节的维持效应、迎合效应和不可持续效应。

首先是政府策略性反应的识别与变量界定。政府在实施选择性税收激励政策时是否放松监管并不容易识别，但是我们可以从高新技术企业认定工作网中各地区被撤销的高新技术企业数量占本地区高新技术企业数量的比例来代表，记为 FJ。其次是企业策略性反应的识别与变量界定。考虑到本章使用的高新技术企业认定的两大指标，即研发投入和知识产权数量，本章企业政策迎合行为的识别也主要考察这两个指标。一是研发投入。根据《高新技术企业认定管理办法》，对企业研发投入的时间范围要求界定在近 3 个会计年度。那么如果企业在认定前 3 年开始突然大幅度增加研发投入，则该企业有可能存在政策迎合行为。因此，企业被认定为高新技术企业之前 3 年的研发投入增加幅度（ZD）可以作为企业在享受税收选择性激励时产生的政策迎合行为的替代变量，增加幅度越高，迎合程度越大。二是知识产权数量。《高新技术企业认定管理办法》中关于知识产权的要求主要集中在专利数量方面，而且并没有要求企业必须自行研发，很多企业为了实现认定采用了外购专利的做法。企业外购的知识产权占比越高，则该企业越有可能存在政策迎合行为。因此，企业外购无形资产的比例（BW）可以作为企业在享受税收选择性激励时产生的政策迎合行为的替代变量，外购比例越高，迎合程度越大。为了便于实证，本章分别对这两个替代变量赋予 0.5 的权重，最后得到企业在享受税收选择性激励时产生的政策迎合行为的替代变量。记为 $YH = 0.5 \times ZD + 0.5 \times BW$。考虑到企业的策略性反应更具有主动性，分别对政府策略性反应和企业策略性反应变量赋予 0.4 和 0.6 的权重，加权后计算得出政企策略性反应变量 $CL = 0.4 \times FJ + 0.6 \times YH$（见表 6-1）。

表6-1 　　　　　　　　　　　　**变量定义与说明**

	因变量	中介机制	中介变量名称	变量定义	变量符号与单位	数据来源
促进效应	是否开展创新（创新意愿）	成本效应	融资约束	融资约束指数 SA 的倒数	SA/ -	国泰安数据库
	和谁开展创新（创新方式）	外部搜寻效应	是否开展产学研合作	是否与包括企业、科研院所、高校等在内的其他机构有合作	HZ/ -	年报爬虫
	被消费者市场认可	标签效应	股票价格增长率	企业当年股价平均值比上年增长的比例	GJ/%	国泰安数据库
	被资本市场认可	认证效应				
	品牌影响力	信号效应				
非促进效应	开展何种创新（创新方向）	维持效应	政企策略性反应	政府的策略性反应和企业的策略性反应的加权	CL/ -	高新技术企业认定工作网、国泰安数据库、年报爬虫
	被技术市场认可	迎合效应				
	产业链位置	不可持续效应				

第二节　有促进效应的机制检验

一、成本效应检验

本章认为，高新技术企业15%税收优惠对企业是否开展技术创新活动的影响主要是通过降低企业成本从而激发企业技术创新积极性来实现。从中介效应检验结果来看，高新技术企业15%税收优惠对企业研发投入强度的影响系数在1%的水平上显著为正，为1.2043，又一次证明了高新技术企业15%税收优惠对企业开展技术创新活动的促进效应；高新技术企业15%税收优惠对中介变量融资约束的倒数的估计系数在1%的水平上显著为正，为0.3887，说明高新技术企业15%税收优惠确实减弱了企业的融资约束；中介变量融资约束的倒数对企业是否开展技术创新活动的影响系数 c_2b_1 为0.2010，在1%的水平上显著为正，且高新技术企业15%

税收优惠对企业研发投入强度的影响系数比不考虑中介变量时的系数下降了 0.7141，也就是说融资约束的倒数在高新技术企业 15% 税收优惠影响企业是否开展技术创新活动中有部分中介效应，即高新技术企业 15% 税收优惠会由于企业融资约束程度的下降导致企业开展技术创新活动的意愿上升（见表 6 - 2）。

表 6 - 2   融资约束对高新技术企业 15% 税收优惠影响企业是否开展
技术创新活动的中介效应检验

解释变量	被解释变量 RD	被解释变量 SA	被解释变量 RD
CY	1.2043	0.3887	0.4902
	7.43 ***	6.04 ***	8.07 ***
FJ	—	—	0.2010
			10.35 ***
F 值	50.33	60.34	66.42
观测值	17688		

二、外部搜寻效应检验

本章认为，高新技术企业 15% 税收优惠对企业是否开展合作创新主要通过外部知识搜寻即产学研合作来实现，有产学研合作的企业开展合作创新的积极性也更高。从中介效应检验结果来看，高新技术企业 15% 税收优惠对企业委托外单位开展研发活动程度的影响系数在 1% 的水平上显著为正，为 3.0102，又一次证明了高新技术企业 15% 税收优惠对企业开展合作创新的促进效应；高新技术企业 15% 税收优惠对中介变量是否开展产学研合作的估计系数在 1% 的水平上显著为正，为 0.4011，说明高新技术企业 15% 税收优惠确实促进了产学研合作；中介变量是否开展产学研合作对企业是否开展合作创新的影响系数 $c_2 b_1$ 为 0.3723，在 1% 的水平上显著为正，且高新技术企业 15% 税收优惠对企业开展合作创新的影响系数比不考虑中介变量时的系数下降了 1.6150，也就是说，是否开展产学研合作在高新技术企业 15% 税收优惠影响企业是否开展合作创新中有部分中介效应，即高新技术企业 15% 税收优惠会由于企业产学研合作的增加导致企业开展合作创新的意愿上升（见表6-3）。

表6-3 外部知识搜寻对高新技术企业15%税收优惠影响企业和谁开展
创新活动的中介效应检验

解释变量	被解释变量 WB	被解释变量 HZ	被解释变量 WB
CY	3.0102	0.4011	1.3952
	8.00***	5.43***	4.03***
FJ	—	—	0.3723
			4.33***
F 值	70.34	74.67	77.46
观测值		17688	

三、标签效应检验

本章认为，高新技术企业15%税收优惠对企业技术创新被消费者市场认可主要通过股价的增长来表现，也就是说高新技术企业15%税收优惠自带的"高新"标签会带来股价的快速增长，从而提高消费者对其产品的认可。从中介效应检验结果来看，高新技术企业15%税收优惠对企业技术创新被消费者市场认可程度的影响系数在1%的水平上显著为正，为1.9209，又一次证明了高新技术企业15%税收优惠对企业技术创新被消费者市场认可的促进效应；高新技术企业15%税收优惠对中介变量股价增长率的估计系数在1%的水平上显著为正，为0.3121，说明高新技术企业15%税收优惠确实促进了产学研合作；中介变量股价增长率对企业技术创新被消费者市场认可的影响系数 $c_2 b_1$ 为0.1189，在1%的水平上显著为正，且高新技术企业15%税收优惠对企业技术创新被消费者市场认可的影响系数比不考虑中介变量时的系数下降了0.8201，也就是说，股价增长率在高新技术企业15%税收优惠影响企业技术创新被消费者市场认可中有部分中介效应，即高新技术企业15%税收优惠会由于企业股票价格的快速增长导致企业技术创新被消费者市场认可的程度上升（见表6-4）。

表 6 – 4   股票价格增长对高新技术企业 15% 税收优惠影响企业技术创新
被消费者市场认可的中介效应检验

解释变量	被解释变量 XF	被解释变量 GJ	被解释变量 XF
CY	1.9209	0.3121	1.1008
	5.90 ***	4.93 ***	5.84 ***
FJ	—	—	0.1189
			12.45 ***
F 值	80.43	85.78	89.06
观测值	17688		

四、认证效应检验

本章认为，高新技术企业 15% 税收优惠对企业被资本市场认可主要通过股价的增长来表现，也就是说高新技术企业 15% 税收优惠对企业的认证效应会带来股价的快速增长，从而提高资本对其产品的认可。从中介效应检验结果来看，高新技术企业 15% 税收优惠对企业技术创新被资本市场认可程度的影响系数在 1% 的水平上显著为正，为 3.0111，又一次证明了高新技术企业 15% 税收优惠对企业技术创新被资本市场认可的促进效应；高新技术企业 15% 税收优惠对中介变量股价增长率的估计系数在 1% 的水平上显著为正，为 0.8903，说明高新技术企业 15% 税收优惠确实促进了产学研合作；中介变量股价增长率对企业技术创新被资本市场认可的影响系数 $c_2 b_1$ 为 0.4973，在 1% 的水平上显著为正，且高新技术企业 15% 税收优惠对企业技术创新被资本市场认可的影响系数比不考虑中介变量时的系数下降了 0.8067，也就是说股价增长率在高新技术企业 15% 税收优惠影响企业技术创新被资本市场认可中有部分中介效应，即高新技术企业 15% 税收优惠会由于企业股票价格的快速增长导致企业技术创新被资本市场认可的程度上升（见表 6 – 5）。

表 6－5 　股票价格增长对高新技术企业 15%税收优惠影响企业技术创新
被资本市场认可的中介效应检验

解释变量	被解释变量 ZB	被解释变量 GJ	被解释变量 ZB
CY	3.0111	0.8903	2.2014
	5.98 ***	7.64 ***	5.19 ***
FJ	—	—	0.4973
F 值	56.43	60.22	62.45
观测值		17688	

五、信号效应检验

本章认为，高新技术企业 15%税收优惠对企业品牌影响力主要通过
股价的增长来表现，也就是说高新技术企业 15%税收优惠传递的信号效
应会带来股价的快速增长，从而提高企业的品牌影响力。从中介效应检验
结果来看，高新技术企业 15%税收优惠对企业品牌影响力程度的影响系
数在 1%的水平上显著为正，为 65.4332，又一次证明了高新技术企业
15%税收优惠对企业品牌影响力的促进效应；高新技术企业 15%税收优
惠对中介变量股价增长率的估计系数在 1%的水平上显著为正，为
1.0234，说明高新技术企业 15%税收优惠确实提高了企业开展产学研合
作的意愿；中介变量股价增长率对企业品牌影响力的影响系数 c_2b_1 为
0.4114，在 1%的水平上显著为正，且高新技术企业 15%税收优惠对企业
品牌影响力的影响系数比不考虑中介变量时的系数下降了 12.2111，也就
是说股价增长率在高新技术企业 15%税收优惠影响企业品牌影响力中有
部分中介效应，即高新技术企业 15%税收优惠会通过企业股票价格上涨
提升企业品牌影响力（见表 6－6）。

表 6－6 　股票价格增长对高新技术企业 15%税收优惠影响企业品牌
影响力的中介效应检验

解释变量	被解释变量 PY	被解释变量 GJ	被解释变量 PY
CY	65.4332	1.0234	53.2221
	9.33 ***	8.32 ***	7.33 ***

解释变量	被解释变量 PY	被解释变量 GJ	被解释变量 PY
FJ	—	—	0.4114
			3.99 ***
F 值	78.45	83.44	87.53
观测值	17688		

第三节　没有促进效应的机制检验

一、维持效应检验

本章认为，高新技术企业 15% 税收优惠没有促进企业开展突破性创新主要是由于税收优惠政策实施过程中政企策略性反应导致的，也就是说高新技术企业 15% 税收优惠会导致政府为了自身创新绩效产生放松监管的策略性行为，企业为了享受税收优惠产生政策迎合式创新的策略性行为，这两种行为都不利于企业开展突破性创新。从中介效应检验结果来看，高新技术企业 15% 税收优惠对企业开展突破性创新的影响系数为 3.2091 但并不显著，又一次证明了高新技术企业 15% 税收优惠对企业开展突破性创新并没有显著促进效应；高新技术企业 15% 税收优惠对中介变量政企策略性反应的估计系数在 1% 的水平上显著为正，为 0.5930，说明高新技术企业 15% 税收优惠确实促进了政企策略性反应的产生；中介变量政企策略性反应对企业开展突破性创新的影响系数 $c_2 b_1$ 为 -0.2798，在 1% 的水平上显著为负，且高新技术企业 15% 税收优惠对企业开展突破性创新的影响系数比不考虑中介变量时的系数下降了 1.3160，也就是说政企策略性反应在高新技术企业 15% 税收优惠影响企业开展突破性创新中有部分中介效应，即高新技术企业 15% 税收优惠会由于政企策略性反应的出现导致企业开展突破性创新的意愿下降（见表 6-7）。

表 6 - 7　　政企策略性反应对高新技术企业 15% 税收优惠影响企业开展
突破性技术创新的中介效应检验

解释变量	被解释变量 TJ	被解释变量 CL	被解释变量 TJ
CY	3. 2091	0. 5930	1. 8931
	0. 99	7. 98 ***	9. 12 ***
FJ	—	—	- 0. 2798
	—	—	- 5. 86 ***
F 值	40. 66	52. 60	61. 45
观测值	17688		

二、迎合效应检验

本章认为，高新技术企业 15% 税收优惠没有促进企业技术创新被技术市场认可主要是由于税收优惠政策实施过程中政企策略性反应导致的，也就是说高新技术企业 15% 税收优惠会导致政府为了自身创新绩效产生放松监管的策略性行为，企业为了享受税收优惠产生政策迎合式创新的策略性行为，这两种行为都不利于企业技术创新被技术市场认可。从中介效应检验结果来看，高新技术企业 15% 税收优惠对企业技术创新被技术市场认可的影响系数为正但不显著，为 0.2452，又一次证明了高新技术企业 15% 税收优惠对企业技术创新被技术市场认可并没有显著促进效应；高新技术企业 15% 税收优惠对中介变量政企策略性反应的估计系数在 1% 的水平上显著为正，为 0.5931，说明高新技术企业 15% 税收优惠确实促进了政企策略性反应的产生；中介变量政企策略性反应对企业技术创新被技术市场认可的影响系数 c_2b_1 为 - 0.4357，在 1% 的水平上显著为负，且高新技术企业 15% 税收优惠对企业技术创新被技术市场认可的影响系数比不考虑中介变量时的系数下降了 0.1342，也就是说政企策略性反应在高新技术企业 15% 税收优惠影响企业被技术市场认可中有部分中介效应，即高新技术企业 15% 税收优惠会由于政企策略性反应的出现而不利于企业技术创新被技术市场认可（见表 6 - 8）。

表 6 - 8   政企策略性反应对高新技术企业 15% 税收优惠影响企业被技术
市场认可的中介效应检验

解释变量	被解释变量 XK	被解释变量 CL	被解释变量 XK
CY	0. 2452	0. 5931	0. 1114
	7. 43 ***	9. 33 ***	8. 07 ***
FJ	—	—	- 0. 4357
			- 8. 33 ***
F 值	90. 43	100. 45	111. 56
观测值	17688		

三、不可持续效应检验

本章认为，高新技术企业 15% 税收优惠没有促进企业所处产业链位置的提升主要是由于税收优惠政策实施过程中政企策略性反应导致的，也就是说高新技术企业 15% 税收优惠会导致政府为了自身创新绩效产生放松监管的策略性行为，企业为了享受税收优惠产生政策迎合式创新的策略性行为，这两种行为都不利于企业所处产业链位置的提升。从中介效应检验结果来看，高新技术企业 15% 税收优惠对企业所处产业链位置提升的影响系数为正但不显著，为 0.0268，又一次证明了高新技术企业 15% 税收优惠对企业所处产业链位置的提升并没有显著促进效应；高新技术企业 15% 税收优惠对中介变量政企策略性反应的估计系数在 1% 的水平上显著为正，为 0.5922，说明高新技术企业 15% 税收优惠确实促进了政企策略性反应的产生；中介变量政企策略性反应对企业所处产业链位置提升的影响系数 $c_2 b_1$ 为 - 0.3335，在 1% 的水平上显著为负，且高新技术企业 15% 税收优惠对企业所处产业链位置提升的影响系数比不考虑中介变量时的系数下降了 0.0162，也就是说政企策略性反应在高新技术企业 15% 税收优惠影响企业所处产业链位置的提升中有部分中介效应，即高新技术企业 15% 税收优惠会由于政企策略性反应的出现而不利于企业所处产业链位置的提升（见表 6 - 9）。

表6-9　　政企策略性反应对高新技术企业15%税收优惠影响企业所处产业
链位置的中介效应检验

解释变量	被解释变量 LN	被解释变量 CL	被解释变量 LN
CY	0.0268	0.5922	0.0106
	6.55 ***	4.88 ***	4.09 ***
FJ	—	—	-0.3335
			-11.09 ***
F 值	77.22	90.45	93.57
观测值	17688		

第四节　稳健性检验

一、更换中介变量

为了保障以上机制检验结果的稳健性，本节分别以 KZ 指数的倒数（KZ1）、开展产学研合作的次数（CS）、股东人数增长率（GD）和 CL2 = $0.3 \times FJ + 0.7 \times YH$ 代替融资约束的倒数、是否开展产学研合作、股票价格增长率和政企策略性反应，重新采用三步回归法检验后的结果如表6-10所示。可以发现，更换结果变量后的回归系数的方向和显著性与之前的回归结果一致，只是大小有变化。

表6-10　　　　　　　更换结果变量后重新估计后的结果

影响结果	企业技术创新成效	被解释变量	解释变量		F 值
			高新技术企业 15%税收优惠（CY）	中介变量（KZ/CS/GD/CL2）	
促进效应	是否开展创新活动	RD	1.2043 ***	—	70.44
		KZ1	0.3201 ***	—	74.21
		RD	0.4437 ***	0.3113 ***	78.77

影响结果	企业技术创新成效	被解释变量	解释变量		F 值
			高新技术企业 15% 税收优惠（CY）	中介变量（KZ/CS/GD/CL2）	
促进效应	和谁开展创新活动	WB	3.0102 ***	0.1723 ***	60.32
		CS	0.4011 ***		64.22
		WB	1.3952 ***		70.42
	被消费者市场认可	XF	1.9209 ***	0.1872 ***	88.43
		GD	0.2274 ***		89.22
		XF	1.0092 ***		97.43
	被资本市场认可	ZB	3.0111 ***	0.4831 ***	59.21
		GD	0.7943 ***		63.57
		ZB	2.0142 ***		67.32
	品牌影响力	PY	65.4332 ***	0.6331 ***	89.64
		GD	1.0001 ***		90.22
		PY	50.6796 ***		94.56
非促进效应	开展什么类型的创新活动	TJ	3.2091	-0.2210 ***	69.32
		CL2	0.5268 ***		75.12
		TJ	1.6854 ***		79.00
	被技术市场认可	XK	0.2452	-0.4012 ***	89.68
		CL2	0.5478 ***		99.64
		XK	0.1045 ***		100.46
	产业链位置	LN	0.0268	-0.3112 ***	79.43
		CL2	0.5789 ***		86.22
		LN	0.0143 ***		89.66

二、更换估计方法

为了保障三步回归法结果的准确性，本节引入 Bootstrap 方法对该中介效应进行稳健性检验。与巴龙和肯尼（Baron and Kenny，1986）的三步回归法不同的是，Bootstrap 方法不仅可以检验中介效应是否存在，还可以进一步明确中介效应的大小（温忠麟、张雷和侯杰泰等，2004）。利用 Amos 中的 Bootstrap 程序对各中介变量在高新技术企业 15% 税收优惠影响企业技术创新中的中介效应进行检验，重复取样 500 次，计算 95% 的置信区间，计算出高新技术企业 15% 税收优惠通过各中介变量影响其技术创新效果的平均间接效应，同时计算出高新技术企业 15% 税收优惠对企业技术创新效果的直接效应，若间接效应的置信区间不包括 0，且直接效应与间接效应的估计系数方向一致，则说明中介变量在高新技术企业 15% 税收优惠和企业技术创新之间起着部分中介作用，检验结果如表 6-11 所示。可以发现，各中介变量在高新技术企业 15% 税收优惠影响企业技术创新效果中的平均间接效应的置信区间均不包括 0，且直接效应与间接效应的估计系数方向一致，说明各中介变量在高新技术企业 15% 税收优惠和企业技术创新之间均起着部分中介作用。

表6-11　　　　　　　　更换估计方法后重新估计后的结果

高新技术企业15%税收优惠的影响结果	企业技术创新成效	效应类型	估计系数	标准差	95%置信区间	
					下限	上限
促进效应	是否开展创新活动	直接效应	0.2113	0.0322	0.1443	0.2713
		间接效应	0.2221	0.0216	0.1502	0.3024
	和谁开展创新活动	直接效应	0.3064	0.0113	0.1032	0.2605
		间接效应	0.4021	0.0433	0.1395	0.3013
	被消费者市场认可	直接效应	0.1162	0.0398	0.1003	0.2301
		间接效应	0.1202	0.0193	0.0994	0.1976
	被资本市场认可	直接效应	0.4021	0.0392	0.1245	0.2568
		间接效应	0.5097	0.0846	0.1394	0.3010
	品牌影响力	直接效应	0.2213	0.4875	0.0999	0.2245
		间接效应	0.4321	0.2845	0.1101	0.2455
非促进效应	开展什么类型的创新活动	直接效应	0.2010	0.1244	0.0912	0.2001
		间接效应	-0.3042	0.0431	0.0974	0.1900
	被技术市场认可	直接效应	0.2501	0.1113	0.1244	0.2643
		间接效应	-0.4205	0.0677	0.1038	0.2491
	产业链位置	直接效应	0.3266	0.1085	0.0934	0.2145
		间接效应	-0.3404	0.0370	0.0856	0.2110

第五节 本 章 小 结

　　本章是对第五章关于高新技术企业 15% 税收优惠支持企业技术创新的效果的实证结果的进一步机制解释，主要分为有促进效应和没有促进效应两个方面。促进效应方面，高新技术企业 15% 税收优惠主要通过降低企业融资约束来提高企业开展创新活动的积极性，通过外部搜寻创新资源提高企业开展合作创新的积极性，通过股票价格的增长来反映其自身的标签效应、认证效应和信号效应从而提高企业技术创新被消费者市场和资本市场认可程度，同时可以提高企业品牌影响力。没有促进效应方面，高新技术企业 15% 税收优惠产生了政企策略性反应，包括政府放松监管和企业迎合式策略性创新两种行为，不利于企业开展突破性技术创新，不利于企业技术创新被技术市场认可，同时也不利于企业所处产业链位置的提升。

第七章

典型创新型国家税收优惠支持企业技术创新的做法与启示

本章对典型创新型国家税收优惠支持企业技术创新的做法和经验进行了梳理，并提出了相关启示。

第一节 典型创新型国家的选择

当前，国内外多个机构均对创新型国家进行了界定和评价。国外的有：国际管理学院的《世界竞争力年鉴》（WCY），世界经济论坛的《全球竞争力报告》（GCR），欧洲工商管理学院的《全球创新指数》（GII），欧盟的《欧洲创新记分牌》（ESI）、《全球创新记分牌》（GIS）和《创新型欧盟》（IUS），OECD 的《科学、技术与产业记分牌》（STI）；国内的有：中国科学技术战略研究院的《国家创新指数报告》（CII）、中国科协的《国家创新能力评价报告》、中科院的《中国创新发展报告》、中国科学传播研究所的《创新型国家建设报告》等。虽然它们的指标设计和评价方法都不一致，但是产生的结论大同小异。这 11 个报告的最新评价结果显示，美国、韩国、德国、瑞士、以色列、瑞典、芬兰、荷兰、丹麦、新加坡、英国、法国、挪威、爱尔兰、加拿大、比利时、澳大利亚、日本等国家普遍排在前 30 名。本章对典型创新型国家的选择也主要集中在这些国家。

第二节　典型创新型国家税收优惠支持企业技术创新的做法

一、采用法律形式对税收优惠政策予以明确

许多典型创新型国家在 20 世纪开始就以专门的法律明确了研发创新税收政策。韩国 20 世纪 60 年代开始，便出台了一系列税收优惠政策支持企业技术创新，包括《免税及降低管制法》《税收减免控制法》《特殊税收处理控制法》《新技术产业化投资税金扣除制度》《科研设备投资税金扣除制度》等，为有效实施、控制税收优惠奠定了法律基础。再加上 1989 年出台的《基础科学研究振兴法》、1997 年颁布的《科学技术创新特别法》和 2001 年制定的《科学技术基本法》，韩国为支持企业技术创新构建了一个相对完备的税收政策体系。美国在 1954 年《国内税收法典》就确立了研发费用扣除制度，20 世纪 80 年代以来先后出台了诸如《税收抵免及医疗保健法案》《研究开发减税修正法案》《国内税收法》等一整套支持企业技术创新的税收法律政策，为税收支持企业开展技术创新、提高自我创新能力提供了全面的法律保障。日本早在 1946 年即颁布了《税收特别措施法》，2013 年最新修正，从 21 世纪初开始建立了《促进基础技术研究税则》《增加试验研究费税额扣除制度》等一系列法律法规。法国在 2008 年也发布了《研究开发支出税收抵免制度》，目前其研发激励制度也是在此基础上建立的。部分国家关于税收优惠的法规见表 7 – 1。

表 7 – 1　　　　　　　　　　部分国家关于税收优惠的法规

国别	法律名称	发布年份
韩国	《免税及降低管制法》	1974
	《新技术产业化投资税金扣除制度》	1974
	《科研设备投资税金扣除制度》	1977
	《技术转让减免所得税制度》	1979

国别	法律名称	发布年份
韩国	《税收减免控制法》	1982
	《特殊税收处理控制法》	1999
美国	《美国联邦税法典》	1939
	《国内税收法》	1978
	《史蒂文森—怀特勒（Stevenson-Wydler）创新法》	1980
	《研究开发减税修正法案》	1999
	《税收抵免及医疗保健法案》	2006
日本	《税收特别措施法》	1946（2013 年修订）
	《促进基础技术研究税则》	2007
	《增加试验研究费税额扣除制度》	2007
法国	《研究开发支出税收抵免制度》	2008
以色列	《以色列税收改革法案》	2002

二、以普惠式的创新激励为主

相比于我国以特定创新资质认定为前提的税收优惠支持方式，主要创新型国家普遍以是否存在创新活动和创新行为为前提进行支持，也就是说，只要产生了创新行为的企业都可以享受公平的税收优惠政策，而且没有设置相应的行业或技术领域正面清单和负面清单，税收优惠适用于全部企业。美国、日本、德国、英国等国和我国一样也是通过加计扣除、加速折旧、税率优惠、天使税制等方式鼓励企业开展研发活动，但是很少设置特定的主体限制，也没有设置相应的期限限制。同时，为实现特定战略目标，多数国家针对中小企业和新兴产业企业也出台了特惠政策。如法国对新成立的中小企业有三年的所得税免征期，英国对中小微企业的研发加计扣除比例比大企业高出 100%，加拿大对小型私营独资企业的研发加计扣除比例比其他类型的企业高出 15%，美国对创新型中小企业的资本收益税率减半按 14% 征收。法国还取消了中小企业缴纳的公司所得税附加税（余宜珂、郭靖和张再杰等，2020）。

三、采用多种优惠形式激励企业创新投入

研发投入是企业技术创新的源头和基础，各创新型国家普遍重视对企业研发投入的税收优惠支持，主要包括税收抵免、加计扣除、税收返还等多种形式，且以前两种方式为主。从优惠幅度来看，大多数国家对企业研发投入的加计扣除的力度大致在 50% ~ 200% 的水平。此外，还有国家专门设置了加计扣除的上限，如英国于 2021 年 3 月发布的《财政条例草案》还提出了为中小型企业提供研发税项减免额的新上限，即 2 万欧元；日本针对大规模企业设置了应纳公司税额的 25% 的税收抵免限额，对于大规模风投企业，放宽至 40%，针对研发费用增长率未超过 8% 的小规模企业则设置了应纳公司税额的 25% 的税收抵免限额，对研发费用增长率超过 8% 的小规模企业则放宽至 35%（见表 7 - 2）。

表 7 - 2 　　　　　　　各国科技研发税收激励标准及适用主体

国家	激励标准	适用主体
美国	税收抵免：20%	传统抵免：适用于所有企业超过依法计算的"基数"的法定研发支出增量部分
	税收抵免：14%	可供所有企业选择的简易抵免：适用于超过前三年平均法定研发支出 50% 的超出部分
英国	税收抵免：12%	大企业
	加计扣除：230%	中小企业
德国	税收抵免：33.35%	发生亏损的中小企业
	现金补贴：35% ~ 50%	所有企业
法国	税收抵免：30%	所有企业纳税年度内发生的第一笔不超过 1 亿欧元的研发支出
	税收抵免：5%	所有企业纳税年度内发生的研发支出超过 1 亿欧元的部分
	税收抵免：50%	所有企业纳税年度内在法国海外领地发生的第一笔不超过 1 亿欧元的研发支出
日本	税收抵免：6% ~ 10%	适用于大企业。其中，在 2017 年 4 月 1 日至 2019 年 3 月 31 日的过渡期，研发支出超过前三年平均数达到 5% 以上的，抵免比率为 14%；抵免限额为适用抵免政策前企业应纳的所得税额（国税部分）的 25%（上述过渡期内为 35%）；持有"蓝色申报表"的企业委托大学或公共研究机构的研发支出，抵免比率为 30%，但最高抵免额为适用抵免政策前企业应纳的所得税额（国税部分）的 5%

国家	激励标准	适用主体
日本	税收抵免：12%	适用于中小企业。其中，在2017年4月1日至2019年3月31日的过渡期研发支出超过前三年平均数达到5%以上的，抵免比率为17%；抵免限额及委托大学或公共研究机构的研发支出的抵免比率及最高抵免额规定同大企业
	附加（增量）抵免：20%	适用于持有"蓝色申报表"的企业。其中，当年研发支出超过前三年和本年的销售收入合计的平均数10%以上，按以下公式计算附加抵免额：[（当年研发支出 – 含当年的前四年销售收入平均数×10%）×本年研发支出占前四年销售收入平均数的比重 – 10%]×20%；最高抵免额为适用抵免政策前企业应纳的所得税额（国税部分）的10%
韩国	税收抵免：20%~40%	仅限于11个领域的173项技术
意大利	税收抵免：50%	2015~2020财年所有企业（法定研发支出超过2012财年、2013财年和2014财年平均研发支出的部分，抵免上限为2000万欧元）
加拿大	税收抵免：15%	联邦政府针对所有企业
	税收抵免：35%	联邦政府针对加拿大人控制的中小私营企业符合规定条件的第一笔300万加元的法定研发支出
	税收抵免：3.5%~30%	省政府针对所有企业
澳大利亚	加计扣除：150%	中小企业
	加计扣除：135%	其他企业

资料来源：李林木、薛迎迎：《新中国70年科技研发税收激励政策的变迁与优化》，载于《福建行政学院学报》2019年第4期，第31–40页。

四、越来越多国家采用"专利盒"政策

大部分创新型国家对企业技术创新产出的税收激励不单纯以专利数量作为激励依据，更多的是对创新产出取得的经济效益进行激励，主要采用"专利盒"政策对符合条件的知识产权获得的收入而不是知识产权数量给予一定百分比的税前扣除或适用免税待遇。《2018年有害税收实践进度报告》显示，截至2018年，实施"专利盒"制度的国家已经达到27个，相关税收优惠制度也超过30项，其中选择发明专利的制度数量达到25项，选择软件及版权的制度数量达到17项。知识产权种类适用范围不仅包括专利权、软件著作权、商标权等，还涉及技术诀窍、商业秘密等其他知识产权形式，减免方式主要是对专利等知识产权净收入或总收入给予低税率减免。具体减免力度见表 7 - 3。

表 7 - 3 实施"专利盒"制度的部分国家

国别	实施时间	优惠税率	普通税率	知识产权种类	计税依据	有关研发支出的税务处理
法国	2001	15.00%	33.10% ~ 38.00%	专利、SPC（统计过程控制）、发明、专利相关的制造工艺、专利改进	净收入	不追溯调整
比利时	2007	6.80%	33.99%	专利、SPC 及与之相关的技术诀窍	总收入	不追溯调整
荷兰	2007	5.00%	25.00%	专利、获得证书的知识产权（发明、程序、技术科学研究、设计、模型、特定软件）	净收入	追溯调整
瑞士	2011	9.70%	12.32% ~ 22.79%	专利、秘密公式和程序、商标、版权（包括软件）、技术诀窍	净收入	不追溯调整
英国	2013	10.00%	21.00%	专利、SPC，特定类似专利的知识产权	净收入	依配比原则分配
新加坡	2018	5%、10%	17%	功能上相当于专利的专利和其他知识产权资产，可以包括受版权保护的软件或其他不明显、有用和新颖的知识产权资产	总收入	—

资料来源：孙建平、张昱、胡雯和赵阳：《欧洲国家专利盒政策介绍及对我国的启示》，载于《国际税收》2020 年第 6 期，第 33 ~ 38 页。

五、注重对企业技术创新人才的税收激励

人才是实现技术创新的核心要素，创新的关键在于人才。在对企业技术创新人才的支持上，各国都进行了探索，主要涉及个人所得税减免。瑞典对聘请的其他国家的专家学者、企业高级管理人员以及科研人员前三年的收入给予 1/4 的税收优惠，外国企业的员工在前半年不需要缴纳个人所得税。还有的国家专门对企业年金给予税收减免，包括对养老金和年金投资收益给予免税。比如澳大利亚的企业缴的年金允许个人在税前扣除，但按照年龄设置

了能够扣除金额的上限；对从企业年金计划领取的养老金个人所得税给予优惠（刘建、苏毓敏和万梅，2017）。韩国对在本国工作的外国工程师的个人所得税优惠最多减征 70%。

六、普遍实施税式支出预算制度

美国和德国在 20 世纪 60 年代就发布了税式支出报告，之后欧美很多国家也开始实行，OECD 对税式支出制度也非常重视和推崇。美国是最早对税收优惠实行税式支出管理制度的国家。从 1968 年首次编制税式支出表到 1974 年预算法案正式批准实施税式支出制度，还设置了专门的部门管理税式支出，美国的税式支出预算制度可以说是目前最完备的。德国从 1967 年起就开始编制税式支出报告，与美国不同的是，德国将税式支出和财政补贴一起放在了报告里。英国的税式支出制度始于 20 世纪 80 年代，最初只供政府内部参考使用，之后经过不断完善，也已经纳入相关法律。与其他国家不同的是，英国的税式支出预算几乎将直接优惠和间接优惠均包含了进去，但是没有设置预算控制（薛薇，2013）（见表 7-4）。

表 7-4　　　　　　　　部分国家税式支出预算制度

国别	立法要求	预算要求	周期性
美国	法定义务	作为政府预算的一部分，但未纳入预算程序	每年
加拿大	无立法要求，但财政部决定每年制定一次	未引入预算，但用于预算前咨询	每年
意大利	立法要求	未引入预算，但是一个独立的文件	不定期
英国	无立法要求，但税式支出委员会要求制定	未引入预算，但是一个独立的文件	每年
德国	立法要求	作为预算的一部分，标题为"财政补贴报告"	每两年
法国	立法要求	作为预算的附件	每年
比利时	立法要求	作为预算的附件	每年
荷兰	无立法要求，但主要由财政部制定	未引入预算，但是一个独立的文件	不定期

第三节　典型创新型国家税收优惠支持企业 技术创新对我国的启示

为了进一步提高税收优惠对企业技术创新的促进作用，可以借鉴国外典型做法，取长补短，发挥好我国税收优惠政策效果，有效激发企业技术创新积极性，提高企业技术创新水平。

一、提高支持企业技术创新的税收优惠政策法律级次

目前我国支持企业技术创新的税收优惠政策主要散见于各类规章制度中，涉及多个部门，缺乏政策衔接和稳定性。还有一些政策在法律某些条款中，整体法律层次不高。为此，我国需要借鉴其他国家的法律形式，进一步加强支持企业技术创新的税收优惠法律层次。可行的做法是：首先，可以将现有执行落地较好、支持效果明显的一些规章制度通过人大立法上升为国家法律。其次，可以对现行的各种零散的可以落地实施的政策进行梳理整合，然后通过向社会公开征集意见的方式提炼出最有效的方式，将其上升为法律。同时，还可以从企业适用范围、企业需要填报的信息、对企业的优惠力度等方面建立支持企业技术创新的税收优惠政策信息共享平台，让企业更好更快地了解适用于自己的税收优惠信息。

二、推动主体特惠税收政策向行为普惠税收政策转变

新时期我们更需要一个公平竞争的市场环境来支持企业主动创新。虽然研发费用的加计扣除政策表面上看已经属于一项普惠性政策，但是仍采用研发费用"正列举"和行业"负列举"的方式进行，一些与研发成果相关的费用不能纳入研发费用范围，一些诸如烟草制造业等行业企业的研发费用也不能享受，但这些传统行业的绿色转型同样也可以进行技术创新，进而可以造福人民。主体特惠政策并不利于企业整体创新水平的提升。因此，政府要以企业产生实质性创新行为为导向、以提升企业技术创新绩效为目标实施税收优惠政策，取消研发费用税收激励的行业限制，推动主体特惠政策向行为普惠政策转变。在此基础上，对符合国家战略方向的新兴产业以及抗风险能

力较低的中小微企业在普惠的基础上给予更多的支持。如将中小企业研发费用加计扣除比例继续增加到250％，对年度增加的研发费用给予一定的税收优惠支持等。

三、注重对企业实质性创新产出和效益的激励

目前，我国出台了大量鼓励企业申请专利的政策，地方各省份对企业专利设置了各种奖励和补贴，高新技术企业15％税收优惠也以企业专利数量为享受条件，而不论专利是否是企业自己研发，这就造成了大量的专利泡沫，既没有促进企业技术创新，还造成了财政资金浪费。可以借鉴其他国家做法，注重对企业实质性创新产出和效益的激励，对专利等IP转让、许可取得商用化应用，以取得的技术收入在所得税上给予优惠，以最大限度鼓励知识产权运用，同时对外购技术增加限制条款或相应降低税收优惠力度。适时取消对许可使用权转让的"5年以上（含5年）全球独占"限制。进一步强化高新技术企业认定中知识产权质量和科技成果转化的要求。

四、加大创新人才的税收激励

我国目前对创新人才和风险投资的激励不足，激励效果非常有限。可以借鉴国外的做法，针对创新人才给予以下税收激励：（1）对高端技术人才或者创新人才的收入给予所得税减免；（2）对企业技术人员在企业科技成果转化中获得的奖励或者收益给予税收减免；（3）对企业年金中的养老金个人所得税给予减免；（4）对外国专家、科研人员、企业高管给予个人所得税减免。

五、建立起以税式支出为基础的税收优惠管理制度

目前，大部分创新型国家都建立了科学系统的税式支出制度，这为我国税式支出制度的建立提供了前期探索借鉴和经验积累。对此，我国应积极借鉴国外经验，尽快建立起符合中国国情的、能够有效管理税收优惠、以支出效率为前提的税式支出制度体系，以便更好地发挥税收优惠政策的宏观调控作用。

第四节　本章小结

本章首先从政策地位、激励对象、创新投入激励、创新产出激励、创新人才激励和政策绩效评价六个方面对典型创新型国家税收优惠支持企业技术创新的做法进行了梳理，然后提出了对我国有益的经验启示。

第八章

结论与对策建议

　　本章主要对前文的研究结论进行总结，并提出了进一步优化支持企业技术创新的税收优惠的对策建议。对策建议方面，首先对税收优惠支持企业技术创新需要厘清的几个关系进行了界定，然后对支持企业技术创新的税收优惠政策的定位和导向进行进一步明确，最后从政府和企业两个维度提出具体对策建议。这也是本书研究的落脚点，即在发现问题、分析问题、检验问题的前提下明确对策建议。

第一节　主　要　结　论

　　税收优惠作为支持企业技术创新的重要工具，在新的背景下需要发挥更加积极有效的作用。对此，本书以高新技术企业15%税收优惠为例，对其政策效果展开了理论和实证分析。具体来看，本书的主要结论如下：

　　第一，只采用研发投入或专利指标衡量企业技术创新存在弊端，企业技术创新可以分为创新决策、被市场认可和竞争力提升三个维度，这三个维度层层递进。

　　一方面，技术创新的核心在于创新成果的商业化，也就是形成相应的经济效益。但是研发投入和专利的存在并不意味着创新成果最后的商业化，低效率的研发投入并不能形成创新成果，即使形成了专利也不一定能够商业化，很多专利只是作为企业用于商业竞争的手段或者修饰自己创新形象的装饰品，并没有形成创新产品。另一方面，企业技术创新的最终目的应该是提升自身竞争力，尤其在当前竞争形势严峻的情况下更是如此。但是，只强调研发投入或者专利数量并不能形成自己的核心竞争力。对此，本书从创新决策、市场认可和竞争力提升三个维度构建了企业技术创新的衡量指标体系：创新决策包括是否开展创新活动、开展什么类型的创新活动以及和谁开展创新活动三个方面；被市场认可包括被技术市场认可、被消费者市场认可和被资本市场认可三个方面；竞争力提升包括品牌影响力提升和产业链位置提升两个方面。这在一定程度上完善了当前关于企业技术创新的衡量方式。

第二，税收优惠能够通过降低企业技术创新成本显著提高企业开展技术创新活动的积极性。综合根据上市企业公开数据的实证分析结果以及通过问卷访谈得到的结论，可以发现：高新技术企业15%税收优惠政策可以提高企业开展创新活动的积极性，且对非国有企业、创业板市场企业、中小型企业、处于成长阶段的企业、处于低政府干预程度地区的企业、获得低创新补助的企业、处于弱创新竞争程度地区的企业、处于高知识产权保护程度地区的企业开展创新活动积极性的促进作用更大或更显著。通过中介效应检验可以发现：高新技术企业15%税收优惠政策可以降低企业创新成本，缓解企业融资约束，进而提高企业开展技术创新活动的积极性。

第三，税收优惠并没有显著提高企业开展突破性技术创新活动的积极性。综合根据上市企业公开数据的实证分析结果以及通过问卷访谈得到的结论，可以发现：高新技术企业15%税收优惠政策并没有提高企业开展突破性技术创新活动的积极性，甚至在1%的显著水平下对主板市场企业、处于衰退阶段的企业、处于高政府干预程度地区的企业以及处于低知识产权保护程度地区的企业开展突破性技术创新活动的积极性产生抑制作用。

第四，税收优惠能够通过外部创新资源搜寻显著提高企业开展合作创新的积极性。综合根据上市企业公开数据的实证分析结果以及通过问卷访谈得到的结论，可以发现：高新技术企业15%税收优惠政策可以提高企业开展合作创新的积极性，且对非国有企业、中小板市场企业、中小型企业、处于初创期和成长期的企业、处于低政府干预程度地区的企业、获得低创新补助的企业、处于弱创新竞争程度地区的企业、处于高知识产权保护程度地区的企业开展创新活动积极性的促进作用更大或更显著。通过中介效应检验可以发现：高新技术企业15%税收优惠政策可以通过提高企业外部知识搜寻的积极性促进企业开展合作创新。

　　第五，税收优惠并没有显著提高企业技术创新被技术市场认可的程度。综合根据上市企业公开数据的实证分析结果以及通过问卷访谈得到的结论，可以发现：高新技术企业15%税收优惠政策并没有显著提高企业技术创新被技术市场认可的程度，甚至在1%的显著水平下对获得高强度创新补助的企业、政府间创新竞争较强地区的企业以及知识产权保护程度较弱地区的企业技术创新被技术市场认可的程度产生抑制作用。

　　第六，税收优惠能够通过企业自带的"高新""科技""创新"等标签效应显著提高企业技术创新被消费者市场认可的程度。综合根据上市企业公开数据的实证分析结果以及通过问卷访谈得到的结论，可以发现：高新技术企业15%税收优惠政策可以显著提高企业技术创新被消费者市场认可的程度，且对非国有企业，新三板和科创板市场企业，小型企业，处于初创期、成长期和成熟期的企业，处于低政府干预程度地区的企业，获得高创新补助的企业，处于弱创新竞争程度地区的企业，处于高知识产权保护程度地区的企业技术创新被消费者市场认可程度的促进作用更大或更显著。通过中介效应检验可以发现：高新技术企业15%税收优惠政策可以通过高新技术企业的标签效应提高企业技术创新被消费者市场认可的程度。

　　第七，税收优惠能够通过企业的荣誉认证效应提高企业技术创新被资本市场认可的程度。综合根据上市企业公开数据的实证分析结果以及通过问卷访谈得到的结论，可以发现：高新技术企业15%税收优惠政策可以显著提高企业技术创新被资本市场认可的程度，且对非国有企业、新三板和科创板市场企业、小型企业、处于初创期和成长期的企业、处于低政府干预程度地区的企业、获得高创新补助的企业、处于弱创新竞争程度地区的企业、处于高知识产权保护程度地区的企业技术创新被消费者市场认可程度的促进作用更大或更显著。通过中介效应检验可以发现：高新技术企业15%税收优惠政策可以通过荣誉认证效应提高资本市场对企业的认可程度。

　　第八，税收优惠能够通过企业的信号效应显著提高企业的品牌影响力。综合根据上市企业公开数据的实证分析结果以及通过问卷访谈得到的结论，可以发现：高新技术企业15%税收优惠政策可以显著提高企业的品牌影响力，且对非国有企业、科创板市场企业、小型企业、处于成长期的企业、处于低政府干预程度地区的企业、获得高创新补助的企业、处于强创新竞争程度地区的企业、处于高知识产权保护程度地区的企业品牌影响力的促进作用更大或更显著。通过中介效应检验可以发现：高新技术企业 15% 税收优惠政策可以通过信号效应提高企业的品牌影响力。

第九，税收优惠并没有显著提高企业所处产业链位置。综合根据上市企业公开数据的实证分析结果以及通过问卷访谈得到的结论，可以发现：高新技术企业 15% 税收优惠政策只能在 5% 的水平上对处于科创板的企业、政府间创新竞争较强地区的企业、知识产权保护程度较强地区的企业所处产业链位置提升有促进作用，对其他类型的企业所处产业链位置提升均没有显著促进作用或者只在 10% 的水平上有显著促进作用。

第十，税收优惠支持企业技术创新过程中，地方政府和企业容易产生利己的策略性反应，不利于政策效果的实现。地方政府在政绩导向下容易产生放松监管行为，企业在短期利益导向下容易采取迎合式策略性创新行为，不利于企业产生突破性创新行为，不利于企业技术创新成果被技术市场认可，也不利于企业产业链位置的提升。

第二节　进一步优化支持企业技术创新的税收优惠制度的对策建议

一、税收优惠支持企业技术创新需要厘清的几个基本关系

税收优惠支持企业技术创新需要厘清以下四对基本关系：手段与目标的关系、政府与市场的关系、整体与个体的关系以及公平与效率的关系。

（一）手段与目标的关系：税收优惠是手段，企业技术创新是目标

税收优惠支持企业技术创新的逻辑关系是：税收优惠是支持企业技术创新的手段，给予企业多少税收优惠不是目的，激发企业技术创新积极性、提高企业技术创新水平才是。但是目前很多地方政府出现了本末倒置的行为，将给予企业多少税收优惠作为考核指标，只讲优惠规模，不讲政策效益。结果不仅没有提高企业技术创新水平，还造成了大量税款流失。因此，税收优

惠支持企业技术创新应注重实效，提高税式支出效率。同时，税收优惠支持企业技术创新的前提应该是企业有实质性的创新行为，而不是面向特定主体给予支持。比如高新技术企业 15% 税收优惠以高企认定为前提，导致许多具有创新研发能力的企业虽然进行创新活动，但受限于高新技术企业认定标准而无法享受税收优惠，这显然与政策制定初衷不相符。

（二）政府与市场的关系：税收优惠政策效果需要由市场来判断

企业是不是属于创新型企业是由市场决定的，不是政府认定出来的。有多少家企业成长壮大，是对税收优惠政策实施效果优劣的评判，不能直接把结果当作自己的政策目标。比如高新技术企业 15% 税收优惠政策设定了诸多指标性的量化门槛，包括研发投入比例、科技人员比例、高新技术收入比例等，高新技术企业数量和税收优惠规模均成为政府追逐的目标，企业也为了获取税收优惠调整自身指标和内部管理，主动迎合高新技术企业的认定条件，产生了大量伪高新技术企业。事实上，真正的创新型企业不需要认定，市场自然会识别出来，那些没有实质性创新行为的"伪创新"企业即使得到政府认定及税收优惠最终也难以成功。因此，应当把税收优惠支持企业技术创新的效果的裁判权交给市场，让市场判断获得税收优惠的企业是否产生了创新行为。政府应当充当"指挥官"的角色，其最主要的职责是培育能够让企业在技术创新过程中公平竞争的大环境，充分调动企业技术创新的欲望，引导企业开展实质性创新活动。

（三）整体与个体的关系：税收优惠的方向要与完善整体税制相一致

面向企业技术创新给予一定力度的税收优惠政策有利于减轻企业在开展技术创新活动中的税收负担，也在一定程度上分担了企业创新风险，有利于提升企业的创新积极性。近年来的实践经验也表明了这些减税政策的效果，但也助长了企业对这类政策的依赖性和攀比性，不利于财政资金支出效果的提升，也不利于企业开展实质性创新活动。因此，面向企业的税收优惠政策需要与完善整体税制相一致，不能以牺牲税收制度整体性和财政支出效率性换取更多企业享受同样的税收优惠政策，要以保障和完善整体税制安全可持续为前提给予企业税收优惠，从而既能促进微观主体开展技术创新活动，又能完善宏观税制的整体架构（刘尚希、王志刚和程瑜等，2019）。

（四）公平与效率的关系：普惠性支持是基础，特惠式支持是补充

支持企业技术创新的关键在于形成公平竞争的环境。给予企业技术创新税收优惠，应当注重普惠性的公平性支持。凡是产生创新行为的企业都应该享有同样的税收优惠。但是税收优惠的普惠性支持与特惠性功能的发挥并不完全矛盾。为了实现精准的目标或者扶持基础相对薄弱的企业群体，可以给予一定的特惠性支持，这并不违背税收优惠的公平性原则，还能够提升整体创新效率。比如，给予中小企业、技术创新基础研究和产业化环节等特惠性支持，也有助于税收优惠政策效果的实现。但是，目前存在的一些针对特定行业、特定区域、特定类型的企业给予特定的税收优惠政策，并不符合普惠要求（薛薇和尉佳，2020），这种支持方式容易造成不公平竞争，破坏市场环境，不利于整体企业技术创新。

二、明确支持企业技术创新的税收优惠政策定位和导向

支持企业技术创新的税收优惠政策应该定位于为企业提供更加公平的市场环境，使企业能够在具有自主开展技术创新活动的积极性的同时提升技术创新水平。

税收优惠政策要把促进企业研发创新、增强经济发展的核心竞争力作为明确的价值取向，在此前提下，注重公平竞争、市场主导、实质创新以及产业发展四个导向。其中，公平竞争导向是指税收优惠支持企业技术创新要以营造公平竞争的创新环境为导向，提高企业自主创新的积极性；市场主导导向是指税收优惠支持企业技术创新要以不干预市场原有运行规律为导向，要发挥市场在企业开展技术创新中的主导作用，提高企业技术创新与市场对接力度；实质创新导向是指税收优惠支持企业技术创新要以推动企业产生实质性创新为导向，减少对企业迎合式策略性创新行为的税收优惠支持，提高税式支出效率；产业发展导向是指税收优惠支持企业技术创新要以产业最终能够实现发展为导向，在提升企业自身竞争力的基础上提升产业发展水平。

三、关于提高税收优惠支持企业技术创新效果的具体建议

税收优惠支持企业技术创新中涉及两个主要主体,即政府和企业,提高税收优惠支持企业技术创新效果需要各方共同努力。因此,本章关于提高税收优惠支持企业技术创新效果的具体建议主要从政府层面和企业层面两个角度展开。

(一) 政府层面

1. 提高创新导向的税收优惠政策的制度层级

为了改变税收优惠政策的过多、过杂和上下不统一的状况,应考虑提高创新导向的税收优惠政策的法律层级。首先,我国可以基于现有支持企业技术创新的税收优惠体系进一步总结提炼,制定符合我国实际情况的税收促进创新法,以法律的形式对支持企业技术创新的税收优惠政策制定权限、优惠权限、监管评价责任主体进行明确,可以将现有成熟的政策纳入法律条款。坚持立改废释并举,有效保障各层级政策的有效性和权威性,要注意法律出台的时效性,尽可能加上日落条款,及时梳理、修改和废止影响市场公平竞争环境的税收优惠政策,防止地方政府在权力范围之外滥用税收优惠政策。

2. 推动税收优惠从创新主体特惠向创新行为普惠转变

创新是一种普遍性的企业自发行为,税收优惠支持企业技术创新应破除以往以特定主体认定为前提的支持方式,避免身份局限,面向所有具有创新行为的企业给予优惠。即使不是政府认定出来的高新技术企业、创新型企业,只有存在创新行为,都应该享受同样的待遇。首先,要改变由政府来界定"创新型企业"的政策思维,减少指标化的主观认定方式,把资源配置的决定权交给市场,赋予市场更加公平的竞争机会、营造更加有利于公平竞争的创新环境,推动主体特惠政策向行为普惠政策转变,让有创新意愿、有创新行为的企业可以在同等条件下公平竞争。可以考虑进一步扩大税前加计扣除范围,取消行业负面清单,简化上报手续和资料;加快建立研发准备金制度,对研发准备金免征所得税;将研发费用一次性扣除应纳税所得额的上限进一步提高至 200 万元,提高企业研发投入的积极性。其次,在全局公平的基础上,结合一些特殊情况,比如考虑到中西部以及南北部的区域创新差异,可以给予西部或者东北地区的企业特殊的税收优惠照顾。此外,对于一

些中小微企业，也可以在普惠性税收优惠的基础上给予更高的税收优惠支持，从而分担这些企业开展技术创新活动的风险。

3. 进一步完善以高新技术企业 15% 税收优惠为主的资质认定办法

税收优惠对企业来讲是一项低成本高收益的政策，不少企业为了享受该政策产生了策略性创新甚至造假式伪创新的行为。对此，政府应该注重企业在享受税收优惠政策过程中的实质性创新产出和创新行为，同时要强化后续监管，对产生造假行为的企业严加惩戒。就我国高新技术企业 15% 税收优惠政策而言，主要包括：一是改善审核流程。加强税收优惠政策实施中企业迎合式策略性创新的研究和识别，重点审核高新技术企业是否存在政策迎合式策略性创新，比如研发投入一直在研发比例门槛附近或者被认定前三年突然增加至门槛值、临时外购专利滥竽充数等行为。二是注重被支持企业的自主创新能力和实质性创新行为。要改变过去只重视专利数量的做法，提高自主研发知识产权的分值，降低受让、受赠、并购知识产权的分值。重点考察科技成果质量以及科技成果与企业主营业务之间的关联性。探索引入技术许可费用指标。提高新产品销售收入占比的分值。三是提高对享受税收优惠企业的监管惩戒力度。对已经授予的要持续跟进监督，建立有序退出机制。对享受税收优惠的企业提供虚假信息、偷漏税等违规行为，除追回相应称号和税收优惠外，设置其他严厉的行政性处罚方式，提高企业违规成本。探索实施年审制，在审核过程中利用大数据和互联网技术构建信息共享平台，引入第三方匿名审核机制等措施来降低企业的纳税遵从成本和政府的税收征管成本，对存在造假行为的企业一票否决，并在限制年份内不再给予税收优惠。

4. 提高对企业实质性创新的税收优惠支持力度

首先，要强化税收优惠与企业自主研发的关联性。可以参考税基侵蚀和利润转移（BEPS）行动计划要求，在"专利盒"优惠税制中引入"关联法"确认优惠所得。虽然我国也实行了"专利盒"制度，并设置了自主研发活动的条件，但是并无法保证享受税收优惠的是自主研发的成果，对知识产权和新产品并没有限制一定要自主研发，外购的知识产权也可以享受相应的税收优惠。因此，要进一步加强"专利盒"制度的自主研发的限制性条件，要求涉及的知识产权必须是自己研发的。在高新技术企业认定中也要提高知识产权自主创新的分值，降低企业外购知识产权的分值，切实保证对企业自主研发成果的精准优惠，提高企业自主技术创新的积极性。其次，要强化对企业技术转让所得的税收优惠支持。注重市场导向的技术创新，提高对被技术市场认可的技术创新成果的支持力度，进一步完善鼓励企业技术转让的税收优惠政策，鼓励企业技术成果落地转移转化。

5. 加强支持企业技术创新的财税政策间协调配合

首先，要加强税收优惠与政府采购、财政补贴、风险投资等政策之间的协调配合力度，深入研究各政策在实施过程中的相互关系，降低政策之间的摩擦和相互弱化关系，利用好政策之间的相互促进关系，提高政策实施效果。其次，要进一步完善部门间协作机制，加强多部门联动。对获得税收优惠的企业加强事前、事中和事后的监督管理。进一步加强顶层设计，进一步推动部门间信息传递和共享（白景明、张学诞和梁季等，2019），例如税务部门可与科技部门合作，共享企业开展创新项目、参与公共科技创新项目等信息；税务部门可与知识产权局合作，共享企业专利申请、专利授权等信息。最后，要加强政策宣传力度，可以在官网设置专门的单元为企业进行答疑，将相应的税收优惠制作成专栏进行宣传。

6. 建立税式支出预算制度体系

目前，我国尚未建立起税收支出预算制度，不能够将税收优惠法定落到实处，也无法对税收优惠支持科技创新的力度做到心中有数，税式支出效率难以得到有效保障。对此，我国需要推动建立税式支出预算制度体系。首先，要对税式支出进行制度化管理。以国家法律或者行政法规的方式将税式支出纳入制度，提高社会对税式支出的重视程度。其次，前期可以在所得税、增值税等部分税收优惠政策或者某地区先进行试点，在实践中不断发现问题并及时修正。后期可以推广至全部地区和全部税种，每年由财税部门对税收优惠进行计算汇总，然后通过国务院以"税式支出"专项列入年度财政预决算，年终决算对税式支出方向、支出效果、存在问题及未来改进的建议等方面定期形成规范化、制度化的税式支出报告，并向公众发布。结合税式支出预算制度和报告，建立针对企业技术创新的税收优惠政策的定期跟踪和评估机制，对于那些效果不好、资金浪费严重的及时进行调整和清理。

7. 建立健全税收优惠政策监管和效果评价机制

支持效果究竟如何需要采用科学的评价机制和评价方法。目前税收优惠支持效果评价机制仍处于不断探索和完善阶段，评价手段和方法也需要进一步完善。此外，受限于税收优惠支持企业技术创新的数据统计仍不够全面和细致，目前相关的政策效果评价也只能集中在整体评价上，缺乏对具体领域的评价。首先，在资金使用过程中，政府应加强全过程监管，构建财政扶持资金的"云监管"机制，通过云计算和大数据技术，实现对财政扶持资金的全过程动态监管。其次，要推动建立支持企业技术创新的公开数据库，对支持企业技术创新的税收优惠支出按照不同企业类型、不同地区、不同税种进行分类汇总，并采用统计公报或者统计年鉴的方式按年度及时向社会公开。同时，要利用好这些数据，依托专业研究机构针对特定问题进行数据分析和深入研究，为下一步提高税收优惠支持效果提供支撑。最后，应建立完善财税政策实施效果的评估机制。根据实际情况取消或调整政策扶持的方向和力度，防止资源错配，提高财政资金使用效率。

（二）企业层面

1. 进一步提升技术创新决策水平

要想提高税收优惠支持企业技术创新的效果，除了从政府层面进一步对政策进行修订完善外，企业自身提高对技术创新重要性的认识、加大技术创新投入力度也至关重要。政府出台再完备的政策，如果企业自身没有积极性，政策效果也难以提高。首先，企业要提高对技术创新重要性的认识。尤其在新时期，以企业为核心的国际科技创新竞争愈发激烈，企业不创新就会被淘汰。因此，企业自身要把技术创新的这根弦绷起来，提高自身研发投入水平。一方面，要提升自身研发经费投入强度，按照主营业务收入的一定比例逐渐增加，同时建立单独的研发经费统计制度，提高研发费用归拢的科学性；另一方面，要提升企业研发人员投入水平，注重吸引和培养高层次创新人才，提高研发人员的待遇，加快布局所属领域的技术创新。其次，企业要进一步提高自身创新决策水平，除了提升创新投入水平外，更要在创新方向布局、创新组织安排等方面进行自我完善。一方面，要在进行渐进式技术创新活动的同时探索开展突破性技术创新活动，实现自身技术创新在所属领域的突破，从而提高自身所处产业链位置。另一方面，要强化合作式创新，注重外部知识搜寻，与其他企业、高校院所等机构开展合作研发项目，利用好外部知识溢出，提高自身技术创新能力。同时，减少为了迎合政策而进行的与自己主业无关的专利购买行为。

2. 合理利用税收优惠政策推动实质性创新

税收优惠政策是企业技术创新的一项重大利好。利用好这项政策，真正提升自身技术创新水平至关重要。首先，企业要及时了解并深入研究政府政策，做好自身参与税收优惠的税收规划。可以设置专门的企业政务专员，与政府相关部门保持政策上的互通，及时了解、传达和落实与自身相关的税收优惠政策。其次，企业应定期向有关部门汇报创新项目的进展情况及财政资金的投入使用情况，自觉接受社会监督，及时向公众披露获取财政资金的相关信息，使社会公众都能成为企业的有效督促者。只有政府和企业相互配合、综合发力，才能有效发挥税收优惠政策的激励作用，推动企业技术创新发展。最后，企业要严格遵守税收政策规定，不偷税漏税，主动按期缴税，提高自身纳税信用。在享受税收优惠政策过程中不造假、不包装，积极开展实质性创新，切实提升自身技术创新水平。

3. 强化市场导向的技术创新

要想有效利用税收优惠政策，企业需要把握机会，强化市场导向的技术创新活动，提高企业技术创新被市场认可的程度，使企业技术创新产品经得起技术市场、消费者市场和资本市场的检验，进而提升企业竞争力水平。企业要以市场认可为导向，开展技术创新活动。一方面，要注重对市场需求趋势的把握，推动自身供给侧结构性改革，开展经得起市场检验的技术创新活动。另一方面，要重点开展能够被技术市场认可的技术创新，完善技术许可制度，提高企业自身所处产业链位置。

第三节　本章小结

本章基于前文关于税收优惠支持企业技术创新的问题、国际经验以及在实证和问卷访谈中发现的命题，给出了相应的完善建议。首先，对税收优惠支持企业技术创新中手段与目标的关系、政府与市场的关系、整体与个体的关系以及公平与效率的关系进行了界定。其次，提出了支持企业技术创新的税收优惠政策的定位和导向。从定位来看，支持企业技术创新的税收优惠政策应该定位于提高企业技术创新积极性，提高企业技术创新水平；从导向来看，主要包括注重公平竞争、市场主导、实质创新以及产业发展四个导向。

最后，从政府和企业两个维度提出了关于提高税收优惠支持企业技术创新效果的政策建议。从政府层面来看，主要包括七个方面：提高创新导向的税收优惠政策的法律层级，推动建立现代税收制度；提高税收优惠普适性，推动税收优惠从创新主体特惠向创新行为普惠转变；提高监管力度，进一步完善以高新技术企业 15% 税收优惠为主的资质认定办法；注重市场导向的技术创新，提高对企业实质性创新的税收优惠支持力度；注重支持企业技术创新的财税政策间协调配合，加强部门间信息共享；建立税式支出预算制度体系，提高税式支出效率；建立健全税收优惠支持效果评价机制，强化数据统计与分析。从企业层面来看，主要包括三个方面：提高对技术创新重要性的认识，提升创新决策水平；合理利用税收优惠政策，积极开展实质性创新；强化市场导向的技术创新，提升自身核心竞争力。但是，需要说明的是，由于研究水平有限，提出的政策建议也有可能不够全面和科学，我们将在今后的研究中进一步完善。

参 考 文 献

［1］［加］莱斯利·雅各布：《民主视野——当代政治哲学导论》，吴增定、刘凤罡译，中国广播电视出版社 2000 年版，第 20～46 页。

［2］［美］道格拉斯·C. 诺思：《制度、制度变迁与绩效》，杭行译，上海三联出版社 1994 年版，第 98～107 页。

［3］［美］罗伯特·A. 伯格曼、莫德斯托·A. 麦迪奎、史蒂文·C. 惠尔赖：《技术与创新的战略管理》，陈劲、王毅译，机械工业出版社 2004 年版。

［4］安同良、周绍东、皮建才：《R&D 补贴对中国企业自主创新的激励效应》，载于《经济研究》2009 年第 10 期，第 87～98 页。

［5］白景明、张学诞、梁季、施文泼、刘昶：《减税降费政策评估报告——基于高质量发展视角的分析》，载于《财政科学》2019 年第 12 期，第 5～22 页。

［6］白俊红、李婧：《政府 R&D 资助与企业技术创新——基于效率视角的实证分析》，载于《金融研究》2011 年第 6 期，第 181～193 页。

［7］白旭云、王砚羽、苏欣：《研发补贴还是税收激励——政府干预对企业创新绩效和创新质量的影响》，载于《科研管理》2019 年第 6 期，第 9～18 页。

［8］白旭云：《研发补贴还是税收激励——政府干预对企业创新绩效和创新质量的实证分析》，载于《科研管理》2019 年第 6 期，第 9～18 页。

［9］白重恩：《"特惠模式"不可持续》，载于《财经界》2015 年第 11 期，第 56～58 页。

［10］曹晶晶、程芳：《财税补助能否提高高新技术企业生产效率》，载

于《财会通讯》2017 年第 7 期，第 114 ~ 118 页。

[11] 曹燕萍、马惠：《企业自主创新与政府财税激励的实证分析》，载于《湖南财经高等专科学校学报》2008 年第 2 期，第 95 ~ 98 页。

[12] 曾德明、刘珊珊、李健：《企业研发国际化及网络位置对创新绩效影响研究——基于中国汽车产业上市公司的分析》，载于《软科学》2014 年第 12 期，第 5 ~ 9 页。

[13] 曾婧婧、龚启慧、王庆：《中国高新技术企业认定政策绩效评估：基于双重差分模型的实证分析》，载于《科技进步与对策》2019 年第 9 期，第 124 ~ 131 页。

[14] 常青青：《税收优惠对高新技术企业创新效率的差异化影响》，载于《财经科学》2020 年第 8 期，第 83 ~ 92 页。

[15] 陈红：《内部控制与研发补贴绩效研究》，载于《管理世界》2018 年第 12 期，第 149 ~ 164 页。

[16] 陈劲、陈钰芬：《企业技术创新绩效评价指标体系研究》，载于《科学学与科学技术管理》2006 年第 3 期，第 86 ~ 91 页。

[17] 陈劲、戴凌燕、李良德：《突破性创新及其识别》，载于《科技管理研究》2002 年第 5 期，第 23 ~ 29 页。

[18] 陈劲、邱嘉铭、沈海华：《技术学习对企业创新绩效的影响因素分析》，载于《科学学研究》2007 年第 6 期，第 203 ~ 212 页。

[19] 陈林峰：《我国现行激励企业技术创新税收政策评析》，载于《税务研究》2017 年第 3 期，第 38 ~ 42 页。

[20] 陈平花、陈少晖：《企业自主创新的税收优惠政策激励效应评估——基于模糊层次分析法的实证分析》，载于《经济研究参考》2019 年第 23 期，第 85 ~ 96 页。

[21] 陈亚平、韩凤芹：《高新技术企业认定对企业研发投入的影响——基于寻租行为的调节效应》，载于《科技管理研究》2020 年第 15 期，第 49 ~ 57 页。

[22] 陈岩、张红霞、王琦：《知识资源对企业创新影响的实证研究》，载于《科研管理》2018 年第 11 期，第 61 ~ 68 页。

[23] 陈远燕、何明俊、张鑫媛：《财政补贴、税收优惠与企业创新产出结构——来自中国高新技术上市公司的证据》，载于《税务研究》2018 年

第 12 期，第 50～56 页。

[24] 陈玥卓：《税收优惠影响企业创新产出的多元机制研究——来自中国软件与集成电路产业的证据》，载于《科技进步与对策》2020 年第 18 期，第 123～132 页。

[25] 程华：《直接资助与税收优惠促进企业 R&D 比较研究》，载于《中国科技论坛》2006 年第 3 期，第 56～59 页。

[26] 代明、刘佳、张杭：《企业科技创新市场失灵的形成逻辑与有效治理》，载于《中国科技论坛》2014 年第 2 期，第 11～16 页。

[27] 戴晨、刘怡：《税收优惠与财政补贴对企业 R&D 影响的比较分析》，载于《经济科学》2008 年第 3 期，第 58～71 页。

[28] 戴一鑫、李杏、冉征：《研发补贴不平等与企业创新效率》，载于《财贸研究》2019 年第 7 期，第 45～53 页。

[29] 邓惠：《后疫情时代湛江市中小微企业创新发展研究——基于税收优惠政策扶持的视角》，载于《绿色财会》2021 年第 12 期，第 49～52 页。

[30] 邓力平、何巧、王智烜：《减税降费背景下企业税负对创新的影响研究》，载于《经济与管理评论》2020 年第 6 期，第 101～111 页。

[31] 邓满源：《税收影响"珠三角"九市科技创新的探讨——基于粤港澳大湾区视角》，载于《江苏商论》2022 年第 2 期，第 87～89 页。

[32] 邓媚颖、赵浚宏、卢磊：《新办法新商机——〈高新技术企业认定管理办法〉全新解读》，载于《科技创业》2008 年第 7 期，第 40～42 页。

[33] 邓子基、杨志宏：《财税政策激励企业技术创新的理论与实证分析》，载于《财贸经济》2011 年第 5 期，第 5～10 页。

[34] 邓子基：《财政学》，中国人民大学出版社 2001 年版，第 130 页。

[35] 董津津、陈关聚：《科技型企业创新行为决策动因与机理——基于扎根理论的溯源与模糊集定性比较分析的验证》，载于《中国科技论坛》2020 年第 7 期，第 111～119 页。

[36] 董淼军、陆震、杨智洁等：《国家大学科技园税收优惠政策问题探究》，载于《中国高校科技》2021 年第 4 期，第 72～74 页。

[37] 董旸：《促进科技创新的税收优惠政策国际借鉴及启示》，载于《湖南税务高等专科学校学报》2021 年第 7 期，第 2～7 页。

［38］段姝、杨彬：《财政补贴与税收优惠的创新激励效应研究——来自民营科技型企业规模与生命周期的诠释》，载于《科技进步与对策》2020年第6期，第1~8页。

［39］樊琦、韩民春：《政府 R&D 补贴对国家及区域自主创新产出影响绩效研究——基于中国 28 个省域面板数据的实证分析》，载于《管理工程学报》2011 年第 3 期，第 183~188 页。

［40］冯海红、曲婉、李铭禄：《税收优惠政策有利于企业加大研发投入吗?》，载于《科学学研究》2015 年第 5 期，第 665~673 页。

［41］冯泽、陈凯华、戴小勇：《研发费用加计扣除是否提升了企业创新能力? ——创新链全视角》，载于《科研管理》2019 年第 10 期，第 73~86 页。

［42］付大学：《激励科技创新税式支出制度的缺陷及立法完善——以组织理论为切入点》，载于《法商研究》2019 年第 5 期，第 93~104 页。

［43］傅家骥：《技术创新学》，清华大学出版社 1998 年版。

［44］高仲芳：《2019 年世界税收十件大事：发布与点评》，载于《国际税收》2020 年第 2 期，第 38~41 页。

［45］龚辉文：《支持科技创新的税收政策研究》，载于《税务研究》2018 年第 9 期，第 5~10 页。

［46］关勇军、洪开荣：《基于企业不同生命周期的研发投资绩效研究——来自深圳中小板高新技术企业的证据》，载于《经济经纬》2012 年第 2 期，第 81~85 页。

［47］关勇军、瞿旻、刘秀娜：《研发直接补贴和税收优惠的理论依据及比较》，载于《会计之友》2012 年第 22 期，第 110~111 页。

［48］管永昊、吴佳敏、贺伊琦：《企业创新类型、非农就业与农民收入》，载于《财经问题研究》2020 年第 1 期，第 121~129 页。

［49］郭景先、苑泽明：《生命周期、财政政策与创新能力——基于科技型中小企业的经验证据》，载于《当代财经》2018 年第 3 期，第 23~34 页。

［50］郭研、郭迪、姜坤：《市场失灵、政府干预与创新激励——对科技型中小企业创新基金的实证检验》，载于《经济科学》2016 年第 3 期，第 114~128 页。

[51] 韩凤芹、陈亚平、田辉：《税收选择性激励企业创新的可持续性分析——基于政企策略性反应视角》，载于《西南民族大学学报（人文社会科学版）》2020 年第 11 期，第 125～133 页。

[52] 韩凤芹、陈亚平：《选择性税收激励、迎合式研发投入与研发绩效》，载于《科学学研究》2020 年第 9 期，第 1621～1629 页。

[53] 韩秀成：《不识"金山"真面目——从专利申请状况看我国高新技术流失的情况及原因》，载于《中国质量万里行》1996 年第 11 期，第 28～30 页。

[54] 何熙琼、杨昌安：《创新投入、高新技术资质与成本粘性》，载于《财会月刊：会计版》2019 年第 10 期，第 16～24 页。

[55] 贺康、王运陈、张立光等：《税收优惠、创新产出与创新效率——基于研发费用加计扣除政策的实证检验》，载于《华东经济管理》2020 年第 1 期，第 37～48 页。

[56] 洪勇、李英敏：《自主创新的政策传导机制研究》，载于《科学学研究》2012 年第 3 期，第 449～450 页。

[57] 胡凯、蔡波、张胜荣：《促进中小企业技术创新的税收政策研究》，载于《江西科学》2014 年第 3 期，第 106～109，116 页。

[58] 胡凯、吴清：《税收激励、制度环境与企业研发支出》，载于《财贸经济》2018 年第 1 期，第 38～53 页。

[59] 华志远：《完善我国产业链的财税对策》，载于《北方经贸》2009 年第 4 期，第 72～74 页。

[60] 黄惠丹、吴松彬：《R&D 税收激励效应评估：挤出还是挤入》，载于《中央财经大学学报》2019 年第 4 期，第 16～26，128 页。

[61] 贾宝余、高洁、刘立：《多维度把握科技强国建设内在逻辑》，载于《科技日报》2020 年 7 月 16 日。

[62] 江飞涛、李晓萍：《直接干预市场与限制竞争：中国产业政策的取向与根本缺陷》，载于《中国工业经济》2010 年第 9 期，第 26～36 页。

[63] 江静：《公共政策对企业创新支持的绩效——基于直接补贴与税收优惠的比较分析》，载于《科研管理》2011 年第 4 期，第 1～8 页。

[64] 江希和、王水娟：《企业研发投资税收优惠政策效应研究》，载于《科研管理》2015 年第 6 期，第 46～52 页。

［65］江笑云、汪冲、高蒙蒙：《研发税收减免对企业融资约束的影响及其作用机制——基于微观企业数据的实证研究》，载于《财经研究》2019年第9期，第57~70页。

［66］解学梅、左蕾蕾：《企业协同创新网络特征与创新绩效：基于知识吸收能力的中介效应研究》，载于《南开管理评论》2013年第3期，第47~56页。

［67］解学智、史耀斌、张天犁等：《关于建立科学规范的税式支出制度的思考》，载于《财政研究》2003年第6期，第2~5页。

［68］金婷婷：《财政补贴、税收减免对高新技术企业创新产出的影响研究》，浙江财经大学硕士学位论文，2019年。

［69］经庭如、程紫璇：《所得税税收优惠对企业创新的影响研究——基于制造业上市公司的微观证据》，载于《铜陵学院学报》2020年第4期，第28~32页。

［70］景卫东：《高新技术企业享受税收优惠与企业年度研发项目的关联性及操作实务》，载于《财会月刊》2015年第8期，第72~74页。

［71］康志勇：《融资约束、政府支持与中国本土企业研发投入》，载于《南开管理评论》2013年第5期，第61~70页。

［72］孔淑红：《税收优惠对科技创新促进作用的实证分析——基于省际面板数据的经验分析》，载于《科技进步与对策》2010年第24期，第32~36页。

［73］兰贵良、张友棠：《企业异质性因素、研发税收激励与企业创新产出》，载于《财会月刊》2018年第14期，第42~49页。

［74］黎文靖、郑曼妮：《实质性创新还是策略性创新？——宏观产业政策对微观企业创新的影响》，载于《经济研究》2016年第4期，第60~73页。

［75］黎文靖：《所有权类型、政治寻租与公司社会责任报告：一个分析性框架》，载于《会计研究》2012年第1期，第83~90，99页。

［76］李传喜、赵讯：《中国高新技术企业财税激励研发投入效应研究》，载于《税务研究》2016年第2期，第105~109页。

［77］李婧：《政府R&D资助对企业技术创新的影响——一个基于国有与非国有企业的比较研究》，载于《研究与发展管理》2013年第3期，第

18～24 页。

[78] 李丽青：《我国现行 R&D 税收优惠政策的有效性研究》，载于《中国软科学》2007 年第 7 期，第 115～120 页。

[79] 李林木、薛迎迎：《新中国 70 年科技研发税收激励政策的变迁与优化》，载于《福建行政学院学报》2019 年第 4 期，第 31～40 页。

[80] 李维安、李浩波、李慧聪：《创新激励还是税盾？——高新技术企业税收优惠研究》，载于《科研管理》2016 年第 11 期，第 61～69 页。

[81] 李为人、陈燕清：《激励企业自主创新税收优惠政策的优化探析》，载于《税务研究》2019 年第 10 期，第 42～43 页。

[82] 李香菊、贺娜：《税收激励有利于企业技术创新吗？》，载于《经济科学》2019 年第 1 期，第 18～30 页。

[83] 李香菊、杨欢：《财税激励政策、外部环境与企业研发投入：基于中国战略性新兴产业 A 股上市公司的实证研究》，载于《当代财经》2019 年第 3 期，第 25～36 页。

[84] 李新男等：《构建以企业为主体的技术创新体系研究》，经济管理出版社 2020 年版。

[85] 李彦龙：《税收优惠政策与高技术产业创新效率》，载于《数量经济技术经济研究》2018 年第 1 期，第 60～76 页。

[86] 李中：《我国经济发展方式转变中的制度创新》，中共中央党校博士学位论文，2012 年，第 57～89 页。

[87] 梁彤缨、冯莉、陈修德：《税式支出、财政补贴对研发投入的影响研究》，载于《软科学》2012 年第 5 期，第 32～35 页。

[88] 林小玲、张凯：《企业所得税减免、融资结构与全要素生产率——基于 2012—2016 年全国税收调查数据的实证研究》，载于《当代财经》2019 年第 4 期，第 27～38 页。

[89] 林小玲：《财政补助、外部融资与企业自主研发投入——基于2016 年全国企业调查数据》，载于《山西财经大学学报》2019 年第 5 期，第 68～80 页。

[90] 林毅夫、张维迎：《政府的边界》，民主与建设出版社 2017 年版，第 59～72 页。

[91] 林洲钰、林汉川、邓兴华：《所得税改革与中国企业技术创新》，

载于《中国工业经济》2013 年第 3 期，第 111 ~ 123 页。

[92] 刘常勇：《科技创新与竞争力：建构自主创新能力》，科学出版社 2006 年版。

[93] 刘凤朝、马荣康：《公共科技政策对创新产出的影响——基于印度的模型构建与实证分析》，载于《科学学与科学技术管理》2012 年第 5 期，第 7 ~ 16 页。

[94] 刘建、苏毓敏、万梅：《税收政策激励创新的国际比较与借鉴》，载于《国际税收》2017 年第 12 期，第 78 ~ 80 页。

[95] 刘力钢、孟伟：《科技型中小企业跨界搜寻与创新绩效》，经济管理出版社 2016 年版。

[96] 刘明：《政府创新政策对企业创新行为增量的影响——微观组织学习的视角》，载于《税务与经济》2018 年第 6 期，第 9 页。

[97] 刘明慧、王静茹：《企业异质性视角下税收优惠对研发投入的激励效应研究》，载于《财经论丛》2020 年第 5 期，第 32 ~ 42 页。

[98] 刘尚希、韩凤芹：《科技创新：中央与地方关系研究》，经济科学出版社 2016 年版。

[99] 刘尚希、王志刚、程瑜、韩晓明、施文泼：《应对高成本发展阶段的新思路：从政策驱动转向创新驱动》，载于《财政研究》2019 年第 12 期，第 40 ~ 47 页。

[100] 刘淑芬：《贝因美"伪高新"补税案例分析》，载于《中国乡镇企业会计》2016 年，第 85 ~ 86 页。

[101] 刘延东：《突出企业主体地位加快技术创新体系建设》，载于《中国科技投资》2010 年第 10 期，第 8 页。

[102] 刘一新、张卓：《政府资助对产学研协同创新绩效的影响——来自江苏省数据》，载于《科技管理研究》2020 年第 10 期，第 42 ~ 47 页。

[103] 刘颖、刘明：《关于促进技术进步的税式支出研究》，载于《东北财经大学学报》2012 年第 1 期，第 35 ~ 39 页。

[104] 刘颖、尹志荣、尹华川等：《以企业为中心的技术创新体系建设研究》，载于《企业技术开发》2013 年第 21 期，第 5 ~ 6 页。

[105] 柳光强、杨芷晴、曹普桥：《产业发展视角下税收优惠与财政补贴激励效果比较研究——基于信息技术、新能源产业上市公司经营业绩的面

板数据分析》，载于《财贸经济》2015 年第 8 期，第 38～47 页。

[106] 柳光强：《税收优惠、财政补贴政策的激励效应分析——基于信息不对称理论视角的实证研究》，载于《管理世界》2016 年第 10 期，第 62～71 页。

[107] 柳卸林：《技术创新经济学》，中国经济出版社 1993 年版。

[108] 龙静、黄勋敬、余志杨：《政府支持行为对中小企业创新绩效的影响——服务性中介机构的作用》，载于《科学学研究》2012 年第 5 期，第 790～792 页。

[109] 龙静、刘海建：《政府机构的权力运用方式对中小企业创新绩效的影响——基于企业与政府关系的视角》，载于《科学学与科学技术管理》2012 年第 5 期，第 96～105 页。

[110] 娄贺统、徐恬静：《税收激励对企业技术创新的影响机理研究》，载于《研究与发展管理》2008 年第 6 期，第 88～94 页。

[111] 楼继伟：《税式支出理论创新与制度探索》，中国财政经济出版社 2003 年版。

[112] 卢君生、张顺明、朱艳阳：《高新技术企业认证能缓解融资约束吗》，载于《金融论坛》2018 年第 1 期，第 52～65 页。

[113] 陆昌珍：《高新技术企业认定 ABC》，中国财富出版社 2012 年版，第 1～46 页。

[114] 陆松颖：《税收激励政策对企业创新绩效的影响路径研究》，载于《知识经济》2016 年第 6 期，第 71～72 页。

[115] 罗斌元、刘玉：《税收优惠、创新投入与企业高质量发展》，载于《税收经济研究》2020 年第 4 期，第 13～21 页。

[116] 罗党论、唐清泉：《政治关系、社会资本与政策资源获取：来自中国民营上市公司的经验证据》，载于《世界经济》2009 年第 7 期，第 84～96 页。

[117] 罗晓辉、胡珑瑛、万丛颖：《结构趋同与"优势企业扶持"政策的创新激励效应——来自于地方政府同质化竞争的解释》，载于《管理世界》2018 年第 12 期，第 187～189 页。

[118] 马伟红：《税收激励与政府资助对企业 R&D 投入影响的实证分析——基于上市高新技术公司的面板数据》，载于《科技进步与对策》2011

年第 17 期，第 111～114 页。

[119] 马壮、李延喜、曾伟强、王云：《产业政策提升资本配置效率还是破坏市场公平?》，载于《科研管理》2016 年第 10 期，第 79～92 页。

[120] 倪杰：《科技创新税收优惠政策解读》，经济科学出版社 2010 年版。

[121] 聂岸羽：《财税政策对企业创新绩效影响的实证研究——以企业资源投入和企业内部激励为中介变量》，浙江理工大学硕士学位论文，2011 年，第 23～45 页。

[122] 钱丽、王文平、肖仁桥：《产权性质、技术差距与高技术企业创新效率》，载于《科技进步与对策》2019 年第 12 期，第 105～114 页。

[123] 钱锡红、杨永福、徐万里：《企业网络位置、吸收能力与创新绩效——一个交互效应模型》，载于《管理世界》2010 年第 5 期，第 118～129 页。

[124] 秦敬涛、朱云飞：《科技发展与我国税收政策思考》，载于《市场论坛》2004 年第 4 期，第 2 页。

[125] 秦修宏、黄国良：《税收优惠政策能提升高新技术企业发明型创新效率吗》，载于《财会月刊》2020 年第 21 期，第 1～7 页。

[126] 任胜钢：《企业网络能力结构的测评及其对企业创新绩效的影响机制研究》，载于《南开管理评论》2010 年第 1 期，第 69～80 页。

[127] 邵诚、王胜光：《我国软件企业税收优惠与研发投入关系的结构方程模型分析》，载于《工业技术经济》2010 年第 1 期，第 64～69 页。

[128] 申嫦娥：《科技创新与财税政策》，经济科学出版社 2016 年版。

[129] 申宇、黄昊、赵玲：《地方政府"创新崇拜"与企业专利泡沫》，载于《科研管理》2018 年第 4 期，第 83～91 页。

[130] 水会莉、韩庆兰：《融资约束、税收激励与企业研发投入——来自中国制造业上市公司的证据》，载于《科技管理研究》2016 年第 7 期，第 30～36 页。

[131] 苏畅、李志斌：《财税激励政策对企业研发投入的促进机制研究——财务资源视角》，载于《税收经济研究》2019 年第 1 期，第 79～87 页。

[132] 孙刚、孙红、朱凯：《高科技资质认定与上市企业创新治理》，

载于《财经研究》2016 年第 1 期，第 30 ~ 39 页。

[133] 孙建平、张昱、胡雯、赵阳：《欧洲国家专利盒政策介绍及对我国的启示》，载于《国际税收》2020 年第 6 期，第 33 ~ 38 页。

[134] 孙健夫、贺佳：《企业所得税优惠政策对提升高新技术企业科技竞争力的效应分析》，载于《当代财经》2020 年第 3 期，第 26 ~ 37 页。

[135] 孙莹、顾晓敏：《中国创业板上市公司创新绩效及影响因素研究》，载于《华东经济管理》2013 年第 9 期，第 59 ~ 63 页。

[136] 孙莹：《税收政策对企业创新绩效影响的实证研究》，载于《上海市经济管理干部学院学报》2015 年第 4 期，第 46 ~ 56 页。

[137] 孙玉涛、刘凤朝：《中国企业技术创新主体地位确立——情境、内涵和政策》，载于《科学学研究》2016 年第 34 期，第 1724 页。

[138] 孙自愿、梁晨、卫慧芳：《什么样的税收优惠能够激励高新技术企业创新——来自优惠强度与具体优惠政策的经验证据》，载于《北京工商大学学报（社会科学版）》2020 年第 5 期，第 95 ~ 106 页。

[139] 谭浩俊：《让更多专利变成生产力和竞争力》，载于《上海证券报》2019 年 5 月 31 日。

[140] 谭龙、刘云、侯媛媛：《我国高校专利实施许可的实证分析及启示》，载于《研究与发展管理》2013 年第 3 期，第 121 ~ 127 页。

[141] 唐清泉、卢珊珊、李懿东：《企业成为创新主体与 R&D 补贴的政府角色定位》，载于《中国软科学》2008 年第 6 期，第 94 ~ 104 页。

[142] 唐荣、顾乃华、谭周令：《产业政策、市场结构与企业价值链定位》，载于《产业经济研究》2019 年第 1 期，第 12 ~ 26 页。

[143] 陶爱萍、吴文韬、蒯鹏：《进出口贸易抑制了企业创新吗——基于收入差距的调节作用》，载于《国际贸易问题》2020 年第 3 期，第 116 ~ 130 页。

[144] 田发、谢凡、柳璐：《中国财税政策对企业 R&D 的影响效应——基于创业板高新技术企业的实证分析》，载于《科技管理研究》2019 年第 21 期。

[145] 田发、谢凡：《税收优惠政策对企业科技创新的激励效应研究》，载于《技术与创新管理》2019 年第 3 期，第 297 ~ 303 页。

[146] 童锦治、冷志鹏、黄浚铭等：《固定资产加速折旧政策对企业融

资约束的影响》，载于《财政研究》2020 年第 6 期，第 49 页。

[147] 屠成杰：《财税政策对企业创新的影响及作用机制研究》，载于《经营与管理》2020 年第 8 期，第 135～139 页。

[148] 万源星、许永斌：《高新认定办法、研发操纵与企业技术创新效率》，载于《科研管理》2019 年第 4 期，第 57～65 页。

[149] 王春元：《税收优惠刺激了企业 R&D 投资吗?》，载于《科学学研究》2017 年第 2 期，第 255～263 页。

[150] 王慈颖：《小型微型企业发展的税收政策研究》，载于《品牌（下半月）》2015 年第 8 期，第 221 页。

[151] 王俊：《政府 R&D 资助作用机制及激励效应研究》，经济科学出版社 2012 年版。

[152] 王亮亮：《税制改革与利润跨期转移——基于"账税差异"的检验》，载于《管理世界》2014 年第 11 版，第 105～118 页。

[153] 王旭、何玉：《政府补贴、税收优惠与企业研发投入——基于动态面板系统 GM 分析》，载于《技术经济与管理研究》2017 年第 4 期，第 92～96 页。

[154] 王瑶、彭凯、支晓强：《税收激励与企业创新——来自"营改增"的经验证据》，载于《北京工商大学学报（社会科学版）》2021 年第 1 期，第 81～91 页。

[155] 王一卉：《政府补贴、研发投入与企业创新绩效——基于所有制、企业经验与地区差异的研究》，载于《经济问题探索》2013 年第 7 期，第 142～147 页。

[156] 温忠麟、张雷、侯杰泰等：《中介效应检验程序及其应用》，载于《心理学报》2004 年第 5 期，第 614～620 页。

[157] 吴非、杜金岷、杨贤宏：《财政 R&D 补贴、地方政府行为与企业创新》，载于《国际金融研究》2018 年第 5 期，第 35～44 页。

[158] 吴慧香：《税收激励促进企业技术创新的机理研究》，载于《产业与科技论坛》2018 年第 14 期，第 252～253 页。

[159] 吴剑峰、杨震宁：《政府补贴、两权分离与企业技术创新》，载于《科研管理》2014 年第 12 期，第 54～61 页。

[160] 吴小娟：《对促进企业自主创新的税收政策的解析》，载于《纳

税》2018 年第 28 期，第 50 页。

［161］向景、马光荣、魏升民：《减税能否提振企业绩效——基于上市公司数据的实证研究》，载于《学术研究》2017 年第 10 期，第 102 ~ 108 页。

［162］肖虹、曲晓辉：《R&D 投资迎合行为：理性迎合渠道与股权融资渠道？——基于中国上市公司的经验证据》，载于《会计研究》2012 年第 2 期，第 42 ~ 49 页。

［163］肖兴志、王伊攀、李姝：《政府激励、产权性质与企业创新——基于战略性新兴产业 260 家上市公司数据》，载于《财经问题研究》2013 年第 2 期，第 26 ~ 33 页。

［164］许庆瑞：《研究、发展与技术创新管理》，高等教育出版社 2000 年版。

［165］薛薇、李峰、彭春燕：《我国支持风险投资的税收政策研究》，载于《税务研究》2016 年第 7 期，第 116 ~ 120 页。

［166］薛薇、尉佳：《适应新时代科技创新发展的税收政策：挑战、问题与建议》，载于《国际税收》2020 年第 6 期，第 25 ~ 32 页。

［167］薛薇：《科技创新税收政策国内外实践研究》，经济管理出版社 2013 年版。

［168］薛薇：《论股权激励与技术入股税收优惠新政》，载于《国际税收》2017 年第 1 期，第 17 ~ 21 页。

［169］杨得前、刘仁济：《税式支出、财政补贴的转型升级激励效应——来自大中型工业企业的经验证据》，载于《税务研究》2017 年第 7 期，第 89 ~ 95 页。

［170］杨国超、刘静、康鹏等：《减税激励、研发操纵与研发绩效》，载于《经济研究》2017 年第 8 期，第 110 ~ 124 页。

［171］杨国超、芮萌：《高新技术企业税收减免政策的激励效应与迎合效应》，载于《经济研究》2020 年第 9 期，第 174 ~ 191 页。

［172］杨乐、宋诗赟：《税收激励对企业技术创新的影响研究》，载于《中国注册会计师》2020 年第 7 期，第 69 ~ 74 页。

［173］杨旭东：《环境不确定性、税收优惠与技术创新——基于我国中小上市公司的实证分析》，载于《税务研究》2018 年，第 86 ~ 91 页。

［174］杨洋、魏江、罗来军：《谁在利用政府补贴进行创新？——所有制和要素市场扭曲的联合调节效应》，载于《管理世界》2015 年第 1 期，第 75～86 页。

［175］杨玉桢、杨铭：《两阶段高技术产业创新效率及其影响因素研究——基于随机前沿模型的实证分析》，载于《管理现代化》2019 年第 5 期，第 37～41 页。

［176］姚维保：《减税降费、民营企业异质性与创新发展》，载于《财经论丛》2021 年第 1 期，第 24～32 页。

［177］叶显、吴非、刘诗源：《企业减税的创新驱动效应研究——异质性特征、机制路径与政府激励结构破解》，载于《现代财经：天津财经大学学报》2019 年第 4 期，第 33～50 页。

［178］叶昕：《论科技税收中的效用扭曲》，载于《科技进步与对策》2000 年第 11 期，第 99～100 页。

［179］于海峰、赵丽萍：《激励创新视阈下税收优惠政策的"二元分化"》，载于《地方财政研究》2017 年第 7 期，第 63～69，75 页。

［180］余明桂、范蕊、钟慧洁：《中国产业政策与企业技术创新》，载于《中国工业经济》2016 年第 12 期，第 5～22 页。

［181］余明桂、回雅甫、潘红波：《政治联系、寻租与地方政府财政补贴有效性》，载于《经济研究》2010 年第 3 期，第 65～77 页。

［182］余宜珂、郭靖、张再杰、杨昀、周剑秋：《激励企业研发的税收优惠政策的国际经验对比及评析》，载于《税务研究》2020 年第 7 期，第 81～85 页。

［183］余泳泽、张先轸：《要素禀赋、适宜性创新模式选择与全要素生产率提升》，载于《管理世界》2015 年第 9 期，第 13～31 页。

［184］袁奥博：《所得税优惠与企业竞争力的关系》，西南财经大学硕士学位论文，2017 年。

［185］袁建国、范文林、程晨：《税收优惠与企业技术创新——基于中国上市公司的实证研究》，载于《税务研究》2016 年第 10 期，第 30～35 页。

［186］袁真富：《核心竞争力：专利价值的深刻体现》，载于《中国知识产权报》2012 年 9 月 21 日。

［187］张赤东：《中国企业技术创新主体地位评价：基于 LVS 框架的企业创新驱动力实证研究》，知识产权出版社 2016 年版。

［188］张方华：《企业社会资本与技术创新绩效：概念模型与实证分析》，载于《研究与发展管理》2006 年第 3 期，第 50～56 页。

［189］张晋武：《中国税式支出制度构建研究》，人民出版社 2008 年版。

［190］张明斗：《政府激励方式对高新技术企业创新质量的影响研究——促进效应还是挤出效应？》，载于《西南民族大学学报（人文社科版）》2020 年第 5 期，第 122～134 页。

［191］张明喜：《科技财政》，经济管理出版社 2016 年版。

［192］张娜、杜俊涛：《财税政策对高新技术企业创新效率的影响——基于交互作用的视角》，载于《税务研究》2019 年第 12 期，第 43～57 页。

［193］张信东、贺亚楠、马小美：《R&D 税收优惠政策对企业创新产出的激励效果分析——基于国家级企业技术中心的研究》，载于《当代财经》2014 年第 11 期，第 35～45 页。

［194］张信东、王亚丹：《政府研发支持与中小企业创新》，载于《西安财经学院学报》2017 年第 1 期，第 59～66 页。

［195］张信东、武俊俊：《政府 R&D 资助强度，企业 R&D 能力与创新绩效——基于创业板上市公司的经验证据》，载于《科技进步与对策》2014 年第 22 期，第 7～13 页。

［196］张兴龙、沈坤荣、李萌：《政府 R&D 补助方式如何影响企业 R&D 投入？——来自 A 股医药制造业上市公司的证据》，载于《产业经济研究》2014 年第 5 期，第 53～62 页。

［197］张子余、杨丹、张碧秋：《高新技术企业资格认定过程中的费用操控行为研究》，载于《南开管理评论》2019 年第 5 期，第 155～164 页。

［198］赵璨、王竹泉、杨德明、曹伟：《企业迎合行为与政府补贴绩效研究——基于企业不同盈利状况的分析》，载于《中国工业经济》2015 年第 7 期，第 130～145 页。

［199］赵笛：《促进企业创新发展的税收优惠政策研究》，载于《税务研究》2017 年第 7 期，第 114～117 页。

［200］赵凯、王鸿源：《政府 R&D 补贴政策与企业创新决策间双向动

态耦合与非线性关系》，载于《经济理论与经济管理》2018 年第 5 期，第 43~56 页。

[201] 赵树宽、余海晴、巩顺龙：《基于 DEA 方法的吉林省高技术企业创新效率研究》，载于《科研管理》2013 年第 2 期，第 38~45，106 页。

[202] 赵月红、许敏：《现行所得税优惠政策对企业 R&D 投入的激励效应研究——基于上市高新技术企业的面板数据》，载于《科学管理研究》2013 年第 23 期，第 104~107 页。

[203] 郑春美、李佩：《政府补助与税收优惠对企业创新绩效的影响——基于创业板高新技术企业的实证研究》，载于《科技进步与对策》2015 年第 16 期，第 83~87 页。

[204] 郑玉：《高新技术企业认定的信号功能研究——基于外部融资激励的实证》，载于《金融理论与实践》2020 年第 2 期，第 45~54 页。

[205] 钟炜：《税收优惠与 FDI 的时空分析——基于税收优惠信号理论的实证研究》，载于《财经研究》2006 年第 8 期，第 124~134 页。

[206] 周海涛、张振刚：《政府 R&D 资助与企业技术创新：基于决策—行为—绩效视角》，华南理工大学出版社 2017 年版。

[207] 周海涛、张振刚：《政府研发资助方式对企业创新投入与创新绩效的影响研究》，载于《管理学报》2015 年第 12 期，第 1797~1804 页。

[208] 周黎安：《中国地方官员的晋升锦标赛模式研究》，载于《经济研究》2007 年第 7 期，第 36~50 页。

[209] 朱丽颖：《国家创新体系中企业技术创新与政府行为研究》，东北大学出版社 2014 年版。

[210] 朱平芳、徐伟民：《政府的科技激励政策对大中型工业企业 R&D 投入及其专利产出的影响——上海市的实证研究》，载于《经济研究》2003 年第 6 期，第 45~53 页。

[211] 朱雪忠：《我国专利数量的失控及其危害》，搜狐网，2018 年 1 月 15 日，https：//www.sohu.com/a/295807008_100107841。

[212] 朱云欢、张明喜：《我国财政补贴对企业研发影响的经验分析》，载于《经济经纬》2010 年第 5 期，第 83~87 页。

[213] 朱云欢：《促进高新技术企业发展的税收政策研究》，载于《工业技术经济》2011 年第 3 期，第 73~78 页。

[214] 邹洋、聂明明、郭玲、闫浩：《财税政策对企业研发投入的影响分析》，载于《税务研究》2016 年第 8 期，第 42～46 页。

[215] 邹洋、王茹婷：《财政分权、政府研发补贴与企业研发投入》，载于《财经论丛》2018 年第 9 期，第 32～42 页。

[216] Akcigit U, Hanley D, Stantcheva S. Optimal Taxation and R&D Policies. NBER Working Papers, 2016.

[217] Akcigit U, Stantcheva S. Taxation and Innovation: What Do We Know?. CEPR Discussion Papers, 2020.

[218] Álvarez-Ayuso I C, Chihwa K, Romero-Jordán D. Long run effect of public grants and tax credits on R&D investment: A non-stationary panel data approach. *Economic Modelling*, Vol. 75, 2018, pp. 93 – 104.

[219] Amendolagine V, Pascale G D, Faccilongo N. International capital mobility and corporate tax revenues: How do controlled foreign company rules and innovation shape this relationship?. *Economic Modelling*, 2021, pp. 101.

[220] APGRH Horwitz. *Modern Political Ideologies*. Wiley-Blackwell, 2009.

[221] Baghana R, Mohnen P. Effectiveness of R&D Tax Incentives in Small and Large Enterprises in Quebec. *Small Business Economics*, Vol. 33, 2009, pp. 91 – 107.

[222] Baron R M, Kenny D A. The Moderator-mediator Variable Distinction in Social Psychological Research: Conceptual, Strategic, and Statistical Considerations. *Journal of Personality and Social Psychology*, Vol. 5, 1986, pp. 1173 – 1182.

[223] Bellstam G, Bhagat S, Cookson J A. A Text-Based Analysis of Corporate Innovation. SSRN Electronic Journal, 2016.

[224] Bérubé C, Mohnen P. Are firms that receive R&D subsidies more innovative?. *Canadian Journal of Economics*, Vol. 42, No. 1, 2009, pp. 206 – 225.

[225] Bhattacharya U, Hsu P H, et al. What Affects Innovation More: Policy or Policy Uncertainty. *Journal of Financial & Quantitative Analysis*, 2017, pp. 1 – 33.

［226］Bloom N, Griffith R, Van Reenen J. Do R&D Tax Credits Work? Evidence from a Panel of Countries 1979 – 1997. *Journal of Public Economics*, No. 85, 2002, pp. 1 – 31.

［227］Bratic V. Tax Expenditures: A Theoretical Review. *Financial Theory and Practice*, Vol. 30, No. 2, 2006.

［228］Bratic V. Tax Expenditures: A Theoretical Review. *Financial Theory and Practice*, Vol. 30, No. 2, 2006.

［229］Cao Q, Wang H, Cao L. "Business Tax to Value-added Tax" and Enterprise Innovation Output: Evidence from Listed Companies in China. *Emerging Markets Finance and Trade*, 2022, P. 58.

［230］Cerulli G, Potì B, Spallone R. The impact of fiscal relief on multinationals business R&D investments: A cross-country analysis. *Economia Politica*, Vol. 35, No. 2, 2018, pp. 649 – 675.

［231］Chang A C. Tax policy endogeneity: Evidence from R&D tax credits. *Economics of Innovation and New Technology*, Vol. 27, No. 8, 2018, pp. 47 – 56.

［232］Christiansen J A. *Building the Innovative Organization*. New York: Palgrave Macmillan, 2000, pp. 59 – 78.

［233］Crépon B, Duguet E. Is innovation persistent at the firm Level. An econometric examination comparing the propensity score and regression method. Université Panthéon-Sorbonne (Paris1), 2004.

［234］Czarnitzki D, Hanel P, Rosa J M. Evaluating the impact of R&D tax credits on innovation: A microeconometric study on Canadian firms. *Research Policy*, Vol. 40, No. 2, 2011, pp. 217 – 229.

［235］Dai X, Verreynne M-L, Wang J H, et al. The behavioral additionality effects of a tax incentive program on firms' composition of R&D investment. *R&D Management*, Vol. 50, No. 4, 2020, pp. 1 – 12.

［236］De Jong J P J, Verhoeven W H J. WBSO Evaluation 2001 – 2005: Impacts, target group, reach and implementation, Research Series 07 OI 35. Ministry of Economic Affairs, 2007.

［237］Dechezleprêtre A, Einiö E, Martin R, et al. Do tax Incentives for

Research Increase Firm Innovation? An RD Design for R&D. NBER *Working Papers*, No. w22405, 2016.

[238] Duguet E. The effect of the incremental R&D tax credit on the private funding of R&D an econometric evaluation on French firm level data. *Revue d'économie politique*, Vol. 122, No. 3, 2012, pp. 405 – 435.

[239] Estache A, Gaspar V. *Why Tax Incentives Do Not Promote Investment in Brazil*. Oxford University Press, 1995, pp. 309 – 340.

[240] Fiekowsky S. The Relation of Tax Expenditures to the Distribution of the "Fiscal Burden". *Canadian Taxation*, No. 2, 1980.

[241] Guceri I, Liu L. Effectiveness of Fiscal Incentives for R&D: Quasi-Experimental Evidence. *Working Papers*, 2017.

[242] Guellec D, Potterie B. The effect of public expenditure to business R&D. *Economics of Innovation & New Technology*, Vol. 12, No. 3, 2000, pp. 225 – 243.

[243] Hall B, Reenen J V. How effective are fiscal incentives for R&D? A new review of the evidence. *Research Policy*, Vol. 29, No. 4, 1999, pp. 449 – 469.

[244] Hausman J, Hall B, Griliches Z. Econometric Models for Count Data with an Application to Patent R&D Relationship. *Econometrica*, No. 152, 1984, pp. 909 – 938.

[245] Hinloopen J. More on subsidizing cooperative and noncooperative R&D in duopoly with spillovers. *Journal of Economics*, Vol. 66, No. 2, 1997, pp. 151 – 175.

[246] Jia J, Ma G. Do R&D tax incentives work? Firm-level evidence from China. *China Economic Review*, 2017, P. 46.

[247] Koga T. Firm Size and R&D Tax Incentives. *Technovation*, No. 23, 2003, pp. 643 – 648.

[248] Kucherenko T, Melnyk L, Ratushna O. Accounting for Financing of the Enterprise's Innovation Activities. *Accounting & Finance*, No. 83, 2019, pp. 35 – 43.

[249] Lacová Ž, Hunady J. The Consequences of Tax Base Rules on Enter-

prise Innovation in the European Union. *Modeling Innovation Sustainability and Technologies*, No. 3, 2018, pp. 23 – 41.

[250] Lan F, Wang W, Cao Q. Tax cuts and enterprises' R&D intensity: Evidence from a natural experiment in China. *Economic Modelling*, 2020, P. 89.

[251] Lokshin B, Mohnen P. How Effective are Level-based R&D Tax Credits? Evidence from the Netherlands. *Applied Economics*, Vol. 44, No. 12, 2012, pp. 1527 – 1538.

[252] Matschoss K, Mikkonen I, Gynther L, et al. Drawing policy insights from social innovation cases in the energy field. *Energy Policy*, 2022, P. 161.

[253] Nelson R R, Winter S G. An Evolutionary Theory of Economic Change. *Technology in Society*, Vol. 4, No. 4, 1982, pp. 315 – 317.

[254] Pakes A, Griliches Z. Patents and R&D at the firm level: A first look. *Economic Letters*, Vol. 5, 1980, pp. 377 – 381.

[255] Pedreschi D, Vigier A, Höffle H, et al. Innovation through consultation: Stakeholder perceptions of a novel fisheries management system reveal flexible approach to solving fisheries challenges. *Marine Policy*, Vol. 124, 2021.

[256] Rodrik D. Industrial Policy for the 21st Century. Working Paper, John F. Kennedy School of Government. Harvard University, September, 2004.

[257] Rogers M. The Definition and Measurement of Innovation. *Melbourne Institute Working Paper*, No. 10, 1998.

[258] Russo B. A Cost-benefit Analysis of R&D Tax Incentives. *Canadian Journal of Economics/Revue Canadienned' Economique*, Vol. 37, No. 2, 2004, pp. 313 – 335.

[259] Schelling T C. *The Strategy of Conflict*. Cambridge, Mass: Harvard University Press, 1960.

[260] Scott R W, Meyer J W. *The Organization of Societal Sectors: Propositions and Early Evidence*. Chicago: University of Chicago Press, 1991, pp. 108 – 140.

[261] Söderblom A, Samuelsson M, Wiklund J, et al. Inside the Black Box of Outcome Additionality: Effects of Early-Stage Government Subsidies on Resource Accumulation and New Venture Performance. *Research Policy*, Vol. 44,

No. 8, 2015, pp. 1501 – 1512.

[262] Stek P E, van Geenhuizen M S. Measuring the dynamics of an inno-vation system using patent data: A case study of South Korea, 2001 – 2010. *Quality & Quantity*, Vol. 49, No. 4, 2015, pp. 1325 – 1343.

[263] Sun W, Yin K, Liu Z. Tax Incentives, R&D Manipulation, and Corporate Innovation Performance: Evidence from Listed Companies in China. *Sustainability*, Vol. 13, 2021.

[264] Surrey S S. Federal Income Tax Reform: The Varied Approaches Necessary to Replace Tax Expenditures with Direct Governmental Assistance. *Harvard Law Review*, Vol. 84, No. 2, 1970.

[265] Tong T W, He W, He Z L, et al. Patent Regime Shift and Firm In-novation: Evidence from the Second Amendment to China's Patent Law. *Academy of Management Annual Meeting Proceedings*, Vol. 2014, No. 1, 2014.

[266] Wang P, Zhu B Z. On Evaluation Model and Its Application of Enter-prise Independent Innovation Project Risk. *Science and Technology Management Research*, 2011.

[267] Wang Z, Tsim Y C, Yeung W S, et al. Probabilistic Latent Seman-tic Analyses (PLSA) in Bibliometric Analysis for Technology Forecasting. *Journal of Technology Management and Innovation*, Vol. 2, No. 1, 2007.

[268] Xiao H. The impact of cross-border mergers and acquisitions on competitors' innovation: Evidence from Chinese firms. *Technology Analysis and Strategic Management*, No. 23, 2021, pp. 1 – 14.

[269] Yang C H, Huang C H, Hou T C T. Tax incentives and R&D activi-ty: Firm-level evidence from Taiwan. *Research Policy*, Vol. 41, No. 9, 2012, pp. 1578 – 1588.

[270] Yu Y, Cheng H. Environmental Taxes and Innovation in Chinese Textile Enterprises: Influence of Mediating Effects and Heterogeneous Factors. *Sustainability*, Vol. 13, No. 8, 2021, pp. 1 – 14.

[271] Zhang H, Garrett T, Liang X N. The effects of innovation-orien-ted mission statements on innovation performance and non-financial business performance. *Asian Journal of Technology Innovation*, Vol. 23, No. 2, 2015,

pp. 157 – 171.

［272］ Zhang J J, Guan, J. The time-varying impacts of government incentives on innovation. *Technological Forecasting and Social Change*, Vol. 135, 2018, pp. 132 – 144.

［273］ Zheng T T, Huang Y S, Wang H. Tax Preference, R&D and Innovation Quality: An Empirical Study Based on the Mediating Effect Model. 2019 International Conference on Strategic Management, 2019.

附　　录

高新技术企业 15％税收优惠
支持企业技术创新的效果调查问卷

尊敬的相关企业领导：

您好！感谢您能抽出几分钟时间来参加本次问卷调查。本问卷主要针对高新技术企业 15％税收优惠支持企业技术创新的效果展开调查，问卷采取不记名答卷方式，仅用于内部研究使用，将会严格保密，您的真实回答将给我们的研究提供宝贵的依据，非常感谢您的真诚合作与大力支持！

1. 基本信息

1.1　您所在单位的性质____［单选题］

A. 国有企业　　　　　　　　B. 非国有企业

1.2　您所在单位是上市企业吗？____［单选题］

A. 是　　　　　　　　　　　B. 否

1.3　您所在单位的区位____［单选题］

A. 东部地区　　B. 中部地区　　C. 西部地区　　D. 东北地区

1.4　您所在单位的年龄？____［单选题］

A. 0～5 年　　B. 6～10 年　　C. 11～20 年　　D. 20 年以上

1.5　您所在单位的规模____［单选题］

A. 大型企业（从业人数≥1000 人，年营业收入≥40000 万元）

B. 中型企业（300≤从业人数＜1000 人，2000 万元≤年营业收入＜

40000 万元）

　　C. 小型企业（从业人数＜300 人，年营业收入＜2000 万元）

　　1.6　您所在单位所处的技术领域＿＿＿［单选题］

　　A. 电子信息　　　　　　　　B. 生物与新医药

　　C. 航空航天　　　　　　　　D. 新材料

　　E. 高技术服务　　　　　　　F. 新能源与节能

　　G. 资源与环境　　　　　　　H. 先进制造与自动化

　　I. 其他（请具体指出）：＿＿＿＿＿＿＿＿＿＿＿＿＿＿＿

　　1.7　您所在单位是否获得了政府创新补助？＿＿＿［单选题］

　　A. 是　　　　　　　　　　　B. 否

　　2. 高新技术企业 15% 税收优惠支持企业技术创新的效果

　　2.1　高新技术企业 15% 税收优惠政策对扶持和鼓励本企业技术创新的整体作用＿＿＿［单选题］

　　A. 作用很大　　B. 作用较大　　C. 作用一般

　　D. 作用较小　　E. 没有作用

　　2.2　高新技术企业 15% 税收优惠实施后，企业开展技术创新活动的意愿是否提升了？＿＿＿［单选题］

　　A. 明显提升了　　　　　　　B. 有所提升但不大

　　C. 基本没有变化　　　　　　D. 有所下降但不大

　　E. 明显下降了

　　2.3　高新技术企业 15% 税收优惠实施后，企业更愿意开展模仿性创新还是更愿意开展突破性创新？＿＿＿［单选题］

　　A. 更愿意开展突破性创新　　B. 基本没有变化

　　C. 更愿意开展模仿性创新

　　2.4　高新技术企业 15% 税收优惠实施后，企业开展合作创新（与其他机构合作开展创新项目，包括和其他企业、高校、院所合作）的意愿是否增加了？＿＿＿［单选题］

　　A. 明显增加了　　　　　　　B. 有所增加但不大

　　C. 基本没有变化　　　　　　D. 有所下降但不大

　　E. 明显下降了

　　2.5　高新技术企业 15% 税收优惠实施后，企业更愿意选择哪种专利？

_____〔单选题〕

    A. 发明专利 　　　　　　　　　　B. 实用新型专利

    C. 外观设计专利

2.6　高新技术企业 15% 税收优惠实施后，企业的专利等技术许可比以前有增长吗？_____〔单选题〕

    A. 明显增长了 　　　　　　　　　B. 有所增长但不大

    C. 基本没有变化 　　　　　　　　D. 有所下降但不大

    E. 明显下降了

2.7　高新技术企业 15% 税收优惠实施后，企业推出的新产品销售情况比以前更好了吗？_____〔单选题〕

    A. 明显更好了 　　　　　　　　　B. 变好但不大

    C. 基本没有变化 　　　　　　　　D. 变差但不明显

    E. 明显更差了

2.8　高新技术企业 15% 税收优惠实施后，企业融资是否更加容易了？_____〔单选题〕

    A. 明显更容易了 　　　　　　　　B. 变容易但不大

    C. 基本没有变化 　　　　　　　　D. 变难但不明显

    E. 明显更难了

2.9　高新技术企业 15% 税收优惠实施后，企业的品牌影响力是否有所提升？_____〔单选题〕

    A. 明显提升了 　　　　　　　　　B. 有所提升但不大

    C. 基本没有变化 　　　　　　　　D. 有所下降但不大

    E. 明显下降了

2.10　高新技术企业 15% 税收优惠实施后，企业的产品竞争力是否提升了？_____〔单选题〕

    A. 明显提升了 　　　　　　　　　B. 有所提升但不大

    C. 基本没有变化 　　　　　　　　D. 有所下降但不大

    E. 明显下降了

3. 面临的问题和建议

3.1　您对高新技术企业 15% 税收优惠政策享受的条件和程序熟悉吗？_____〔单选题〕

A. 很熟悉　　B. 相对熟悉　　C. 一般熟悉

D. 不太熟悉　　E. 一点儿也不熟悉

3.2　贵企业对高新技术企业 15% 税收优惠政策目前执行情况和效果的总体评价____［单选题］

A. 非常满意　　B. 比较满意　　C. 一般满意

D. 较不满意　　E. 很不满意

3.3　您认为高新技术企业 15% 税收优惠与研发加计扣除哪个政策对企业更有利？____［单选题］

A. 高新技术企业 15% 税收优惠更有利

B. 相差无几

C. 研发加计扣除更有利

3.4　您认为高新技术企业认定中企业发生迎合政策行为的现象多吗？____［单选题］

A. 非常多　　B. 较多　　　　C. 一般

D. 不多　　　E. 几乎没有

3.5　贵企业享受高新技术企业 15% 税收优惠的成本需要包括哪些？____［多选题］

A. 专利申请和保护费

B. 专利购买和维护费

C. 中介费（服务费咨询服务、审计费、手续费）

D. 研发费用

E. 其他，请说明：_____

3.6　贵企业认定成为高新技术企业为本企业带来了哪些税收优惠以外的收益？____［多选题］

A. 更易获得国家、省、市等各级的科研项目支持

B. 地方政府对重点扶持企业给予一次性资金奖励或财政补助

C. 可享受地方政府人才引进、落户优惠政策

D. 可享受当地用地优惠政策（如土地费、租金减免等）

E. 提升了企业品牌形象、市场价值

F. 提升了企业投标优势

G. 其他（请具体指出）：_____

3.7　贵企业在申请享受高新技术企业 15% 税收优惠政策过程中遇到哪些主要问题和困难____［可多选，不超过 3 项］

A. 政策宣传、培训不到位

B. 部分门槛条件或打分指标不合理

C. 研发费用核算复杂，归集错误风险高

D. 本地区相关管理部门对政策认识、理解不一致

E. 其他（请具体指出）：_____

3.8　贵企业认为有关部门应从哪些方面进一步落实和完善高新技术企业认定及税收优惠政策____［可多选，不超过 3 项］

A. 加强对企业的政策宣传、培训和辅导

B. 修改完善不合理的门槛条件或打分指标

C. 进一步明确部分指标的归集口径

D. 加强对基层管理部门相关业务人员的培训

E. 扩大高新技术企业认定适用对象

F. 加强后续监管

G. 其他（请具体指出）：_____

3.9　您认为政府在高新技术企业认定工作中积极吗？____［单选题］

A. 很积极　　　B. 一般　　　C. 不积极

3.10　您认为政府在高新技术企业认定工作中有放松监管的行为吗？____［单选题］

A. 有　　　　　B. 没有　　　C. 不清楚

3.11　您认为支持企业技术创新的税收优惠政策应该重点加强哪些方面？____［多选题］

A. 提高税收优惠力度

B. 提高对企业创新产出和成果转化的支持力度

C. 优化税收优惠配套措施

D. 提高对创新人才的税收优惠支持力度

E. 其他，请说明：_____

3.12　您认为支持企业技术创新的税收优惠政策应该偏向于普惠还是偏向于特惠？____［单选题］

A. 应该偏向于普惠

B. 应该兼顾普惠和特惠

C. 应该偏向于特惠

3.13 对政府支持企业技术创新的税收优惠政策的其他建议____〔填空题〕